Stephan Hermlin

Gedichte
und
Nachdichtungen

Stephan Hermlin

Gedichte und Nachdichtungen

Aufbau-Verlag

Gedichte

I

Die Ebene

Auf einer Ebene mit einem Reif-Fluß geronnen,
Wo in die kalten Himmel Rauchfahnen ziehn,
Zwischen verharschten Äckern, starrenden Zonen,
Unablässig vom Krähenschwarm überschrien —

Dort erbauten wir heute im Traume die Städte,
Wälder aus Steinen und Fackeln im gelblichen Licht
Ewigen Nebels, wo in der Verrückten Gebete
Sich die Orgel oder Sirene mischt.

Unsere Stirnen schlugen an Pfeilern sich blutig,
Wo Gespenster mit Nietenhämmern gelacht,
Und ein schielendes Auge beglotzte uns. Glutig
Faulten Blendlichter in einem vergasten Schacht.

Tote Gesichter gaben unter Laternen
Fahl ihre Süchte und ihre Ängste preis.
Aus einem Loch im Nebel fiel von Sternen
Auf uns die Süße des Irrsinns wie kosmisches Eis.

Tieren gleich brüllten aus Kneipen verflucht Grammophone.
In den Kasernenhöfen schlugen den Takt
Schüsse. Es warfen von Brückenbögen Spione
Sich ihrem Wild nach in der Stadt Katarakt.

Ließen wir uns nicht auch in die Wälder versetzen,
Wo unter Schlingpflanzen und dem zaubrischen Flug
Giftfarbner Kolibris Wahnsinn und Entsetzen
Uns aus verdrehten Pupillen entgegenschlug?

Oder dem Acker entblühten glückselige Inseln,
Und wir grüßten Tahitis tönenden Strand –
Doch wir flohen vor Seuchen, brüllendem Winseln,
Als sich Gauguins Madonna am Boden wand.

Darum ließen die nördlichen Meere wir strömen,
Brüllte die Brandung auf dem erschrockenen Feld.
Aber die Wasser wollten die Deiche hinunternehmen
Und die Leute und Masten von Minen gefällt.

Lang schon wollten wir die Legenden befragen,
Wo dem Märtyrer sich die Erlösung zeigt.
Völker trieben vorbei, wie vorm Pfluge sie lagen,
Flankenzitternd, die Stirn zum Boden geneigt.

Da beschlossen wir endlich, alles zu ändern,
Unseren Traum und unsre Wirklichkeit.
Für die Dörfer und Städte in allen Ländern
Hielten wir die leere Ebene bereit.

Aus unsern Händen begannen sich jählings zu leeren
Auf sich duckende Plätze und Straßen erstarrt
Bündel von Flinten und Maschinengewehren,
Und im Wind der Zukunft verstob eine Gegenwart.

Und nun fuhren wir, ein Sturm, in die Straßen,
Und unser Atem hat pfeifend die Nebel geteilt.
Mit den Augen deckten wir Dächer ab. Gassen
Rissen wir weg, über Hochhäusern angeseilt.

An jeder Ecke erschossen wir Hunger und Sterben,
Wahnsinn, Pest und Verrat. Wir reichten der
zögernden Hand
Waffen und Bücher. Und gegen das Große Verderben
Schmiedeten wir wie beflügelt den Großen Verband.

Und so bauten aufs neue im Traum wir. Die Städte
Schritten wie Wälder aus Marmor und Licht um uns
her.

Ungeheurer Gesang übertönte Gebete.
Glückliche Flotten befuhren gewaltig das Meer.

Auch bei den fernen Brüdern warn wir zu Gaste,
Weilten in leuchtenden Städten, wo Dschungel geraucht
Glühend noch gestern. Und selbst am weitesten Maste
Schlug das Banner des Lebens in Stürme getaucht.

Auf den dröhnenden Feldern der Sang der Traktoren.
Ebenen warteten riesig auf uns überall.
Und der mächtige Tag, im Osten geboren,
Flog aus unserer Hand wie ein feuriger Ball.

1940

Ballade von unserer Zeit mit einem Aufruf an die Städte der Welt

Hört: unter uns hat sich eine seltsame Stimme erhoben.
Aus den verzweifelten Wäldern des Zwielichts, der
Einsamkeit,
Aus den verpesteten Wüsten, die freudlose Stürme
durchtoben,
Sagt eine ruhige Stimme beständig: Es ist an der Zeit!
Hört: unter uns hat sich eine seltsame Stimme erhoben!

Denn wir sind von jenem verfluchten Geschlecht, das
durchquerte
Unerschrocken auf Brücken von Leichen im Dschungel
den Fluß,
Das mit Blicken voller Gleichgültigkeit die durchspeerte
Brust einer jungen Mutter betrachtet und dessen Fuß
Niemals wankte, als auf Kadavern er Flüsse durchquerte.

Und unser Herz schlug weiter in den vergasten Städten.
Als von gespenstischen Dachgärten die Saxophone
geweint,
Lächelten wir mit weißen Zähnen. Aus Lazaretten
Hörten wir die zermalmten Tiere: Freund oder Feind,
Und unser Herz schlug weiter in den vergasten Städten.

Hört den beleidigten Schwachen, ihr irdischen Richter,
Städte!
Wäre euere Stimme gleich einer Säule erwacht,
Als es Zeit war, in unserer Mitte, jählings — sie hätte
Uns den Vernichtern entrissen und ihrer tierischen Nacht.
Hört den beleidigten Schwachen, ihr irdischen Richter,
Städte!

Denn alle Türen stehn offen und hinter jeder der Mord
Mit spinnwebenen Händen und schwarzen Lippen, bereit,
Unsere Säuglinge zu zerschmettern am Pfosten, das Wort

Uns, den Schrei in die Gurgel zurückstoßen – und weit
Stehn alle Türen offen und hinter jeder der Mord.

Seht, unserer Frauen silberne Leiber sind überliefert
Wehrlos der Schande, die sie mit gelben Nägeln
zerstückt,
Und unser holdestes Erbe von Geieraugen beziffert
Wird uns aus unseren furchtgeschlagenen Händen gerückt.
Schande ist unserer Frauen silberner Leib überliefert.

Und man lacht unserer Herzen hinter geöffneten Rippen
Mittags auf offenem Markt, wenn die schwarze Sonne
versteint
Unser finsteres Blut auf zuckenden staubigen Lippen,
Auf denen nicht das leiseste Schluchzen mehr weint,
Und man lacht unsrer Herzen hinter geöffneten Rippen.

Wie der Staub verweht würden wir sein und unsere
Taten
Ganz vergeblich und um vergessen zu werden getan,
Wenn ihr nicht werdet, um was schon so lang wir euch
nahten,
Ungeheure! zu Städten, die Sturz und Auferstehn sahn.
Wie der Staub verweht würden wir sein und unsere
Taten ...

Hier aus den rattenerfüllten Kellern, gräßlichen Stollen
Brüll ich euch sterbend zu: Errettet uns aus der Haft!
Rettet uns aus dem sanften spitzfingrigen Griffe der
tollen
Folterer und vor des Wahnsinns süßem mohnfarbnen
Saft,
Hier in den rattenerfüllten Kellern und gräßlichen
Stollen!

Macht eure Plätze leer und erwartend und stellt das
Entsetzen
Riesig am Horizont auf und laßt einen lautlosen Sturm

Auf euern Schultern liegen — von rauschenden Bannern
verletzen,
Imaginären, schreienden, laßt euern mächtigsten Turm!
Macht eure Plätze leer und umstellt euch mit stummem
Entsetzen!

Denn seht dort eure Schwestern: der Feind peitscht ihre
Fassaden,
Doch die geöffneten Flanken spein Haß. So stehen sie
nackt.
Aus einem Wald von Fahnen wehen der Abschüsse
Schwaden,
Halten die fleischlosen Kiefer den Feind an der Kehle
gepackt —
So sind euere Schwestern: und peitscht auch der Feind die
Fassaden!

Darum erwarten wir euch: die Schatten vom
Städtegeschlechte.
So sind verschworen wir euerer Zukunft oder dem Fall
In die staubigen Gräber der Nacht. Doch unsere Rechte
Krönt euch mit Zuversicht. Und unsrer Stimme
ersterbender Hall
Sagt euch von der Erwartung der Schatten
vom Städtegeschlechte.

1942

Der Schmerz der Städte

Groß ist der großen Städte Schmerz! Ich rufs, gestehe —
Der schrecklich-weltverändernde! So ich ihn sehe,
Ruf gellend dreimal ich auf unsre Mörder Wehe!

Denn mit den Spitzen ihrer geilen Finger hatten
Sie unsern Baum entlaubt und abgetan den Schatten
Von ihm. Wie unsre Herzen in der Glut ermatten!

Seit damals qualmen blutig unsere Fontänen.
Der Hain liegt vergewaltigt. Am Gestade stöhnen
Die wilden Chöre blindgestochener Sirenen.

Sie lehrten unsre sanften Kinder mördrisch lachen,
Daß ferne bald schon ihre Augen brachen.
Im Lethe stahlbeschattet treibt ihr schwerer Nachen.

Sie zwangen geifernd unsre Frauen zu gebären,
Den Riesen Krieg, den augenlosen, zu ernähren.
Schon leckt die Fackel sinnlos an den vollen Ähren.

Sie hielten hundertfachen Tod in ihrer Hand,
Als sie uns in der Zwinger Fiebernacht verbannt.
Das war, weil wir die Stirn der Freiheit zugewandt.

Der Schlachtmaschine schwarze Achsen sind gefettet
Mit unsrer Söhne Knochenmark. Vom Wein gerötet
Die Hirnschal als Pokal (von einem, jüngst getötet ...)

An einer Bucht, die nie, so scheints, den Wind gekannt,
Liegt eine tote Stadt, von Mauern rings umspannt.
Sie wird die Schädel-Stadt nur überall genannt.

O Tiberschatten, wo ich sommerlich erstaune,
Wann dröhnt dir rächend die befreiende Posaune,
Straft des Cäsarenaffen blutbespritzte Laune?

Du Königin des Aufstands! Unendlichem Leide
Anheimgegeben, Sklavin in des Siegs Geschmeide,
Madrid, der Armen Trost, du im Ruinenkleide ...

Wo unbezähmbar Nacht nach Barrikaden ruft,
Starrt riesig aus Gewitterwolkenkluft
Des Delacroix Vision in tote Sommerluft.

Und was seit langem unveränderlich man nennt,
Erblassend mancher Herr den Proteus nun erkennt:
Der Themsenebel brennt! Es loht das Parlament!

Kadaver, vom Phantom der Rache nur belebt,
Von fahlem Säbelblitz der Horizont durchwebt:
Warschau, auf dessen Sarg der Überwinder bebt.

Auf armem Sand inmitten Seen und kühlem Tann
Liegt meine ferne Stadt, wo all das Leid begann.
Die Seen sind vertrocknet. Nur der Blutquell rann.

Dich, Stolze, nenn zuletzt ich, Liebste, unbekannt,
Doch nicht mit Namen, weil ich dich im Traum benannt
Mit schönstem Namen, dessen alle wir entbrannt.

Oft stand im Traum ich dort an Seiner Pyramide.
Es donnerte der Platz. Du, unter ehernem Lide
Sahst tränenlos das Kampfgefild. Warst niemals müde.

Reiße Gewitter rings um dich aus Horizonten!
Asphalt und braunes Land wirft in die unbesonnten
Monate sich. Schon brechen knirschend Herren-Fronten!

Dein Kampf ist herrlich wie der Mensch! Ich rufs,
gestehe –
Der mächtig-weltverändernde! So ich ihn sehe,
Ruf triumphierend ich auf unsre Mörder Wehe!

Bereit bin ich, daß ich für euch von hinnen fahre!
Ich bin nichts mehr vor euch im Blutmarsch dieser
Jahre!
Ich bin nichts mehr vor euch: nur Schrei noch und
Fanfare!

1942

Ballade vom Land der ungesprochenen Worte

Entsinnst du dich, als die Flucht begann
Durch Geröll und Sand,
Wie wir die Sonne vergaßen? – »Wann
Betraten wir jenes Land?« –
Frage nicht, denn ich weiß nicht mehr,
Wann uns der Fluch befiel.
Nur: wir vergaßen uns und das Heer
Der Sterne, der Herden Spiel.

Da traten wir ein ins seltsame Reich
Von dunklen Vögeln. Und dort
Ist ewiger Nebel, ob Straße und Teich,
Ist ewigen Weinens Ort.
Die Langweilewasser falln Tag und Nacht
Über feuchte Felsenwand,
Und bleicher Statuen weißer Blick
Ist uns fremd und von je bekannt.

O wie ist die Wanderung weit
Auf spurenlosem Pfad!
Verlorenes Ziel, vergessene Zeit
Ohne Schnee und gelbe Mahd.
Nur die Stimme der dunklen Vögel manchmal
Der wir träumend gelauscht.
Unter der Wolken endlosem Zug
Sind wir verdammt und berauscht.

Ja berauscht sind wir von vergangenem Tag
Und verdammt zur Einsamkeit
Miteinander. Das Auge rückwärts gewandt
Sieht Lippen vergangener Zeit
(Wie aus Marmor) in unerhörtem Kuß
Vereint – jenes Meer jenen Baum,
Und auf der Zunge verdorrt uns das Wort,
Und die Gegenwart welkt vor dem Traum.

Und wie wir uns im Entzücken gesehn,
Umarmten des Anderen Einst,
Verlorn wir uns lächelnd im Nebel. Doch ich
Wußte daß du weinst.
Und du wußtest ich weine. Doch gingen wir
Wie im Traum den gleichen Pfad,
Wir hörten des Anderen Schritt. Doch taub
War die Frucht der Gebärden. Die Saat

Von Lippen und Augen verharscht verweht,
Ungeboren das drängende Wort.
So zogen weiter ins seltsame Land
Wir auf leerer Straße fort.
Und dies ist das Land, wo kein Wind mehr weht.
Du weißt: dort jenseits das Meer
Ist voll von gescheiterten Schiffen. Der Lärm
Der Stille ist um dich her.

Die grausige Stille von Horizont
Zu Horizont. Und jeder Strauch
Faßt dich mit Dornen, und unbesonnt
Sind die Moore im Mittag auch.
An jedem Kreuzweg Frau Wahnsinn grüßt,
Die bleiche Bettlerin, dich,
Und wir wandern lächelnd im Traum — so vergeß
Ich dich und du vergißt mich …

1941

Die toten Städte

I

Hebt sich des Morgens Kühle
Über die träumende Welt,
Ist auf der Hügel Gestühle
Wieder eine Sonne gestellt,
Geistert der Ruf der Hähne
Durchs Fenster um Bett und Spind,
Erwacht die Sirene
Mit dem Dämmerungswind.

Immer ist jetzt hinter Wänden
Stille von Flüstern zerstückt,
Werden uns von feindlichen Händen
Fremde Schatten vor die Füße gerückt.
Ratten pfeifen in Höfen,
Vom Morgengraun überrascht.
Kranke schrein, die in den Öfen
Des Fiebers vom Irrsinn genascht.

Wie aus Tollhäusern Orgeln
Kämen, aus des Tods Bienenstock,
Auf das Geheiß der Erhabnen:
Tausende Vögel Rock.
In den Nachen der Betten
Flüstert Sindbad sich Tröstung zu.
In Kellern in hundert Städten
Spieln die Kindlein Blindekuh.

Und der Geschütze Bellen
Sagt von Ohnmacht und Tod.
In den Trommelfellen
Klopft des Nachbarn Herzensnot.
Plötzlich taumeln die Wände
Betrunken, des Todesweins Rest

Fällt auf kraftlose Hände,
Und die Luft ist aus Mündern gepreßt.

Fledermausgleich sind die ersten
Flüche in die Keller gehängt,
In dieser Stunde, da bersten
Der Armen Zisternen. Bedrängt
Sind die Schwachen von Frage und Drohung,
Von Entschlossenheit gestreift,
In der Unschuldigen Früchten
Ist Bitternis schon gereift.

Senkt sich des Abends Kühle
Auf die traumsüchtige Welt,
Ist auf der Hügel Gestühle
Wolkenschatten gestellt,
Geistert die Klage der Hähne
In der Fiebernden Ruh,
Fliegen die Ungebornen
Dem Asphodelenhain zu.

2

Reiche verfluchten Seelen
Deine zagende Hand,
Laß von ihnen erwählen
Dir ein künftiges Land.
Über Gebirge und Meere
Stürzen wir mit dem Wind,
Wo in versteinerter Leere
Brütend die Städte sind.

Zickzack gleich Fledermäusen
Falln wir in Straßen hinein:
Todes murmelnde Schleusen,
Träume von Blut und Wein.
Alles ist uns überlassen,
Krieg hat die Straßen geleert.

Wie vergessene Urwüsten Gassen
Verdorren, von Stille verzehrt.

Hinter geschwärzten Fassaden
Knirscht unser Schritt im Stein.
Und in den Trümmern baden
Tote im Abendschein.
Verlassen von Blumen und Tieren
Schlägt um uns das Meer
Des Schweigens. Und wir frieren
Und ängstigen uns sehr.

Sonnen, wohin vergangen
Ist euer tönendes Rad?
Von der Schönheit umfangen
Apollinische Saat,
Flöten und marmorne Bilder,
Sterne im Abendbaum,
Lächelnde Mädchen, du milder,
Wohin starbst du, Traum?

Wieviel war uns verheißen!
Tage, Stunden zahllos –
Wildes Glück vor weißen
Segeln im Abendschoß,
Oder drunten die Dörfer
Unter dem sanften Rauch …
Liebten wir zur Genüge?
Sah uns das Wartende auch

Immer im gleichen Empfangen? –
Ach, wir haben versäumt!
Oder die Hände, die bangen,
Hätten zu Fäusten gebäumt
Unseren Feind geschlagen,
Der unser Erbe verzehrt,
Uns die Zukunft versagen
Will und mit Schmach beschwert.

Aber gemach ihr Herzen!
Schaut eure Hölle ganz,
Eurer kreißenden Schmerzen
Schreienden tobenden Tanz!
Denn ich geleit euch zu Stufen
Tief unter die Städte hin,
Unter der Mitternacht Rufen
Schaut Schläfer und Schläferin!

Dort in den lautlosen Hallen,
Von weißem Licht bespien,
In des Alpdrucks Krallen
Liegen Schläfer und Schläferin.
O kalter Schweiß in den Dünsten
Der Tunnel ölig erstarrt!
Ihr Schlafschreie wie in Brünsten
Aus schiefen Mäulern geknarrt!

Und sie pfeifen wie Ratten
In des Grauens Gespinst,
Zähne knirschen auf glatten
Granit, wenn du dich entsinnst,
Schlaf, vergangner Gestalten —
Weben von Lurch und Reptil,
Formloser Ängste Walten
Im Moor, bei des Irrlichts Spiel.

In die verhexten Gesänge
Schleicht manchmal kichernd und weiß
Das Phantom Sirene,
Hoho! Sie tanzt auf dem Gleis.
Und hundertfach antwortet Brüllen
Aus der Verdammten Hauf,
Und aus den dampfenden Hüllen
Fahrn die Verstörten auf.

Doch dann in den kalten Sälen
Haucht Todesschweigen hin,

Und einmal wieder zerquälen
Sich Schläfer und Schläferin,
Die Kindlein im Traume riechen
Der Morgendämmerung Mohn,
Sie zucken mit den siechen
Gliedern und sind entflohn …

Reich den verfluchten Seelen
Deine zagende Hand,
Laß von ihnen erwählen
Dir ein künftiges Land,
Über Gebirge und Meere
Stürze dich mit dem Wind,
Wo in versteinerter Leere
Die toten Städte sind.

1940—41

Ballade von den Geliebten in den großen Städten

Schwört mit mir: nicht verlassen
Wollen wir uns und so gehn.
Nicht mehr können wir uns fassen,
Darum müssen wir verwehn.
In Großen Städten verhangen,
In der Erinnerung Schacht
Geborgen: so seid ihr gegangen
Wie der Rauch der Mitternacht.

Blonde Feuer, Augen ertrunken
In des Todes grüner See,
Eine Liebkosung versunken
Der ich kaum noch widersteh ...
In den Wüsten gefangen
Und im Regen der Schlacht
Bin ich gewesen. Doch ihr seid gegangen
Wie der Rauch der Mitternacht.

Keiner kennt mehr das lautlose Zimmer.
Im Fenster stand der Jugend Turm.
Doch ich weiß mich immer
Versengt von deiner Küsse Sturm,
Verworfen von deiner Wangen
Ewiger Linie. Wer hat gemacht,
Daß wir uns verloren. Aber ich bin gegangen
Wie der Rauch der Mitternacht.

In unsern Straßen verbrannten
Fahnen imaginär.
Wie wir uns zum Meere fanden!
Wehte Musik? Ich weiß nicht mehr ...
Die Worte, die uns mißlangen,
Haben uns reich gemacht.
Und wir sind beide gegangen
Wie der Rauch der Mitternacht.

In gespenstischen Sälen
Weit im einsamsten Wind
Mußten wir uns lieben und quälen.
Und nun weint dein Kind
Allein — Immer werde ich bangen
Um dich. Als ich dann erwacht
Damals — warst du schon gegangen
Wie der Rauch der Mitternacht.

Fremde Stadt, fremde Worte, fremde
Voll von Gefahr, o Leidenschaft.
Fremde Himmel, weit überschwemmte,
Von der Drohung der Sterne gerafft,
Über unsern toten Lidern gefangen
Vernichtet. In eurer Macht ...
Aber dann bin ich gegangen
Wie der Rauch der Mitternacht.

Schloß im mondenen Haine!
Die mich nicht anhielt,
Friert an einem Steine ...
Wie wir uns erfühlt!
Keiner von uns hat empfangen,
Keiner hat gewacht ...
Und du bist gegangen
Wie der Rauch der Mitternacht.

Wind in der Asche Spuren ...
Wie unser Jubel stäubt!
Halten alle Uhren?
Wer hat uns betäubt?
Du, von mir umfangen,
Blonde Freude entfacht ...
Doch du bist gegangen
Wie der Rauch der Mitternacht.

Gewässernacht unvergessen,
Dein Lied erinnert mich.

Unser Kuß ungemessen,
Unmeßbar weitet sich:
Saat der Küsse, Verlangen,
Für immer uns gebracht.
Weh! daß ich so schnell gegangen
Wie der Rauch der Mitternacht.

Alle ihr, nun in meinen
Tiefsten Traum gesenkt.
In den Großen Städten euer Weinen
Hat meinen Schlaf bedrängt.
Ewig unser Bangen,
Ewig unsere Acht,
Auch dann noch, wenn wir alle gegangen
Wie der Rauch der Mitternacht.

1941

Ballade vom Brüten der Städte im Winter

Vor der bedeutenden Geste des Winters verhalten
Rühren sich Träume im schmerzlichen Acker der Zeit,
Und in den äschernen Furchen der Straßen entfalten
Vor jedem Morgen sich Ruhm und Trostlosigkeit.

O die Städte bedenken sich! Sind wir winterlich müde
Oder verdienen wir uns einen März in gemäßigter Glut?
Wir begruben die blicklosen Toten. Im strömenden Liede
Unsres erschütterten Horizonts haben Taten geruht.

Wie versinken wir unaussprechlich im murmelnden Regen
Und in Betrachtung unsrer gelöschten Laternen im Wind
Und der letzten Grüße banger Gebärden auf Wegen,
Die uns verworren und unbegreiflich nun sind!

Wenn aber aus der harten Stille der Knie
Und dem versiegelten Schoß uns Künftiges raunt —
Welche Möglichkeiten der Deutung! Lockende Mühe,
Wo aus dem dampfenden Felde Aprilblässe staunt.

Tragisch umwitterte Städte! Aus diesem Winter errettet
Keine Zukunft mehr völlig sie! Wieviel Unschuld verging!
Doch sie fühlen sich mehr. In die Erinnerung bettet
Sich ein Gigant, der im Netze der Dämmerung sich fing.

Seine Schläfe ist ohne Erbarmen. Um seine Nüstern
Flackert vergeblich des Bienenflugs goldene Glut.
An seinem Lager wacht unser Traum und es flüstern
Lange gequälte Lippen von Rächen und Blut.

1942

Ballade von der Königin Bitterkeit

Sprecht, ihr Stimmen, ich höre euch noch:
Stimmen der Bienen im Wald,
Stimme der Heide im Sonnenglast,
In der Ebenen Gewalt,
Glocken in Städten von Rot und Gold,
Ängste vorm Abendmeer,
Auf der Schwinge der Einsamkeit
Flogt ihr vor mir her.

Spracht ihr mir nicht von Seen bleich
Von dämonischen Nebeln umhaucht?
Wißt ihr noch von dem Park im Mond
Ins Imaginäre getaucht?
Ihr kennt noch die schutzlosen Brücken im Wind,
Von denen ich bebend floh.
O die Meere, die hinter den Wegen sind,
Warum blieb es nicht so …

Süße Angst unterm Rätsel des Schwalbenschreis,
Der Terrassen trunkene Flucht.
Tausend Gesichter seit je gekannt,
Die meinen Blick gesucht.
Ihr toten Dichter, die ihr für mich spracht,
Ihr verließt mich, doch ich euch nie.
Ich versank in der Bitterkeiten Meer,
Und ihr hörtet nicht, als ich schrie.

Denn noch immer geht die Sonne auf
Über den Buchten weit,
Und ihr Stimmen alle habt mich versucht
Und ließt mich in Bitterkeit.
Und ich fühle immer fremder den Wind
Und die Ebenen fremd und kalt,
Und eh meine Jugend die Größe bezwang,
Fiel ich in des Alters Gewalt.

Die Kinder entlaufen der schwachen Hand,
Und die Schwalben verachten den Schnee,
Und das Gedicht ist nicht zu Gast
In Babel und Ninive.
Denn alle suchen die lodernde Glut
Von Schmerz und lebendiger Lust,
Doch dir sind die Wege des Sommers verharscht,
Ist im Brand nur die Asche bewußt.

Sieh um dich: du bist nicht allein:
Der Poeten Brüderschaft
Liegt in stinkenden Gossen hingefegt,
Von toten Augen begafft.
Jenes Lächeln unterm Schatten des Blatts
Ins Unsterbliche hingespannt,
Hier findst dus geschminkt in der Kammer eng
Vor der spanischen Wand.

Dein Atem ward kurz, doch künd er den Ruhm
Der Königin Bitterkeit,
Die gewaltig die Lande des Jammers regiert
Auf dem blutroten Throne der Zeit.
Wenn nichts mehr blieb als die Bitterkeit,
Kann die abschiedsmüde Hand
Jäh sich ballen zur Faust. Und den Blick
Setzt der Haß in Brand.

Und mitleidlos in die Laden gelegt
Siehst Sonaten du und das Wort
Toter Dichter. Und aus des Abends Meer
Und Erinnerung gehst du fort
Ohne Tränen und ohne Gedächtnis hin
In die Horizonte der Zeit,
Durch die Lande des Jammers, die mächtig regiert
Die Königin Bitterkeit.

1942

Ballade
von einer sterbenden Stadt

Wer gleich uns auf den Plätzen des Hungers verkehrte
Und betört im Regen der Nacht süßen Ängsten sich gab,
Wem eine Dämmerung die Stirn unheilbar versehrte,
Wen der Zauber Merlins schlug am tönenden Grab,
Er verschweige sich und versuche mit uns zu erkennen
Den so schmerzlich vertrauten Gefährten im Schatten der Welt.
Können wir noch das erschütterte Antlitz benennen,
Das unsern Anfang und das Geheimste hält?
    Kaum seh ich noch dein Gesicht
    Durch diesen Vorhang von Stahl,
    Aus den Ebenen fahl
    Schwindet verdunkelt das Licht.

Unvergängliches Echo im Schatten der Brücken!
Unter den Lidern rollte die purpurne Flut,
Und jede neue Nacht wußte uns zu berücken,
In den Kanälen schmolz das gebändigte Blut.
Unsere Sinne haben für immer verschworen
Sich der Musik und fatalem Glanz des Asphalts,
Und in imaginären Kellern verloren
Kosteten wir verruchter Umarmungen Salz.
    Kaum seh ich noch dein Gesicht
    Durch diesen Vorhang von Stahl,
    Aus den Ebenen fahl
    Schwindet verdunkelt das Licht.

Als wenn unser Marsch noch die Straßen zerbräche,
Stoßen Fassaden schreiende Fahnen hinaus.
Auf der Chöre und Losungen drohender Fläche
Sind wir jählings wie im Tode zu Haus.
Noch zersprengt Betrieb an Betrieb die Alleen,
Gellen Motorenpfeifen Zusammenstoß,
Wieder müssen im Rausch der Gefahr wir verwehen,
Lieben wir unser Leben und lassen es los.

Kaum seh ich noch dein Gesicht
Durch diesen Vorhang von Stahl,
Aus den Ebenen fahl
Schwindet verdunkelt das Licht.

Welkt denn wirklich dein Auge im Schutt der Tränen,
Bröckelt der sehnsuchtslose gehärtete Mund?
Ich errette dich! Auf meinen Stunden lehnen
Unvergängliche Erinnerungen: Und und
Und dieses Licht auf den Dächern! Und dieses Hallen:
Tausend Glocken über der dämmernden Stadt!
Und diese kühlen Himmel, grün und metallen,
Wölben sich über Mensch, Wasser, Stein, Blume und Blatt.
Kaum seh ich noch dein Gesicht
Durch diesen Vorhang von Stahl,
Aus den Ebenen fahl
Schwindet verdunkelt das Licht.

1943

Ballade von den Begegnungen in den großen Städten

O verleugne dich nicht: ich habe dein Antlitz gesehen
Von dem schwarzen Vorhang der Städte umwallt:
Auf dem verwehten Gefilde stießen sich schreiende Krähen
Todverführt an der Stirne getürmtem Basalt
O verleugne dich nicht: ich habe dein Antlitz gesehen!

Schutt der Gedanken Schreitender du im Strom der Gefühle
Sonnenbestürmt sich verzehrender Weiher o Herz!
Immer versucht von Musik: gefährlich wartende Kühle
Unaussprechliches Spiel von Quinte und Terz
Schutt der Gedanken Schreitender du im Strom der Gefühle

Was vermag ich gegen dich? Wenn die Steinherzige spulte
Ohne Erbarmen am Wechselgewässer der Zeit
Du steigst gewitternd und golden in meinen Traum in
Tumulte
Und hast mich wieder in Angst und Verpflichtung befreit
Wenn auch der unaufhaltsame Tag ins Vergessene lullte

O Aufgerissenheit! Nacht! Betäubender Schrei der
Trompeten!
Steigen und Fallen der Geister im erzenen Bau
Laßt uns noch einmal vergehen im Rausch der frühesten
Röten!
Lehnt an der Schulter der Sonne im starren Verhau!
O Aufgerissenheit! Nacht! Betäubender Schrei der
Trompeten!

Du auch bist nahe Verhängteste? Tropft von den Fingern dir
Schatten?
Weisest mich zu dir? Sagst mir: Ziehe die Bahn?
Zwischen unendlicher Kraft und ungeheurem Ermatten
Ruht nun im Zwielicht mein totenumsungener Kahn
Nahe bist du mir Verhängteste nahe dein liebender
Schatten

O Gegenwärtige Säumende du in gespenstischen Gärten!
Weh! Deine Augen flohn in ein fremdes Gesicht
Und dein sanftes Gebein das die trauernden Städte verzehrten
Spült meiner tragischen Träume wolkige Gischt
O Gegenwärtige Säumende du in gespenstischen Gärten! …

Ballade vom Gefährten Ikarus

In memoriam A. L.

Rosen versteinerten grün im Schreien der Pfauen.
Durch die schwierigen Türen taute Musik.
Aus dem Zwielicht grüßte beginnendes Grauen
Vogelflüge, darin ich fahl mich verstieg.

Maß schon da deiner Wimper Unschuld Maschine,
Hebel, Gestänge im äschernen Hause der Nacht?
Zärtliches schmales Gespenst auf verdunkelter Bühne
Unsrer Verzweiflung, das süß die Ängste bewacht.

Süß unsre Ängste, süß unsre letzte Verwaisung.
Hold war die See dir. Hold noch entblätterter Baum.
In deinen Brauen schmolz eine Sonne Vereisung,
Ruhte die Rache und schlief der bezauberte Raum.

Dämmer vor Nacht. O geruhsam tönende Flöte.
In der Gewitter farbig entflammtem Gesträuch
Wie schlief ich sanft in die unaussagbare Röte
Heidnischen Morgens, in der Stille Geräusch.

Ikarus! Wohin ist deine Stimme gegangen?
Wandert sie klagend in meines Bluts Labyrinth?
Als wir, von falschem Traume lügend umfangen
Endlich erwachten, weinte ferne ein Kind.

Strauchelnder Fuß stand bestürzt auf sterbenden Blüten,
Die gleich Niobes Tränen versehrte das Wachs.
Wird der Archipelagus dein Sterben behüten?
Küßt dich im klirrenden Fjord der weißzahnige Lachs?

Weißt du noch Ikarus … Aus dem verbrannten Getriebe
Ging unsre Scham, unser Schweigen in donnernde Flut.
Warum sagtest du mir nicht, daß ich dich liebe?
Wo verlangt nach mir nun dein beruhigtes Blut?

Ikarus! Warte auf uns! In entflammender Schwinge
Trugst du den Wind des Erinnerns in unser Gebiet!
Grüße uns, Stürzender, aus dem entferntesten Ringe,
Hold unserm Auge, das aus den Ebenen flieht!

Ikarus! Warte auf uns! Im Gestirne zu heilen
Hebt uns die steuernde Hand, wo die Höhe befreit.
Feuriger Regen, in dem wir lächelnd verweilen
Auf dem erfüllten Gelände Unendlichkeit ...

1944

Ballade von der Größeren Einsamkeit

Reichtum attischer Küsten
Blaue Türme der Nacht
Traumkathedralen und Büsten
Feld da kein Feuer mehr wacht: –
Euch hab ich hier berufen
Quellen der Einsamkeit
Euren magischen Stufen
Hält sich mein Schritt bereit

Dich will ich trunken ergründen
Dir war ich zugesellt
Sag mir von den Winden
In die kein Wald mehr fällt
Laß dich von mir begleiten
Weiße Gewährerin
In die verwunschenen Weiten
Wo ich verloren bin

In die besonnten Tage
Und die Ängste der Nacht
Fiel ich wie die Sage
Von dem der ewig wacht
Ahasver Auf den Halden
Knisterndes Eis und dann
In des Sommers Gewalten
Sprachen Dämonen mich an

Im Schlafatem der Weiler
Starr in Ginster getaucht
Von den Gesichten steiler
Kreidiger Höhen umhaucht
Unerreichbar auf Flüssen
Flog das bewimpelte Schiff
Und ich lag auf dem Kissen
Des Albes Im bösen Griff

Jener inneren Kälte
Die in den Mauern weint
Oder aus dem Gezelte
Brausende Heiden versteint
Die Spiegel in Zimmern hatten
Jeder ein andres Gesicht
Und im Häuserschatten
Verwarf mich das große Gericht

O ihr besonderen Stunden
Regen vom Strauch gestreift
Dörfer in Senken verschwunden
Wie euch mein Blick begreift!
Und ihr Mädchen am Bache
Deren Lied ich besaß
Einer verstummten Sprache
Dämmernder Niederlaß: —

Euch alle hab ich gerufen
Quellen der Einsamkeit
Euern magischen Stufen
Hält sich mein Schritt bereit:
Und dort find ich die Halle
Den niegeklungnen Akkord
Seid ihr versammelt alle
Am unsagbaren Ort —

Weh ihr verborgenen Qualen
Du Größter Einsamkeit
Im Schatten der Kathedralen
Liegt das Unglück bereit
Geliebte! Vor letztem Gewähren
Schließt sich der bange Mund
Dein Boot fliegt in den Schären
Auf des Tods violettem Sund

Dort seid ihr groß vollendet:
Quellen stürzt in die See!

Wenn sich die Sonne wendet
Ist Unglück in der Näh –
In der Kathedralen Schatten
Seid ihr gewaltig befreit
Und ich taumle auf den Matten
der Größeren Einsamkeit

Ballade von dem Unbekannten von Gien

Im Jahre 1940, nach dem französischen Zusammenbruch, fand ein Flüchtling in einem verlassenen Bauernhof bei Gien auf dem Kehrichthaufen die Büste eines unbekannten Jünglings, die nach dem Verfahren der Kopfjäger des Stromgebiets des Amazonas präpariert war. Das nach oben gewendete Antlitz trägt die unentstellten Züge schmerzlichster Schönheit.

Straßen der Furcht betrat ich Die feindlichen Schiffe
Hatten den Morgen mit eisernen Schwingen bedroht
Aus der charybdischen Brandung korallener Riffe
Ging ich hervor Wie erhob da der größere Tod

Auf zu der Mutter der heiterspielenden Fische
Mich dem zur Nahrung sich gab nur der bläuliche Staub
Als mit den Armen ich saß dort am berstenden Tische
In den Hütten der Rache auf rostigem Laub

Über mein Auge das einst die Nymphen bewohnten
Rinnt die gestaltlose Flut von den Uhren der Zeit
Lippen verdorren die gleich Aquädukten belohnten
Tauben mit der Parabel Erhabenheit

Rauchender Kehricht zwiespältig verteidigter Länder
O mein erloschenes Haupt vor des Feinds Katapult ...
Zeit ohne Horizonte O Gift ohne Spender
Traumlose Nacht und sandiger Haß ohne Schuld

Ich in der See der Verzweiflung gelassener Schwimmer
Lang überlieferter Lampen verratener Docht —
Ich entsinne mich! Runen der Wildgänse immer
Überflogen mich dort wo die Panzerschlacht kocht

Festlich treiben Ertrunkene unter den Brücken
Gruß den Geschwadern der Nacht! Unzerstörbarer Blick!
Blutiger Phönix aus den zerschmetterten Stücken
Unserer Städte und Standbilder kehr ich zurück

Nichts mehr erreicht meine Schläfen Wie sie mich umwerben
Mondbedrängten Endymion Ewig Narziß
Über den Spiegel der Nacht gebeugt Ohne Scherben
Dunkelt die Fläche die mich ins Schauen verstieß

Hand die mich meißelte Hand die mein Blut angehalten
Hand der kein Stoff mehr genügt in der Werkstatt der
Welt
Hand die mich anfiel die meines Schmerzes Gestalten
Sinnreich und grauenvoll bannt aufs verlassene Feld —

Ich will dich grüßen aus dem Exil meiner Lider
Mal in den Wüsten Ruhender Anachoret
Von des Gefechtes Mühlen kehr ich allein wieder
Wenn deine Spur im grünen Saturnlicht vergeht

Letztes Wrack der gescheiterten Anabasen
Lauschend vor Dünen dem Triton mit gläsernem Horn
Harre Sebastian in der Durchbohrung Ekstasen
Furchtloser Herden und tönender Zeit ohne Zorn

1945

Manifest an die Bestürmer der Stadt Stalingrad

Weil diese Nacht so euer Haupt umlohte
Und der Vernichtung eure Stirn sich neigt,
Steig ich mit euch in eure tausend Tode
Und spreche aus, was eure Qual verschweigt:
Ich bin die Müdigkeit, das stumpfe Grauen,
Die Arabeske an der Häuserwand,
Aus meinen Augenhöhlen überschauen
Dämonen schrecklich das beherrschte Land.

Ich bin das Echo auf den weißen Treppen
Im Turme eures Haupts. Wie lang die Nacht …
Die Schatten eures müden Wahnsinns schleppen
Und wirren sich im Atem dieser Schlacht.
Wie alt seid ihr? Ich mache euch vergessen
Die Kindheit und das Haus, das ferne Lied.
Ihr ahnt verwirrt: mit neuem Maß gemessen
Wird in der Staub-Stadt, die euch an sich zieht.

Die falschen Führer hatten euch berufen,
Daß ihr die Neue Stadt in Asche werft.
Euch ließ nicht zögern dieser holden Stufen
Erhabner Aufschwung. Euer Blick geschärft
Nur tötender Verwandlung trieb Maschinen
Durch Luft und Steppe auf die Bruderstadt.
Ihr atmetet im Kiemenschlag der Minen,
Und stürmend donnerte das Panzerrad.

Und eure Hand riß schrecklich die Gewänder
Von diesem Leib, der sich zum Kampf erhob.
Die Pest des Hasses atmeten die Länder,
In der das Leben euch wie Rauch verstob.
Erbarmungslos wächst ein Geschlecht aus Eisen
Aus Drachensaaten im verbrannten Feld:
Es wird mit Stahl und Dynamit beweisen,
Daß es die Zukunft in den Händen hält.

Nun ihr verfallen seid den Rächer-Städten,
Verröchelnd dort in Schutt, Beton und Draht,
Gemartert auf des Alpdrucks roten Betten –
Im Staub der Dämmrung bin ich euch genaht:
Ich habe euch geschreckt. Nun will ich sprechen.
Ihr schaut mich nackt. Seht rinnen diese Flut
Von Tränen unversiegbar! In den Bächen
Der Sonne läutert herrlich unser Blut

In unsagbarer Landschaft sich! Genossen,
Noch seid ihr Brüder mir! Noch ist ein Weg
Aus Tod und Schande strahlend uns erschlossen!
Zur Brücke weite sich der arme Steg
Dem Schritt der Überwindenden! Die Waffe
Richte sich, wie von selbst, gegen das Haupt
Der Quäler, Mörder, daß sich furchtbar räche
Das Unerhörte, eh der Wald belaubt!

Noch seid ihr Brüder mir. Aus *einer* Erde
Wuchs unsre Schuld und unser fernster Traum.
In toter Dichter Hut trag ich Beschwerde
Über des Volkes Schuld vor euch. Im Raum
Der alten Richter ruf ich euch beschwörend.
Wir warten! O ihr meine Brüder weit!
Aus Liebe, aus Verzweiflung wächst verzehrend
Die rote Sehnsucht: die Entschlossenheit.

Dezember 1942

Ballade
von den Städteverteidigern

Bei den Hirten der Nacht und dem einsamsten Volk
der Sirenen,
Wo der Sturm in den Tälern klagt und Delphinenchor süß,
Bis zu Städten im Rauch, die am Rande der Finsternis
lehnen,
Die die eiserne Faust ihrer Herrn in Verderbnisse stieß —
Bei den Hirten der Nacht und dem einsamsten Volk
der Sirenen

Wird ein Name genannt — vermöchten wir o doch zu
geben
Seine Möglichkeiten nur alle euch, Brüdern, im Schatten
der Zeit,
Seine Tränen, sein Lächeln: die Neigung in all unser Leben,
Und dann die gigantische Trommel, die nachts nach
uns schreit —
Vermöchten wir doch alles dieses euch nur zu geben!

Wie das Lied einer Mutter im Felde im Schatten geborgen,
Wenn die Brust der Traktoren verstummt in der Mitte
des Tags,
Wie der Ruf einer Ungesehenen im tauigen Morgen,
Wie Geruch von gärendem Wein und schmelzendem
Wachs,
Wie das Lied einer Mutter im Felde im Schatten
geborgen —

Wie der Sturm der Hochöfen in maßlose Nachthorizonte,
Wie die eherne Kehle des Asphalts auf donnerndem Platz,
Wie die Sterne des Kreml, die der Nachmittag besonnte,
Wie die unerhörte Tangente der Flieger, der Satz
Der Kantate der Hochöfen dort im Nachthorizonte.

Unvergeßlich, für ewig ist dies unserem Blut überschrieben
Jene Kurve des Dnjeprostroj dort im Fahnenwald rot,
Unveränderlich ist unser Haß, unser schmerzliches Lieben,
Unvermeidlich ist — fühlt es! — durch unsere Hand euer
Tod!
Unvergeßlich, für ewig ist dies unserem Blut überschrieben.

Auch Gesichter gefallener Kämpfer in tönender Heide
Und das Knirschen der Schritte im Frost des karelischen
Walds,
Das verstummte Maschinengewehr irgendwo, aus der Seide
Einer taubengrauen Dämmerung schimmert das Salz
Der Gesichter gefallener Kämpfer in tönender Heide.

Immer eingedenk — hört es! — der Bündel giftiger Sonnen,
Die Sebastopol leuchteten, als das Gebirge begann
Seine apokalyptische Wanderung auf die Kolonnen,
Die der feurige Regen der Flammenwerfer berann —
Immer eingedenk — hört es! — der Bündel giftiger Sonnen.

O ihr Tränen! Du Lächeln! Du Neigung in all
unser Leben …
Wie ihr euch in uns lagert und unsere Schwäche versucht!
Wie mit blühendem Flügelschlag in uns Träume erbeben!
Wie die angstvolle Hand jäh erwacht zu erschütternder
Wucht!
O ihr Tränen! Du Lächeln! Du Neigung in all
unser Leben! …

Limoges, 7. November 1942

Ballade von den Unsichtbar-Sichtbaren in den großen Städten

Wir haben allenthalben Trübsal; aber wir ängsten uns nicht. Uns ist bang; aber wir verzagen nicht. Wir leiden Verfolgung; aber wir werden nicht verlassen. Wir werden unterdrückt; aber wir kommen nicht um ... Sondern in allen Dingen beweisen wir uns als die Diener Gottes, in großer Geduld, in Trübsalen, in Nöten, in Ängsten, in Schlägen, in Gefängnissen, in Aufruhren, in Arbeit, in Wachen, in Fasten — als die Unbekannten, und doch bekannt; als die Sterbenden, und siehe, wir leben; als die Traurigen, aber allezeit fröhlich; als die Armen, aber die doch viele reich machen; als die nichts innehaben, und doch alles haben.

Paulus an die Korinther

Sage mir doch, als wir durch die Wälder des Grauens
Schritten, medusisch drohten dort die Alleen,
Weißt du noch, wer sich erwehrte des tödlichen Schauens
Blickloser Statuen, die auf uns niedergesehn?

O sie, die Angst auf sich nahmen! In ihrem Schweigen
War das Gebirge, das Licht des Mittags erträgt.
Und wir sahen um ihre Hände steigen,
Sinken Sonnen herrlich und unbewegt.

Ihre Sohlen verlangten nach Dornen, auf ihren Brüsten
Wiesen sie uns das Geheimnis narbiger Schrift,
Und sie kannten der Wasser Verführung in Wüsten
Ihres Alleinseins, das kein Vergleich übertrifft.

Sie, die Seltsamen, die an sich selber nie dachten —
Gab es denn nichts, gar nichts, was uns von ihnen schied?
Als wir die Stimme im brennenden Dornbusch verlachten,
Weilte ihr Wort, ihre Warnung in unserm Gebiet.

Ach, wie frieren wir heute im Schrein der Trompeten!
Da unsre Herzen mit trauernden Bannern bedeckt.
Fremde Kentauren, die unsre Hügel zertreten,
Haben mit Brunst und Zerstörung den Schlaf uns erschreckt.

Sie aber und ihre weltverändernde Frage
Blieben bei uns. O Wunder! Sie glichen so sehr
Uns wie einander die Früchte, ein Tag diesem Tage,
In ihrer Stimme wehn Glocken, Gewitter und Meer.

Und sie sagten, sie wären bei uns. Sie verschwiegen
Manchmal ihr Bei-uns-sein. Doch immer waren sie da.
Oft hatten sie der Erwartung Halden durchstiegen,
Und ihr Atem ging schwer. Doch das Ziel war schon nah.

Städten voll schöner Drohung, kühlen Palästen
Und den Brunnen entwuchs ihre Zuversicht,
Und das Vergangne bereicherte sie, wenn im Westen
Haine und Landstraßen schmolzen im strömenden Licht.

Breite der Dörfer erkannt und den Rost am Pfluge
Hatte ihr Finger berührt. In des Domgestühls Wind
Waren sie mit den Betern. Sie kannten am Fluge
Dämmernder Schwalben, wohin die Stunde verrinnt.

Ihrer Gesichter sind viele, doch immer das eine.
Wie die Erde sind sie oder der wandernde Strom.
Ihre Stummheit, ihr Reden fallen wie Steine
Schwer in den Schacht unseres Seins seit Memphis und
Rom.

Liebe sind sie und Haß, der Schatten von Schilden,
Völker, Verzückung, trunkene Schleier der Nacht,
Worte, die sich versuchen im Wind von Gefilden,
Wenn der Falter des Morgens zum Fluge erwacht,

Zahl, die beweist, und Formel, Zeichen, Tabelle,
Unerhörtes Raunen geheimster Musik.
Magisches Bild, ganz schleierlos an unsrer Schwelle,
Mund, o blutender, du der sich gab und verschwieg …

1944

Ballade
von den weitschauenden Augen

Kontinente, da sich scharfschnäblige Vögel
täglich bekriegen
Und gleich Brandern flammender Menschen Geheul
treibt die Flüsse hinab,
Dort wo auf zärtlichen blauen Kinderkadavern
schwärmende Fliegen
Feiern, Epheben im Fest ihrer Locken erblindet
schaufeln ihr Grab,

Die umfasse dein Blick und dein Ohr! Dort erhebt sich
ein tobendes Kreischen:
Zugbremsen vor Selbstmördern, gleich Hunden
auf ölige Schienen geduckt;
Aus der Unendlichkeit kommende, endlos hinreichende
Züge von Leichen,
Lebenden, warten untätiger Hand, von den Blitzen
des Hungers umzuckt –

Siehst du die Sonne versinken hinter den rauchigen
Ländern,
Wo, wie von Köhlern umtanzt, Berge von Weizen
und schmorendem Fett
Qualmen, und wo in den Meeren und schilfigen Wassern
gleich Totengewändern
Milch treibt spiralig – Ophelias Haar in des Sees
tödlichem Bett?

Oft ertönt dort nachts aus den eulengeliebten Wäldern
ein Schreien,
Und auf dem leeren Asphalt lichtloser Städte rasen
gehetzt
Die wahnwitzigen Schritte von Unsichtbaren
(sei es von dreien

Gespenstern) — und gleich ist die Nacht von Sirenen,
den sterbenden Tieren, zerfetzt.

Und auf den kalkigen Mauern liegt immer im lautlosen
Mittag das Gitter
Von den Schatten zum Feuern bereiter Läufe.
Geschehe das Recht!
Trocken punktieren sie dann jenen ewigen Satz mit dem
feigen Gewitter
Der Schüsse — jenes »Hört die Signale! Auf zum
letzten Gefecht!«

Doch hinter breiten Strömen, meersüchtig, und
wilddurchlaufenen Wäldern
Sind dort zwei Augen von Türmen, rubinenbesternten,
auf dich gestellt,
Dort, wo Traktorengeschwader beständig durchpflügen
gigantische Felder
Und im Turbinensturm säen zweihundert Millionen
die morgige Welt.

Jetzt gewahrst du das Antlitz, so klar und so ewig
wie unsere Erde,
Aber du wende dich nur jenen Augen zu, die du von
jeher gekannt,
Und sie wissen von Zweifel und Not und vom Tode,
und deine Beschwerde
Wird schon metallen vom Kreml aus Glockenmündern
genannt.

Und in den Augen ist viel: nicht gesenkt waren sie vor
den Schlägen gewesen,
Als die Knute zaristischer Schergen sie hart vor den
Mauern von Baku befiel,
Und die rote Fahne in Batum — er trug sie voran — als
der knisternde Besen
Von Kosakensäbeln und Kugeln sie strich: »Genossen!
Schon nah ist das Ziel!«

Diese Augen tragen noch heute den nebelnden
Schneesturm sibirischer Weiten,
Als vergeblich die Hunde und Häscher in stürmischer
Tundra den Flüchtling gejagt.
In verschlissener Tasche rieb sich die Kruste des
Schwarzbrots an knisternden Seiten
(Jene »Iskra«, die lautlos durchschmetterten Henkern
die donnernde Wahrheit gesagt).

In den von Hunger und Tod und Verrat überwältigten
schmerzlichen Tagen
Sahen sie goldene Früchte im dürren Geäst. Und der
Raupentraktor
Brach schon im Schlag ihrer Wimpern die Schollen, wo
rostige Gleise lagen,
Von den weißen Banditen gesprengt, stürmten Züge
und Straßen hervor.

Denn in Tälern und fruchtbaren Ebenen vom Pamir herab
durch die orgelnden Wälder
Bis zu einsamsten Völkern, die gehn in des Nordlichts
verzauberndem Schein,
Sind die Tafeln gedeckt zur Freude, Millionen zur Feier
geladen, die Felder
Und dämmernden Hügel warten der Gäste,
glänzend von Brot und Wein.

Und Kanäle tragen bewimpelte Schiffe. In neuen
mächtigen Städten
Ist zur Nacht das lebendige Wort toter Dichter vor
Rampen. Die riesige Kraft
Ferner Staudämme fliegt über Plätze. In Laboratorien
und Werken erretten
Täglich Völker vor Tod und Vergessen sich, aus der
Vergangenheit Haft.

Aber du jenseits der wilddurchlaufenen Wälder
und rollenden Flüsse:
Stellst du den Apparat: füllt das vertraute Gelände
den Raum,
Glocken und Siegesorchester um Mitternacht. Wie durch
unendliche Weiten gerissen
Schaust du die atmende Hauptstadt, das einsame Licht
vom Kreml im Traum.

Hoch ob dem ruhenden Roten Platz ist noch immer
entzündet ein Licht
(Über dem Geisterbild einstiger, ständig erneuter
Kolonnen, bereit
Zum fruchtbringenden Werk, zur Zerschmetterung
des Feindes). Und in dein Gesicht
Richtet voll sich der Blick jener Augen, in den Schein
deiner Einsamkeit.

Und sie haben bereits vor dem Glanz deines Aufblicks
die ruhige Antwort gefunden,
Die du glücklich begreifst, wenn dein sicherer Schritt
zurück in die Städte dich trägt,
Wenn in den Ebenen die Schatten lang werden, die
Wärme des Tages geschwunden,
Ist die Zuversicht wach und die Nacht und dein Herz,
das schlägt.

1940

Ballade von der Überwindung der Einsamkeit in den großen Städten

Ihr alle, die ihr mit uns in die Großen Städte versanket
Und vom Golde des Abends vor Kathedralen berauscht:
Wenn ihr vom Gifte tödlicher Einsamkeit tranket,
Fühltet ihr einen Schatten, und gleichsam belauscht
Verließet ihr eure Wollust, und eure Gedanken
Fielen ab von Lippen und sterbenden Blüten und Wein,
Und aus den Wäldern eurer Augen begannen zu schwanken
Schwarze Sonnen, Trompeten, und ihr wart nicht mehr
allein.

Und gesetzt, die Verwirrung des Abends machte uns reicher,
Als wir damals verfielen dem Zauber unsrer Gefahr,
Und wir fühlten Musik und die blauen Lockungen weicher
Frauen und die Nacht, diese Nacht — und doch war
Eine Stimme, die rief und weinte und siegte. Und Straßen
Waren plötzlich erinnert. Es konnte nicht anders sein,
Und wir waren nicht mehr bereit, uns verlassen zu lassen,
Und schon standen wir auf und waren nicht mehr allein.

Denn wer entsinnt sich unser? O Antlitz gemeisterter
Klagen!
Heldische Landschaft, qualvoll aus bitteren Meeren
enttaucht,
Wer denn vermag dich in sich zu besiegen, getragen
Von einer Winternacht, die phantastisch die Scheiben
behaucht.
Immer wieder bist du: in der Betäubung der Gärten,
In der Sirenen Drohung, im dämmernden Hain,
In einem trostlosen Morgen beginnt unser Herz sich zu
härten
Mit dem Stahl der Verpflichtung, und wir sind nicht mehr
allein.

Und alles, was uns zu eigen ausschließend und voller
Verweigern:
Das Grauen des Dichters, das furchtbare Rätsel
Musik,
Die Wolke im Tal, das Zwielicht, das sich
zu steigern
Beginnt in unserm Gelände, was sich uns gab und
verschwieg,
Wächst in die tiefre Verfassung. Und in den fahlen
Gewittern
Der Fahnen und Bajonette stürzt tragisch die Zeit
in uns ein,
Und unsere eigene Kraft vermag uns nun jäh
zu erschüttern,
Und wir sind nur noch Gewehr und Gefahr und sind nicht
mehr allein.

Denn so sind wir doch gewesen: Gesicht, das alles
Ermüden
Gekannt hat und unter dem stählernen Helm
erfriert,
Das alle Bindungen losläßt und nur noch den fremden
Gebieten
Der späteren Größe sich anschließt und dich und dich noch
verliert.
Geliebte gehen wie Schatten. Wir sterben im Feld ohne
Tränen.
Das Leben verrinnt. Und wieder beginnt es
zu schnein.
Wir kennen uns nicht mehr. Und aus dem tödlichen
Sehnen
Weckt uns der eigne Befehl, und wir sind nicht mehr
allein.

Und fern sind die machtvollen Brüder. Der Feind ist noch
in den Wäldern.
Sein Brand vernichtet die Stadt. Doch jeder ist Partisan.
Und jeder von uns ist einsam auf den verharschten Feldern,

Vom Morgen bedroht, aus dem uns die letzten
Entscheidungen nahn.
Der Feind ist geschlagen. Im Rücken seiner Brigaden
Gehn wir mit ihm zurück. Einsam im Siege noch sein
War unsre Wahl. Mit wildem Willen geladen
Nach der unsäglichen Zukunft nur noch — und nie mehr
allein.

1943

Paris

Stadt vor den Wolken, Stadt an den Mittagshängen
Unsrer Erfahrung gebreitet, rufst du uns zu:
Rühmen sollt ihr!? Läßt sich denn nicht mehr verdrängen
Schwellend, betörend der Abend der Porte St. Cloud?

Schiff und Tiefseelandschaft nannte dich immer
Eine Stimme; es trieben auf dem Kanal
Flammend die Blumen des Öls im Laternenschimmer
Nachtwärts, meerwärts zwischen den Toten fatal.

Keiner vermag sich jemals mehr von dir zu wenden,
Wenn ihn Gérards schwarzer Blick an infamen Ecken
 gegrüßt.
Auf den Boulevards fernes Winken von magischen
 Händen:
Hielt ich euch je … Hab ich für euch gebüßt …

In einer Nacht erwachtest du: auf deinen Türmen
Ritt ein Gespenst, mit gelben Fahnen behängt.
Um deinen Horizont eine Mauer von Stürmen
Hat dich im eisigen Dunkel brüllend umdrängt.

Rot mit den roten Flüssen hinab rollten die Zeiten,
Und du starrtest auf das gepanzerte Knie
Der Eroberer, die deine Stärke befreiten,
Und es schmolz der Nebel über der Ile St. Louis.

Wie ein Tier, das, von feindlichem Zahne geschlagen,
Sich um die Wunde legend den Morgen gewann,
Hast du dein Leid kalt wie eine Waffe getragen,
Und um Mitternacht klagte der Panzer der Jeanne.

Und auf Belleville, wenn die Uhren abendlich mahnen,
Liegt es wie Schatten schräg, wenn die Stunde verrinnt,
Finsternisse von Fäusten und riesigen Fahnen,
Wo schon lautlos die Schlacht von morgen beginnt.

Schatten sind in den Kugellöchern der Mauern,
Schatten Bellevilles und Schatten von St. Antoine.
Schon weint die Untreue auf in des Frühlichtes Schauern.
Dreimal krähte zerreißend der gallische Hahn.

1944

Ballade von einem Städtebewohner in tiefer Not

Entflammen muß der Sommer bald.
So heißt es. Doch was soll uns dies?
Da uns die wechselnde Gestalt
Des Jahrs nur tiefer stets verstieß.
Denn wer verdiente all dies Leid?
Unser ist Schuld, wir leugnens nicht,
Doch über uns wächst hoch die Zeit,
Verdunkelt schon der Augen Licht,
Schon nachtets auf dem Wege, bricht
Aus Berg, Fontäne, Zweiggewirr.
Durch ungeheure Ewigkeit
Aus tiefer Not schrei ich zu Dir.

Es schauert auf uns Abendrauch,
Sirenen weinen in der Stadt,
Süß schmilzt in uns der Toten Hauch.
Wir hungern noch, doch sie sind satt
Von Aschenbrot und Geistertrank.
In Feuersturm und blauem Eis
Gesunden sie. Doch wir sind krank
Und würgen an des Alpdrucks Speis.
Die Blüte fällt, verdorrt das Reis.
Die Orgel Schmerz dröhnt stets aus mir.
Die Totenuhr in jedem Schrank.
Aus tiefer Not schrei ich zu Dir.

Die Toten all versammelt sind
Zu mir und brechen mit mein Brot.
Ihre Musik geht wie ein Wind
Durch mich. Ich fühle tiefe Not.
Ihr Mohnkuß tröstet meinen Traum,
Im hellen Mittag lockt ihr Mund
Aus Berg, Fontäne, Wolke, Baum:
Folg! Du bist krank. Wir sind gesund –

Nachts bellt zum Monde irr ein Hund.
Wie viele Zeichen! Und nun hier,
Verwirrt, befleckt vom Zeitenschaum,
Aus tiefer Not schrei ich zu Dir.

Vor Domen senkt sich meine Stirn
In graues Traumgetrümmer hin,
Und bleiche Tiefennebel wirrn,
Wo ich im Schutt der Schlösser bin,
Die kleinen Kinder lächeln dort
Und grinsen mit den Zähnlein weiß,
Die Hand verbrannt – wie einen Hort –
Hält noch das Buch, drin knistert leis
Verrauchend Fabel und Geheiß,
Blut zischt darauf wie schwarzes Bier.
Nun ist das Nichts! Erst war das Wort!
Aus tiefer Not schrei ich zu Dir.

Dämmrung im Hain Gethsemane!
Wir sehn die Schläfer um uns her,
Doch ahn ich großes Unglück, seh
Blutiges Schlachten, falsch Gewehr
Gerichtet auf den Bruder hin,
Maschine frißt, was von ihm blieb,
Aus seinen Resten wächst Gewinn
Dem Mörder, dem er sich verschrieb,
Die Mutter, die man erst vertrieb,
Hat man gekreuzigt, holde Zier,
Ihr Kind vernichtet Stich und Hieb.
Aus tiefer Not schrei ich zu Dir.

Mein Volk, nach dem mein Herz verlangt,
Verfällt schlafwandelnd fürchterlich,
Dort wo verkohlter Efeu rankt
Um tote Mauern. Wie verstrich
Die Zeit uns! Ewig währt der Krieg!
In Flammen schreiten wir gehüllt.
O Bruder Tod, erhör uns, wieg

Uns ein, eh sich das Graun erfüllt!
Die jungen Jäger wurden Wild
Des angegriffnen Feindes. Für
Die Henker-Führer zählt der Sieg.
Aus tiefer Not schrei ich zu Dir.

Ich fühle Schmach, schmecke Verrat,
Und Ehre, Treue sind verschrien.
Höchstes Verdienst ist Schergentat.
Liebe, besudelt, bringt Gewinn.
Dichter verscharrt im Morgenwind,
Blut bildet auf zerschoßner Brust
Träume nach, die vergangen sind,
Von kühner Zukunft, Sehnsucht, Lust,
Von dem geahnt, von dem gewußt.
Wenn wir nicht feige, müd sind wir.
Ungläubig unser Blut gerinnt.
Aus tiefer Not schrei ich zu Dir.

Wie mich in meinen Sinnen friert!
Die Brüder, die ich fern gekannt,
Die Toten, die mein Herz regiert
Zu jeder Zeit, sind längst verbannt,
Und Percy, Friedrich, Wolfgang sind
Verschlagen in das große Wehn
Von Bannern, die im weißen Wind
Der Ewigkeiten weit vergehn.
Mein Aug erblindet mir im Spähn.
O daß ich Hoffnung nicht verlier
Auf ihr Reich, in dem ich nicht blind!
Aus tiefer Not schrei ich zu Dir.

Wenn falsche Worte sprach mein Mund,
Mein Herz blieb wahr und wahr mein Mühn.
Der Todeswein bricht reich vom Spund
Und läßt die Blumen all verblühn.
Verlangtem wurden wir entfernt,
Doch Ungesuchtes drängt sich her,

Dein Antlitz hab ich nie verlernt,
Die Aufgabe war mir nicht schwer.
Doch wo ist wer. Ich treib im Meer
Der Not bewältigt wie ein Tier.
In dieser Nacht furchtbar entsternt
Aus tiefer Not schrei ich zu Dir.

Du warst der Blick, der mich nicht ließ,
Sage von Tyrus und Korinth,
Du warst das Wort, das nicht verwies,
Vers bist du, größer als der Wind,
Du bist die Fahne der Partei,
Du bist ein Schweigen in der Schlacht,
Du bist Sonate, bist Wir Zwei,
Magischer Regen Mitternacht.
Bis ich aus bösem Schlaf erwacht,
Auf daß ich finde mich zu mir,
Daß unsre Zeit gekommen sei,
Schrei ich aus tiefer Not zu Dir.

Du bist das weite Land, das trägt
Das Kommende waffengehüllt,
Dem unser Herz stets weiterschlägt,
Wenn sich auch falscher Tod erfüllt.
Du bist der Massen Marsch und Platz,
Du bist die Geste, die beweist,
Du bist geschrien, geraunt der Satz,
Der uns erfaßt, der in uns kreist,
Du bist die Sache, die uns schweißt,
Du warst bei mir, sei nun bei mir,
Gewitter, Licht, gerühmter Schatz —
Aus tiefer Not schrei ich zu Dir!

1943

Ballade für die guten Leute auf allen Märkten zu singen

Die Stadt wird lauter Schrein und Qualm,
Im Moor irrn hold die Toten um,
Es fauln im Meere Barsch und Salm,
Die Galgen schmücken Hügel stumm.
Kupferne Engel singen grell
Am Weiher nachts. Ums leere Haus
Der Kettenhunde Angstgebell.
Dem Werwolf brecht die Zähne aus!

Viele sind wir, er ist allein.
Er hat die Herden uns versehrt,
Er schlug das weiche Kind am Rain,
Hat nachts die Ställe uns geleert.
Die letzte Scheuer brennt im Dorf,
Und gräßlich hält er seinen Schmaus.
Die Knöchlein leuchten weiß im Torf.
Dem Werwolf brecht die Zähne aus!

Er ist allein, viele sind wir.
Die Not warf sich in meinen Arm,
Fremd seh ich Pflanze, Stein und Tier,
Mein Herz verdorrt in Haß und Harm.
In Spiegeln seh ich mein Gesicht:
Ein Lächeln eitert mir am Mund.
Den Werwolf schleift zum Hochgericht!
Schlagt tot! Das tu ich euch nun kund.

Zu lang schon geht er bei uns um.
Was hat er weh! aus mir gemacht!
Verworren liegt mein Eigentum.
Es lodert die verlorne Schlacht.
Des Werwolfs Zeichen an der Tür.
Er wuchert gern mit unserm Pfund.
Reißt nur die Waffe schnell herfür:
Schlagt tot! Das tu ich euch nun kund.

Im Feld liegt grau die junge Mahd,
Zerspellt ist bald der letzte Turm,
Gebein kracht dumpf am schwarzen Rad.
Fallt auf ihn wie der Wintersturm!
Nur Schrecken wird des Schreckens Herr!
O bittre Liebe! Süßer Haß!
Hört nicht der Feiglinge Geplärr!
Gemessen sei mit gutem Maß!

Für Werwölfe stirbt es sich schwer,
Doch besser lebts sich ohne sie.
Im guten Kampf war feig das Heer,
Stets frisch die Erd am krummen Knie.
Aus der Verwirrung werdet klar:
Auf Wahrsager ist kein Verlaß!
Die Not streicht bleich mein junges Haar.
Gemessen sei mit gutem Maß!

Nehmt Sensen, Flinten von der Wand.
Joß Fritz geht um im Odenwald,
Der Störtebeker geht durchs Land,
Zeigt uns sein Antlitz blutigkalt.
Man sagt, der Münzer zeige sich.
(Ich weiß es: ich sang süßer einst.)
Mein Vers sei weiß wie Messerstich,
Damit du, Deutschland, nicht mehr weinst.

Den Werwolf, der die Bücher brennt,
Der Unschuld würgt mit Feur und Gas,
Den Werwolf, der den Freund berennt,
Der unsre sanften Kinder fraß,
(Er nahm uns Scheer und Stauffenberg) –
Schlagt tot! Wenn du dich uns vereinst,
Deutschland, dann wird noch gut das Werk,
Damit du, Deutschland, nicht mehr weinst.

Zerhaut den falschen Mummenschanz!
Schwarz gehn die Türen auf im Haus.

Die Stalinorgel spielt zum Tanz,
Dem Werwolf brecht die Zähne aus.
Die Speise Liebe würzt mit Haß!
(O Unschuld, du sangst süßer einst ...)
Gemessen sei mit gutem Maß,
Damit du, Deutschland, nicht mehr weinst.

1945

Ballade
von den alten und den neuen Worten

Ich weiß, daß sie nicht mehr genügen,
Weil die Erde mich noch trägt,
Weil die alten Worte lügen,
Weil der Unschuld die Stunde schlägt,
Ich weiß, daß sie nicht mehr genügen.

Genügen können nicht mehr die Worte,
Die mir eine Nacht verrät,
Die beflügelte Magierkohorte,
Wie vom Rauch der Dämonen umdreht,
Genügen können nicht mehr die Worte.

Daß an meinen Worten ich leide!
Und die Worte waren schön ...
Meine Worte waren wie beide,
Tag und Nacht, wenn sie beide vergehn.
Daß an meinen Worten ich leide!

Drum gebt mir eine neue Sprache!
Ich geb euch die meine her.
Sie sei Gewitter, Verheißung, Rache,
Wie ein Fluß, ein Pflug, ein Gewehr.
Drum gebt mir eine neue Sprache!

Über die Sprache will ich verfügen
Wie über mein Hemd, meine Hand,
Über Wasser in vollen Zügen,
Wie über das Herz mein Land.
Über die Sprache will ich verfügen.

Eine neue Sprache sollt ihr mir geben,
Wie Wetter im Stollen kracht,
Wie die Dünen in mein Auge sich heben,
Schwarzes Blut an den Flanken der Nacht.
Eine neue Sprache sollt ihr mir geben.

Ich will eine neue Sprache,
Wie einer, der sein Werkzeug wählt.
Eine neue Sprache für meine Sache,
Die euch tröstet und euch quält.
Ich will eine neue Sprache.

Wie die Schneide des Beils am Nacken,
Wie Lächeln, das ein Messer schnitt
In blutigem Mund, wie die Hacken,
Unter denen der Acker litt.
Wie die Schneide des Beils am Nacken.

Enorm wie die Morgenröten,
Wie Blicke verheißend, fatal,
Wie Verzückungen, die uns töten,
Wie die Schiffe auf dem Kanal,
Enorm wie die Morgenröten.

Ich will euch neue Worte sagen.
Sagt nicht, sie seien euch bekannt.
Man muß mit seinen Worten wagen,
Falschem Lächeln, zerstörender Hand.
Ich will euch neue Worte sagen.

Worte, die wie Städte klingen,
Obgleich man die vergessen muß,
Worte wie Astern, Syringen,
Wie in den Staub ein Kuß,
Worte, die wie Städte klingen.

Wie ein Land ohne Kathedralen,
Karavelle, da die Toten vom Heck
Uns winken. Verborgene Qualen.
Wer nimmt von mir Maidanek …
Wie ein Land ohne Kathedralen.

Die Schmiede erbleichen beim Schmieden.
Die Schäfer vergehn bei der Schur.

Die Sonne liegt schwarz auf den Rieden.
Wer nimmt von mir Oradour …
Die Schmiede erbleichen beim Schmieden.

Der Bauer redet im Pflügen
Zum Wind und der antwortet nicht.
Alte Worte können nicht genügen.
Sie erlöschen wie in Kellern ein Licht.
Der Bauer redet beim Pflügen.

Ich will euch Worte sagen
Nachtdunkel und taghell.
Worte, die stoßen, Worte, die tragen,
Worte: hart, sanft, langsam, schnell.
Ich will euch Worte sagen …

Worte, Wegbereiter,
Sie können wie Namen sein:
André oder Lechleiter,
Sie schmecken wie Brot und Wein.
Worte, Wegbereiter …

Unser Brot gewürzt mit Qualen,
Unser Wein berauschend wie Haß.
Wer soll unsern Wein bezahlen …
Am Boden liegt das Glas
Und das Brot gewürzt mit Qualen.

1945

Ballade
nach zwei vergeblichen Sommern

Man friert in den großen Städten,
An Pfosten klettert der Reif,
Wenn die Kinder in den Schatten sich retten,
In den Schatten, in der Ratten Gekeif.
Wo die seltsamen Stimmen wandern,
Die Standarten der Tränen wehn,
Begruben wir mit den andern
Zwei Sommer. So laßt es geschehn!

Die Krähen hängen im Winde.
An den Herzen wächst der Schorf.
In Tiefen Blatt und Rinde
Verwittern in Mull und Torf.
Doch knistert elektrisch die Stunde
Und die blassen Stimmen gehn,
Unterm Schnee sprichts aus manchem Munde:
Sag es wieder! Laß es geschehn!

Die Straßen waren verlassen,
Die Schatten vor den Füßen gestaut.
Wir standen auf den Terrassen
Des Schreckens, von der Tiefe umblaut,
Auf den Terrassen verachtet,
Von Schlägen gefleckt mußten wir stehn,
Vom Brombeergesträuch umnachtet
Ließen die Toten alles geschehn.

In den Kaschemmen der Städte,
Wo man leiser zur Vesperzeit spricht,
Wenn die letzte Zigarette
An der speichelnden Lippe verzischt,
Stand man schief zwischen Türen
Und sah, wie die Nebel sich drehn,
Wie die Blicke der Spitzel spüren,
Und die Taten der Nacht geschehn.

Grüne Blitze aus Oleander
Haben unsern Mittag entzückt.
Wenn des Blutes schwarzer Mäander
Das Pflaster der Städte bestickt,
Gekreuzigt von brüllenden Sonnen
Flogen Arme und Münder im Föhn
Der Revolten, von Glorie umronnen,
Laßt sie, laßt sie wieder geschehn!

Laßt sie wieder geschehn in den Gräben
Voll Wegerich und schwarzem Mohn,
Wo Schreie gleich feurigen Stäben
An gestürmten Kasernen lohn
Und splittern, Herzen wie Blüten
In der Brust von Inez und Madeleine,
Die den Morgen der Zukunft behüten,
Unvergleichliche! Laßt sie geschehn!

Schräg auf der unentschiednen
Straße lag der Sieg wie ein Stein,
Unverrückt vor dem kaum vermiednen
Lächeln der Toten. Wein
Und Olive neigte dem Volke
Bei Huesca sich und Almaden.
Wenn der Regen aus der Wolke
Verlangt: laßt ihn geschehn!

Und die Männer aus Löwengruben,
Gesichtslose Flammen, die Hand
Fühlte kalt in den armen Stuben
Das Gewehr hinter der Wand.
Die wandelnden Wälder konnten
Bis zum Horizont nur die Leere sehn.
Auf den feindlich besonnten
Plätzen beganns zu geschehn.

Im blauen Abendstaube,
Von Liedern und Tränen naß,
Wo der Mond wie eine Taube
Uns links auf der Schulter saß,
Partisanenchöre: Gewitter,
Die fahl in den Wäldern stehn,
Süß schmeckte das Brot und bitter
Erinnerung. Laßt es geschehn!

Um die erloschenen Öfen
Rinnt der Stille Geräusch,
Die toten Tänzer in den Höfen
Hängen im Drahtgesträuch.
Blinde Sonnen gespiegelt
In gestirnten Helmen stehn,
Wo an Oder und Elbe beflügelt
Die letzten Gefechte geschehn.

Die Magier singen die neuen Lieder
Auf die alte Melodie,
Die Nacht ist durchrauscht vom Gefieder
Unserer Agonie.
Gaukler und Kartenschläger
Vertauschen auf den Märkten den
Gejagten mit dem Jäger,
Und wir lasssen es wieder geschehn.

In den offenen Augen der Toten
Wächst nicht mehr der neue Tag,
Unversehrt suchen schweifende Boten
Die Reste vom früheren Schlag.
Doch der Reigen der Möglichkeiten
Hebt nächtens an sich zu drehn,
Weil die Zeiten nicht weiterschreiten,
Weil die Zeiger im Frost stillstehn.

1947

Wenn nun niemand hörte

Wenn nun niemand hörte? Auch das neue Geschlecht nicht,
Mit dem entschlossen du die erschütternde Straße ziehst?
Sei still in dir und befrage dich: Mußt du erst recht nicht
Sagen vom Unsagbaren, das du im Sagbaren siehst?

Keine Zweifel vermögen das Ja zu gefährden,
Und die Gefahr, daß deine Stimme im Rufen vergeht,
Überwältigt empfängst du sie. Denn du weißt: einmal
werden
Fernere sein in der Größe, vor denen dein Sagen besteht.

Jedem ward seine Stimme. Die deine, in Nacht zu
verkünden
Von diesem Nach-der-Nacht, eilt deinem Wege voraus,
Den du ständig tätig bejahst. Doch deine Worte finden
Auf diesem Wege noch kein bereitetes Haus.

Darum ist deine Nacht fatal. Doch im fahlen Gemäuer
Ringe unendlich mit der gewußten Gestalt.
Singe sie maßlos auf steinigen Weg. Und teuer
Wird da auf einmal Vielen, was Wenigen galt.

Ballade von der Dame Hoffnung

Herrin des strengen Traumes, der Schafotte
Erhabene Gefährtin, Testament
Der Habenichtse, letztes Lied der Rotte,
Oberstes Scheit, das auf dem Holzstoß brennt,
Name, den jeder tote Mund noch nennt:
Im Qualm der Frühe stehst du an den Türen,
Dort, wo unwärmbar unsre Herzen frieren,
Licht der Beschatteten, aufs Rad gespannt,
Magische Finger, die die Spindel rühren:
Von den Bedrängten Hoffnung bist genannt.

Süßes Phantom im schwarzen Schlangenhag,
Geblendete an nassen Straßenecken,
Wohltätige Ohnmacht nach dem zwölften Schlag,
Feld, das die Schloßen meiner Schmerzen decken,
Schweißtuch der Kreuzgeweihten, Tränenbecken —
Ich bin versehrt und klag dir meine Not:
Gläsern Gespinst, meerblau und abendrot.
Der letzte Halm knistert im Dünensand.
Von jenen, die vertraut nur mit dem Tod,
Von den Bedrängten Hoffnung bist genannt.

Krug für die Dürstenden, erhabne Nahrung,
Schlüssel, der fugenlose Wände sprengt,
Hohes Gemisch aus Ahnung und Erfahrung,
Wahrheit gepfählt, gespießt, gewürgt, gehängt,
Mein Wappen, in dem Lieb und Haß verschränkt,
Bettlerin sehr verachtet an den Toren,
Östliches Licht schrägt auf dem Plan der Horen,
Verwehter Hahnenschrei im Dämmerland,
Stets wiederauferstanden, stets verloren:
Von den Bedrängten Hoffnung bist genannt.

Zueignung

Fürstin der Welt, die unsern Dienst erkoren,
Wüstenversengt, im grünen Eis gefroren,
Gewisse Gegenwart hinter der Wand,
Verbotner Brunnen du, nach dem wir bohren:
Von den Bedrängten Hoffnung bist genannt.

1947

Die Zeit der Wunder

Die Zeit der Wunder ist vorbei. Hinter den Ecken
Versanken Bogenlampensonnen. Ungenau
Gehen die Uhren, die mit ihrem Schlag uns schrecken,
Und in der Dämmrung sind die Katzen wieder grau.
Die Abendstunde schlägt für Händler und für Helden.
Wie dieser Vers stockt das Herz, und es erstickt der Schrei.
Die Mauerzeichen und die Vogelflüge melden:
Die Jugend ging. Die Zeit der Wunder ist vorbei.

Es war die gute Zeit der Schwüre und der Küsse.
Verborgen warn die Waffen, offen lag der Tod.
Die Schwalben schrien in einem Abend voller Süße.
Man nährte sich von Hoffnung und vergaß das Brot.
Die halben Worte, die im Dunkel sich verfingen,
Waren so unverständlich wie Orakelspruch.
Hörst du es noch: Wenn wir die Zeit der Kirschen singen …
Ich weiß noch heut der blauen Nebel bittren Ruch.

Ich weiß die tückische Leere noch der Rückzugsstraßen
Und nachtschwarz die Minuten vor dem Drahtverhau.
Der Treue Farben brachen durchs Gewölk der Phrasen.
Zweitausendmal begann das Alphabet mit V.
Und der Bedrohten Rüstung schimmerte von Tränen.
Ich weiß noch, wie im Strom das Boot der Liebe sank.
Ich hab im Ohre noch die Lockung der Sirenen,
Wenn mit dem letzten Wein den Rest der Furcht man trank.

Die Kinder kannten jäh den Sinn der alten Bücher.
Das Messer auf dem Tisch wurde an Worten scharf.
Und Abende zog man sich ins Gesicht wie Tücher,
Wenn man das Stelldichein der Mörder suchte. Darf
Man sich der bittren Racheschwüre noch entsinnen …
Ich hör im Nachtwind brausen noch den wilden Schwan.
Der Worte Wunden bluten heute nur nach innen.
Die Zeit der Wunder schwand. Die Jahre sind vertan.

1947

Die einen und die anderen

In Ebenen, die qualmten von Regen,
Im gelben Wüstenglast,
In den Städten nächtlich
Von der Musik der Trauer durchrast,
Standen sie bloßen Hauptes
Vorm Block, an der Wand.
Aber das Geheimnis der einen und andern
War nur ihnen bekannt.

Die Türen des Sommers fallen
Mit fernen Gewittern zu.
Sie kommen mit den Sternen,
Stehn als Schatten vor Bett und Truh.
Mit Gesichtern banal wie das eine,
Das grad in der Menge schwand,
Verkünden ihr Ende sie diesen
Und jenen das Zukunftsland.

Sie sind immer da, wie der harte
Blick des Himmels ist da,
Wie das Rauschen der Stille, das in
Blut und Muschel geschah.
Woher sie auch immer kommen,
Wohin sie auch immer gehn:
Sie sind da, bis die einen erliegen
Und die andern im Lichte stehn.

Da war einer im Dunkel.
Die Städte rauchten von Blut.
Über die einen und andern
Rollte die große Flut.
Er war allein. Er wußte: Wenn sich
Auch für mich kein Befreier fand:
Für die Meinen kommt die Morgenröte,
Und die andern verzehrt der Brand.

Unterm Dach der Donner geborgen,
Die Schläfe weiß von Zorn,
Schlagen sie an die Türen der Zukunft,
Stoßen die Zeiten nach vorn.
Legte sich der Sturm auch in den Ebenen
Neben die Toten. Wenn noch einer stand,
Wußte man: Ihretwegen hat man
Sein Schicksal in der Hand.

Weil die Gräser nach oben wachsen,
Weil die Ramme der Pflasterstein trifft,
Weil im Buch auf splittrigem Tische
Müd das Auge die Wahrheit umschifft,
Weil das Echo dem Ruf erwidert,
Weil der Halm nach der Sichel schreit,
Ist die Nacht für die einen nahe,
Der Tag für die andern nicht weit.

Sitzen die noch auf den Richterstühlen,
Stehn jene zwischen Angel und Tür
Der unentschiedenen Jahre:
Für die schließt der Tag sich, für
Die andern rufen die Hähne,
Für alle fällt im Glas der Sand,
Der ist von den einen Ende,
Von den andern Anfang genannt.

1949

II

Aurora

I

Als mit den Soldaten die Hoffnung
Fror im Novemberwind,
Sprach die Legende lauter
Von drei Königen und dem Kind.
Auf den großen Leichenfeldern
War die Rede von Myrrhen und Gold,
Wer nicht mehr hoffen wollte,
Hat doch glauben gesollt.

Wie es sei mit dem Frieden auf Erden,
Wann käme der Retter denn?
Fragten die Leute. — Das sei
Nicht wörtlich zu verstehn.
Der Krieg ziehe mit den Wolken,
Hinge über den Feldern fahl,
Und sie müßten einander erwürgen,
Bis der Friede käm einmal.

Einer, der es besser wußte,
Wurde schnell fortgebracht,
Mußte am Telefonmast hängen
Noch in dieser Nacht.
Und es fragten die Bauernsoldaten,
Wie es mit dem Boden sei,
Und den feldgrauen Arbeitern warn
Die Betriebe nicht einerlei.

Erst sollten sie den Krieg gewinnen,
Sagte man ihnen. – Nein!
Erwiderten sie, denn die Herren
Werden dann noch stärker sein.
Leuchtkugelschein lag auf den Toten,
Kalt ging durchs Verhau das Wehn,
Da waren kein Kind noch drei Könige,
Aber ein Stern war zu sehn.

Sie wollten über den Krieg abstimmen
Und über das Massengrab.
Die Regimenter zogen nach Hause
Und stimmten mit den Füßen ab.
Mondlicht stand auf Bajonetten
Und weiß auf dem Säbelknauf.
Sie sangen. Und an ihren Mützen
Gingen rote Sterne auf.

2

In dieser Nacht ist der Wind für immer umgeschlagen,
Nichts konnte mehr so sein, wie es bisher gewesen war,
Neu lasen sich die alten Bücher mit ihren Sagen,
Das Verborgene lag offen, und das Unverständliche
ward klar.

Es sprachen von den Bolschewiki die Hungernden
und Verwirrten,
Leute vom Nordlicht gestriemt oder im Pantherfell,
An verlassenen Meilern raunte es von ihnen, und die
Hirten
Priesen den Stern mit Stimmen wie Bergwässer grell.

Man entsann sich der unerfüllten Träume der Toten
in den Städten,
Die Seufzer von einst erwachten, zerbissene Lippen
vor der Inquisition,
Es rasselte jahrhundertelang der Husten der Gefangenen
mit den Ketten,

Der Strom der einsamen Niederlagen schwemmte
die Jahre davon.

Um dieser einen Nacht willen ward alle Musik
geschrieben,
Um dieser einen Nacht willen ward jeder neue Gedanke
gedacht.
Jedes Herz hatte in der Welt seine Heimat. Jeder
Verlassene konnte lieben.
Was immer geschehen war, geschah für diese Nacht.

Das Alphabet der Barrikaden war nicht mehr zu vergessen.
Dumpf morsten die Geschütze der Aurora das neue
Gesetz.
Von dieser Nacht an ward die Welt mit Lenins Maß
gemessen,
Und die Zukunft schrieb an die Türen: Alle Macht
den Sowjets!

Wo die gefesselten Herren der Welt bisher in der Asche
gekauert,
Dort, wo am kalten Herd trüb die traurige Demut
glomm,
War die Dämmerung jäh von Taten und Liedern
durchschauert,
Flammte der Stern unter den Dekreten des Sownarkom.

3

Die Tage mit eisernen Schritten
— Jeder sein Monument —
Gingen über das Land, wo ein Kreuzer
Sich nach dem Morgenrot nennt.

Es wohnte bei Arbeitern, Bauern
Riesig der junge Sieg,
Zweimal an den roten Gestaden
Brach sich die Woge Krieg.

Aus der harten Faust des November
Wuchs lächelnd der neue Mai.
Denn am Steuer der Morgenröte
Stand die Partei.

7. November 1950

Der Granit von Leningrad

Mit den nördlichen Wolken wurden sie hergetrieben,
Blaue Fische der Luft, sie trieben über dem Meer
Zuckend im Netz des November, und im Abend schrieben
Vogelschatten auf Quais Parabeln aus Teer.
Zog da aus den Gewässern der Duft vergessener Liebe,
Kreiste auf Avenuen das dröhnende Rad
Der mitleidlos von den Händen des Lichts erfaßten
Betriebe,
Standen versinkend, erstarrt im Granit wir von Leningrad.

War es nicht Frühling? Doch wie auf alten Fotografien
Unausdeutbar Gesichter und Jahreszeiten entstehn,
Sprang der Wind an der Kathedrale steinernen Knien
Um und November November begann zu wehn.
An unsern Herzen wärmten wir uns wie die roten
Gardisten,
In die Farben der Wut zerbarst die erschütterte Stadt,
Es erfroren die Kessel, und wir tranken den ungesüßten
Mitternachtstee im Granit von Leningrad.

Und die Stunde des Smolny schlugen wieder die Uhren
Aller Länder. Mit Albatrossen aus Stahl
Fleckten sich die Paläste. Wir folgten den feurigen
Spuren
Des Maxim, als jählings des Mondes grünes Signal
Auf den goldenen Nadeln flammte. Aus Höfen
und Toren
Zog unendlich ins Sichtlose hin sich die tödliche Naht.
Vom Gewitter des Lebens zerspellt, verzehrt, verloren
Brach das Auge des Feinds im Granit von Leningrad.

Stadt in korallener Nacht, da die Söhne das Antlitz
der Väter
Tragen, Heersäulen aus knarrendem Leder und rotem
Tuch,
Immer wieder, wenn von Westen das dröhnende Wetter

Herschritt mit eiterndem Licht und brandigem Ruch.
Auf den Stufen der Wolken sprengte der eherne Reiter.
Wenn aus der Kehle der Mörser Kirow wie Nordlicht trat,
Shdanow zum Sturm schrie, stürzten bitterer, breiter
Güsse aus Tränen und Zorn vom Granit von Leningrad.

Auf dem Weg der Gezeiten, an dem sich die Toten
 begegnen,
Wenn die Lampe der Schlaflosigkeit das Papier berußt,
Tritt an die Fenster Tanja, auf die Flußnebel regnen,
Weiß die Rose des Hungers an eisiger Brust.
Unaufhaltsam entwirrt diese Nacht die Visionen,
In den elektrischen Hallen wächst die entfesselte Tat
Unter den Händen, die miteinander wohnen:
Frühlicht und Nacht im Granit von Leningrad.

Der November ist die Heimat

Es war die Zeit der Kälte und der Kriege,
Die Zeit der Mörder und die Zeit der Lüge.

Die Zeit des Molochs und der Hekatomben,
Die Zeit der Börsen und die Zeit der Bomben.

Die Zeit der Blinden, Tauben und Verwirrten,
Verratner Herden Zeit und falscher Hirten.

Der Herbstwind blies die frühen Lichter aus.
Die Weitverschlagnen, finden sie nach Haus?

Wer hilft den Vielen, die nach Haus sich sehnen?
Im Meerwind lag der bittre Ruch von Tränen.

Der Völker Tod und Täuschung hieß die Zeit.
Sie hieß der Völker Heimatlosigkeit.

Doch aus Novemberleere
Brachen und Finsternis
Mit dem Schwall der Gewehre
Von Ochta und Wiborg bis
Zum Smolny die Roten Garden
Durch Straßen, die stählern starrten.
Der Aufstand kann nicht mehr warten,
Sagte er, der das Alte umstieß.

Und zwei Revolutionen
Donnerten ihr: Ich bin!
In die erschütterten Zonen
Der großen Schlachten hin.
Im Gewitter der Städte
Flogen die neuen Dekrete
Am Nagel der Bajonette
Und darunter stand: Lenin …

Es stürmten die Kommunisten
Das Land, das Gebirge, die See.
Es nahmen die Rotgardisten
Die Fabrik, das Korn und den Klee.
Daß sich das Dunkel lichte,
Nahms Geometrie und Gedichte,
Das Volk nahm seine Geschichte
Ein mit dem Winterpalais.

Da griff nach künftigen Zeiten
Soldaten- und Arbeiterhand,
Nach stählerner Riesen Schreiten,
Nach Blüten im Wüstenbrand.
Jahrtausend der Ängste und Wunden …
Da ward in berstenden Stunden
Das neue Land gefunden,
Der Völker Vaterland.

Dort schrieb ins Pflaster der Toten
Blut den großen Plan
Neuer Städte, die mit den roten
Kolonnen der Gegenwart nahn,
Den Plan des Brots, der Kanäle.
Schon brach der Nationen Welle
Mit der neuen Flüsse Gefälle
In die langverheißene Bahn.

Überall, wo die Völker darben
Und man sie von der Heimat trennt,
Wo neben des Vaterlands Farben
Eine rote Fahne brennt,
Wo die Völker zum Sturm vorstoßen,
Wo Kontinente ertosen,
Stürmen wieder die Kronstadt-Matrosen
Und das Kexholmer Regiment.

1952

Epon

Als lägen all diese Jahre nicht hinter ihnen
Mit Namen: Zorn, Schweigen, Mord, Rache und Raub;
Als sei dieser Morgen nur Sommer und Wind und
Bienen;
Als webten Phantome nicht schon für sie Schleier aus
Tränen und Staub,

So gehen sie hin, im Rücken ein Knistern von Gesprächen.
Das Leben zieht selbst seine Grenze. Schön überm Meer
Rufen geflügelte Stimmen. Und aus den Wäldern brechen
Die großen Stürme, gehn neben ihnen her.

Sie sehn im thessalischen Mittag die Trauben am Wege
Von Panzerketten zermahlen. Es kreischt der Milan
Auf die verlassenen Dörfer, wie Hobel und Säge
Hinterm Gefängnis schrein, wenn die Erschießungen nahn.

Über die Kruste weg, wie einen Reim zum Zählen,
Sagen die Kinder Grammos! wie ein Spiel, das beginnt.
Die Eltern verbieten es. Doch ihre Lippen quälen
Sich in der Stille, die wie Milch blau gerinnt.

Sie gehen hin, die Achäer, sie, die immer nur meinten,
Daß die Freiheit die Farbe des Blutes überall trägt.
Ihr Leib noch spricht lautlos von Freiheit, der lange
beweinten,
Mit den Mündern der Wunden, hinter denen kein Herz
mehr schlägt.

Sie heißen wie Götter oder auch Helden mit Stab und
Harpune.
O Monedas, den man Menelaos genannt:
Der dir die Geliebte entriß, steht schwarz über Hain und
Lagune,
Und sein fremdes Geschütz durchpflügt den Danaerstrand.

Das Öl der Athleten siedet furchtbar in Kesseln,
Es kleidet die Mädchen in Flammen. Die Tore des Lebens
falln zu.
Geopferte, die keine Ängste und keine Verführung mehr
fesseln,
Ich weiß deinen Namen noch, Marta Stefanidu.

Wie einen Mantel haben den Tod sie sich um die Schultern
geschlagen.
Sie trinken die Zukunft durstig, als sei sie schon da.
Schon überrollt sie der Strom von Schreien und Schüssen
und Tagen,
Und ihr Schweigen erzählt die Legende Attika.

Der Reigen des achten März

In memoriam
Soja Kosmodemjanskaja
Lilo Hermann
Danielle Casanova

Märznacht, in die sich die Länder gebettet haben,
Voll von Geräuschen: stetig rinnender Sand,
Drohendes Schwirren von Bienenvölkern an Waben,
Schlag der Arterie, Woge an schlafendem Land:
Sanftes Getön, das die Kinder im knisternden Kissen
Einmal verstört wie ein Atem, der lauter zieht,
Daß die Mütter aufsehn und glauben, sie müssen
Jählings die Kerze schirmen vor dem, was geschieht …

Das Kind würde leicht fragen:
Mutter, singt da wer? —
Ich kann es nicht sagen,
Es klingt schön und schwer,
Als müsse es schon tagen.

Das Dunkel mit dem Ruch von Nüssen
Wie von Vergangenheit
Ist von Wetterleuchten zerrissen.
Ist der Morgen noch weit?
Ich will den Tag grüßen.

Das Echo der großen Kriege
Schläft unruhig im Raum.
Das Kind in seiner Wiege
Rührt sich im Traum.
Steht wer auf der Stiege?

Oder ist es in den Lüften?
Gewand oder Schwinge rauscht.

Schatten von Brust und Hüften,
Ohr, das die Schläfer belauscht,
Stimme wie aus Grüften ...

Ach, ich höre ein Schreiten,
Schaue viel Frauen blaß,
Blut an Schläfen und Seiten,
Strähnen tränennaß,
Am Herzen das Mal der Zeiten.

Wie nennt sich nur diese Helle,
Die man zu Tode quält?
Beim Ruf der Zukunft zur Stelle
Waren, die das Leben gewählt:
Soja, Lilo, Danielle ...

Führen den großen Reigen
Für den Frieden, die Kinder, für
Die Völker, die nicht mehr schweigen.
Der Morgenwind tritt aus der Tür
Der Nacht, und die Stunden steigen.

Das Dunkel mit dem Ruch von Nüssen
Wie von Vergangenheit
Ist von Wetterleuchten zerrissen,
Von den Geräuschen der neuen Zeit
Und der Zeiten, die sterben müssen.

Und all dieses Rauschen ...
Das Gurren der Hoffnung im Wind ...
Die Frauen, die überall tauschen
Blicke und Grüße, sind
Ein einziges großes Lauschen.

Ein Rauch von weißem Gefieder
Beginnt sich oben zu drehn,
Die Rose der Frühe sinkt nieder.
Wir werden den neuen Mai sehn.
Die Zukunft leuchtet wie Flieder.

Bald blühn die neuen Lauben.
Kühl ist die Frühe wie Erz.
Wie in magischer Kelter Trauben
Bersten bläuliche Wolken von Tauben
Überm Reigen des achten März.

Wilhelm Pieck

Der Zeiten Vorhang schwankt im Winde der Gesichte.
Wer wartet auf das Stichwort in den schweren Falten?
Es raunt die Nacht von Stimmen, längst verhallten ...
Wie ferner Tubaruf dröhnt die Geschichte,
Im Schritt der Straße enden die Legenden.
Woher kommt die Musik? Was kann das sein?
Es flammt die Finsternis von dunklen Bränden,
Die Fahnen blühn im Nachtspalier wie Rosen —
Über dem Zug erschossener Matrosen
Gellts in die Nacht wie Schreien von Schalmein ...

Sechzig Jahre ists her, daß die Klasse
Ihm ihre Stimme lieh.
Es wuchsen am Stamm des Lebens
Die Ringe der Biographie.
Der dort an den Wanderwegen
Unter dem Schlehdorn saß,
Wars, der das Gesetz der Zukunft
In der Maserung der Hölzer las.

Es stand in der strengen Schule
Der Gewerkschaft, der Partei.
Es rollte im Kriegssturm die Weser
Die Schwüre, die Treue vorbei.
Er mußte mit Flugblättern sprechen
Für den, der bei Arras fiel.
Sie jagten ihn. Doch die Antwort
Gaben die Gewehre von Kiel.

Kalt wie die Januarnächte
Warn die Toten von Marstall und Schloß,
Als ein Strom von eisernen Vögeln
Sich in ihre Gesichter ergoß.
Es fragte eine Stimme,

Was im Eden-Hotel geschah.
Viele hörten es in sich, immer:
Wo ist Karl? Wo ist Rosa?

Man tötet nicht das Gewissen
Und die junge Klasse nicht.
Sie trugen beide jetzt auch
Des Holzarbeiters Gesicht.
Was in seine Züge sich einschreibt
Und die Haare weiß macht: Nie
Vermag es der Feind zu entziffern:
Des Künftigen Strategie.

Der eine versinkt in den Fluten
Und der weint beim Hahnenschrei.
Doch er stand in der Großen Veränderung
Am Steuer von Thälmanns Partei.
Nie stirbt in den Herzen das Echo
Der Schüsse von Buchenwald!
Doch die sowjetischen Panzer
Machten erst an der Reichskanzlei halt.

Im fahlen Januarmorgen
(Kalt, wie er damals war ...)
Sehen die Herren des neuen Lebens
Des Tischlergeselln weißes Haar.
Er trug ihre Niederlagen
Und ihren künftigen Sieg:
Aus einem langen Leben
Wuchs die Republik.

Er lehrte die Klasse das Wissen,
Das sie ihn gelehrt.
Er erklärte ihr ihre Fehler
Und hat auf sie gehört.
Karl, Rosa, Ernst sind gegangen.
Aber er ist nicht allein.
Die um ihn stehn, könnten die Enkel
Der toten Matrosen sein.

Ihnen hat er den Bau gerüstet,
Sie schaun nach der Zukunft aus,
Ihr Lied hat darüber geschrieben:
»Friede heißt dieses Haus!«
Der Ruhm der Vergangenheiten
Hat die Farbe von Tränen und Licht,
Das Land ist jung wie die Jugend,
Die den Morgen ins Haar sich flicht.

3. Januar 1951

Der Kongreß der Völker

Wien, 1952

So kann es nicht weitergehen! Schrecklich ist nicht nur der Krieg, den eine Handvoll Verbrecher plant, schrecklich ist auch das Fieber der Erwartung, das gegenseitige Mißtrauen, die Lüge, der Haß, die undurchsichtigen Mauern, die ein Volk vom anderen trennen, das Säbelrasseln, die Verwilderung der heranwachsenden Generation, die todbringenden Erfindungen und die wachsende Schutzlosigkeit des Menschen. So kann es nicht weitergehen ...

Ilja Ehrenburg

Nach sieben friedlosen Jahren
Durch Gewitter, Schnee und Föhn
Kam zu uns eine Stimme:
So kann es nicht weitergehn!

Das achte Jahr nach dem großen
Krieg war das dritte schon
Eines neuen Massakers
Und das zweite von Panmunjon ...

In den Träumen der Kinder,
Wo ein Lied übers Abendfeld schwang
Und im Kuß der Verlobten
Rauchte und schrie Phöngjang ...

Und das achte Jahr war das achte
Einer Grenze durch ein Land,
Geschieden war, was sich gefunden,
Vertrautes ward unbekannt.

Dreitausendmal wie oft wohl
Kölns Leid, das Berlin erlitt,
Und jedes für sich; das Messer,
Das Herz vom Herzen schnitt.

Dreitausendmal die Hoffnung
Eines Tags, einer Nacht verweht.
So kann es nicht weitergehen,
Weil die Zeit so schnell vergeht ...

Dreitausendmal wie oft wohl
Gruß und Blick ungesehn, ungetauscht,
Gleiches Lied, das mit den Gewässern
Von Main und Elbe verrauscht ...

Wovon singen unsere Lieder?
Von Trennung und Einsamsein.
Das Schluchzen der Königskinder
Verrauscht mit Elbe und Main.

Dreitausendmal wie oft wohl
Das Wort im Munde verdreht,
Der gute Wille verdächtigt
Und der Friede gehaßt und geschmäht.

Die Monteure stellten den Strom ab.
Die Schnitter verhielten beim Mähn.
Die Pfarrer auf den Kanzeln dachten:
So kann es nicht weitergehn!

Entsinnt euch: vor sieben Jahren
Wiesen alle auf Mörder und Mord.
Sieben Jahre nach dem Kriege
Führt der Krieg das große Wort.

Was nützt es, daß auf den Kindern
Das Herbstlicht heut unsäglich lag ...
Die Regierer und Integrierer
Träumen von Warschau und Prag.

Sie machten aus Deutschland zwei Länder
Und hießen das eine frei
Und ordneten an, daß das andre
Schnell zu befreien sei.

Was nützt einer Stirn ihre Unschuld
Und sein Glanz einem Blick …
Wer hält die Generäle
Und ihre Mikroben zurück?

Die Menschen auf den Straßen
Bleiben jählings stehn,
Und die Fischer und Fräser sagen:
So kann es nicht weitergehn!

So kann es nicht weitergehen
Mit kaltem und heißem Krieg.
Erhebe sich das Gebeugte!
Und rede, was noch schwieg!

Unerträglich seid ihr geworden
Für das, was euch noch ertrug.
Genug von euren Kriegen
Haben wir und von euch genug!

Wer keine Bombenziele,
Sondern Hochhäuser baut,
Damit man dort aus dem Fenster
Auf andre Hochhäuser schaut;

Die sich am Samstagabend
Gern im Tanze drehn,
Fußballer und Schwimmer sagen:
So kann es nicht weitergehn!

Wer seine Kinder lieb hat,
Den Wald und den Ginsterstrauch,
Wer sich einen ruhigen Schlaf wünscht
Und dem kranken Nachbarn auch;

Die ihre Pfennige zählen
Für das neue Kleid,
Ihren Garten umgraben,
Sagen: Es ist Zeit!

Was in Paris gerufen,
Was in Warschau aufstand,
Will sich vertausendfachen,
Steht zu Wien in Brand.

Gegen die Furcht und die Kriege
Ziehen die Völker nach Wien,
Die Kämpfer und die Müden,
Die altern und die blühn.

Wo sie ziehen, sieht man Tücher
Aus den Fenstern wehn,
Und man sagt: So muß man es machen,
Denn so kann es nicht weitergehn!

Der Kongreß öffnet die Bücher
Einer langen Schuld.
Abrechnet die Geduld der Völker
Und ihre Ungeduld.

Die Forscher und Seeleute,
Die nach fernen Küsten spähn,
Alle sagen es, alle:
So kann es nicht weitergehn!

Das Leben sagt: »Ich will leben!«
Daß es alle verstehn.
»So kann es nicht weitergehn!
Und ich rufe euch nach Wien!
Sie sollen mir die Hand geben,
Alle, die mit mir ziehn!«

Die Jugend

Für G. H.

Es ist eine seltsame Nacht,
Da die große Stadt um mich wächst,
Und um die Stadt mein Gefühl,
Und um mein Gefühl diese Nacht.
Es ist ein Schwirren von Schwingen,
Und es schläft ein Ruf am Kanal.
Ich weiß nicht, wohin ich gehe,
Doch weiß ich es allzu gut.

Es schwirrt mir die Schwinge zu Häupten.
Die Nacht weckt die Zukunft auf.
Erfüllt von Vergangenheiten
Treiben die Straßen dahin.
Ich sammle sie in Gedanken
Und ordne und schenke sie dir,
Du kannst auf ihnen gehen
Ohne Angst in die Dämmerung.

Es läuten Stimmen wie Glocken,
Und ein Lied treibt wie der Rauch
Dort oben auf den Bahnhöfen,
Es stürzt und weht wie das Haar
Von Liebenden in ihren Kammern.
Ich weiß viel von dieser Stadt,
Von ihren höchsten Ekstasen,
Von ihren Fahnen und Tränen.

Ich will dir das alles sagen,
Gefährtin du, Unsichtbare.
Es wehen Schleier von Staub
Durch die erfrorenen Gärten,
In denen der Frühling schläft.
Du weckst ihn mit Strahlenhänden.
Ich will, daß er allen gehört,
Und ich will dem Frühling gehören.

Sieh, wie mein Schritt leicht geht!
Leicht ist er wie diese Nacht,
Leicht ist er wie meine Worte,
Wenn auch der Schneeregen rinnt.
Er rinnt in die Träume der Kinder
Und macht sie zu weißen Quellen,
An denen der Traumhirsch trinkt
Und die Blumen des Schlafes dunkeln.

Leicht ist die Straße für uns,
Ach, wie leicht deine Hand ...
Dabei weiß ich von vielen Schmerzen,
Und ihr Ende kann ich nicht sagen.
Ich kenne die vielen Verlassenen
Und den Nebel der ganz Verwirrten
Und die guten Manieren der Mörder
Von Wonsan und Port Said.

Wie sind wir uns gut ... Die Blicke
Der Passanten fliehen vorbei,
Sie brennen von ungeweinten
Tränen wie Totenkerzen.
Es singen die Bogenlampen.
Neonfarbene Vögel flattern
Am Fenster kalt wie das Feuer,
In dem sie McGee verbrannt.

Es rauschen die Ströme der Luft
Zwischen den Ufer-Fassaden.
Kandelaber wuchern wie Algen
Auf dem Grund, der die Toten verbarg.
Wann kehren die Schwalben wieder
Mit Schreien unters Dach des Donners?
Wohin ist meine Jugend vergangen ...
Doch die Zeit des Glücks ist da.

Die Mädchen mit goldenen Blicken
Schauen ins wechselnde Licht.

Es flammt an den Straßenecken
Und wirft dir ins Haar seine Splitter,
Ein jeder geht mir durch die Brust ...
Ach, meine zerspellte Stadt ...
Aber du fügst sie wieder zusammen.
Horch, die Hörner der Frühe ertönen ...

Es dröhnt die elektrische Nacht
Dort von den Geschützen der Mörder.
In den Häusern die schlafenden Kinder
Sind verurteilt und wissen es nicht.
Aus den Bars das Getöse der Trauer
Gerinnt in gespenstischen Parks,
Wo nach den entwurzelten Bäumen
Des Kriegs sich Statuen umsehn.

Der Krieg trägt den weißen Helm,
Weiße Handschuhe, weiße Gamaschen,
Es steigt in den Rinnsteinen sein
Katarakt von Saxophonen.
Ich weiß, sein Blick hängt schon
An deinen Schultern, er hat
Etwas vor mit deinen Lippen,
Meine Liebe ist stärker als er.

Sie wurzelt in einem Hof,
Dort starb die Marine vom Marstall.
Ein Teppich von unsichtbaren
Barrikaden liegt in den Straßen.
Diese Stadt ist die Stadt einer Liebe,
Sie lodert rot aus den Gräbern.
Über dem nächtlichen Platz
Schallt immer noch Thälmanns Stimme.

Ich kenne eine Stadt,
Grau strahlend wie eine Perle,
Gehüllt in die Schale der Luft,
Der Monumente und Nebel,

Eine Stadt wie ein Arsenal
Von Lachen, Schönheit, Revolte,
Erfüllt von Dichtern und Streiks
Und der Jugend Henri Martins.

Entsinnst du dich noch der Nacht,
Wir Unbekannten, im Strom,
Im brüderlichen, hintreibend
Unter den Liedergirlanden.
Ein blauer Scheinwerfer jagte
Drei Akrobaten aus Peking.
Die Chauffeure verließen die Autos
Und umarmten einen Neger.

Es kreisten Räder aus Feuer
Über den Schwüren der Jugend.
Wie mengten sich Lieder und Tränen!
Nie vergeß ich die Dämmerung,
Schöner als es zu sagen ist.
Schöner war sie als meine Worte.
Schön war sie wie unsere Zukunft.
Sie war schön wie dein Herz.

Die Jugend hatte sich in
Den Himmel gekleidet. Er rollte
Über den Massen als Banner.
Jede Schulter trug leicht an der Sonne.
Die Mitte wars des August.
Warum sprachen die Menschen leiser?
Warum ward die Stille beredt?
Eine Fanfare schluchzte plötzlich.

Der Krieg hat sie eingeladen
Zu sehen, wie friedlich er sei.
Er war mit Plakaten behängt,
Mit Panthern, Mädchen und Reitern.
Seine Tänzer troffen von Schweiß.
Seine Polizisten spielten mit Kindern.

Und aus dem weichen Asphalt
Brachen tropische Früchte.

Dort floß das Leben leicht.
Jeder tut, was ihm beliebt,
Sagte der Krieg. Es blühten
Kioske bunt wie Wiesen.
Ein Bettler pries die Freiheit.
In den Haustoren roch es nach Gas.
Kommt einzeln! sagte der Krieg.
Doch sie waren Zwanzigtausend.

Sie kamen in Lieder gehüllt,
Blaue Wolke voll zorniger Freude.
Sie gingen durch die Stadt
Wie das Licht durch eine Stunde:
Wo ist da ein Halt?: es leuchtet.
Sie kamen in Lieder gehüllt
Und riefen laut ihren Namen.
Wo sie gingen, erblühten die Straßen.

Dann erblühten sie von ihrem Blut,
In der Mitte des Monats August.
Des Krieges weiße Handschuhe
Wurden rot von zersprungenem Fleisch.
Wie ein Hagel in Apfelblüten
Schlug der Krieg in die Brüste der Mädchen,
Er zertrat den Knaben das Rückgrat.
Du weißt noch, es waren Vierhundert …

In der Mitte des Monats August,
Sagt man, hätten sie weitergesungen
Aus zermalmten Mündern
Unter Absätzen, hinter Gittern.
Unter der schwarzen Sonne
Schrien die erschrockenen Schwalben.
Es wehte ein riesiges Banner
Über ihnen von der Farbe der Luft.

Ich will heute nacht trauern
Um die Toten und die Verstummten,
Um Harry Moore und Li Yu-an,
Weil ich dich einfach liebe.
Es heißt, daß sie Dreißigtausend
In Kolumbien erschlugen.
Und das ist nur ihr Friede.
Doch ist da auch noch ihr Krieg.

Sie töten in Korea,
Sie töten in Vietnam,
Die malayischen Dschungel rauchen
Von Napalmgüssen und Schreien.
In Makronissos sterben
Griechenlands Dichter. Es heben
Über den Wassern die Hände
Des Rheins verwundete Brücken,

Die Orchester der Einsamkeit brechen
Aus ihren Rundfunkstationen.
Ihre Lüge spricht oder verschweigt,
Aber sie bleibt immer Lüge.
Ihr letztes Wort heißt Kerker
Oder Schafott. Sie rühmen
Sich jedes Stückes Freiheit,
Das die Unterdrückten erkämpfen.

Doch die Zeit des Glücks ist da,
Der Ahnungen und Gesänge,
Ich liebe dich wie das Leben,
Ich liebe dich wie das Glück.
Wie heiße Wirbel erheben
Sich überall Zorn und Hoffnung.
Die Zukunft blüht in deinen Blicken.
Unsere Liebe ist eine Waffe.

Sie meint einen ewigen Frühling
Für dies Land und für alle Länder,

Sie meint Reinheit und Vernunft.
Sie meint das Gefieder der Taube.
Ich höre ein großes Schreiten.
Die Prophezeiung erfüllt sich.
Horizonte starren von Blitzen:
Die Zeit der Liebe ist da.

Es wartet das Weinen von andern
Hinter meinen Augen.
Es ist mir anvertraut
Von ferner Qual und Erwartung.
Lausche dem sprachlosen Seufzen
Gefesselter Kontinente!
Es sprengen Millionen Schreie
Mir die erschütterte Brust.

Fremder du, den ich allein
Nächtlich im Spiegel schaue:
Vergeh, ich bin deiner müde ...
Brich hervor, neues Gesicht!
Brich hervor voller Geheimnis:
Grund durch den schmelzenden Schnee. —
In dir, Liebe, bin ich mir nahe,
Was du bist, werde ich sein ...

O Vergangenheit, du meine Wunde ...
Aber spüre, wie leicht ist die Nacht!
Gib mir die Hand! Wir fliegen
Hin auf der Straße des Lichts,
Dort, wo die Hochhäuser wachsen
Für die neuen Geschlechter,
Wo in der Glut der Arbeit
Des Zerfalls Gewässer verdunsten.

Es zieht ungeheuer ein Land
Durch unsere Brust mit Gebirgen,
Mit Meeren, Steppen und Städten.
Es flammt der Kolchosen Rose

In deiner und meiner Hand.
Unter den Strähnen der Wälder
Fließen die Ströme rückwärts.
Die Turbine von Kujbyschew
Erdröhnt im Haus der Stürme.

Es wandern die Heere des Weizens
Unbeirrbar nach Norden,
Wie ich dir entgegengehe,
Unaufhaltsam, Antlitz der Liebe …
Donnernd stürzen die Plätze
Uns schräg in die Wolken entgegen,
Hin in die Himmel, bevölkert
Von roten Sternen und Glocken.

Das Land der Jungen Garde
Wird ein Feuer, wenn man es anrührt,
Es ist kindlich und weise,
Zart wie seine Birken,
Hart wie der Baikalbasalt.
Das Geräusch des Korns erfüllt es
Wie Gewänder, die fallen.
Es ist das Land ernster Stirnen
Und wahrhaftiger Worte.

Es ist das Land des Mannes,
Der heut weiß, was morgen geschieht,
Unaufhörlich, unlöschbar schreiben
Die Griffel der Zeit seinen Namen
In die Gewässer, er steht
An den Mauern von Madrid
Wie ein Trost und eine Drohung:
So hat sich die Zukunft benannt.

Ich will heute einfach sagen,
Was er mir wiedergab
Nach dem großen Verlust,
Denn ich hatte kein Land.

Es war mir damals entglitten
In den Finsternissen.
Es hatte mich ausgestoßen,
Und ich stieß es von mir.

Ich hatte UdSSR,
Wie die Sonne gehört sie jedem,
Doch lebt man nicht ohne sein Land.
Das Sonnen-Land gab mir das meine
Mit seinem Leid, seiner Würde,
Seiner Geschichte und Jugend,
Menschen, die Träumen glichen,
Aber doch Menschen waren.

Für mich blauen wieder die Nebel
Weit über Taunus und Eifel.
Es wächst ein Wald von Musik
Um das Gebirge der Nacht.
In deinem Blut vernehm ich
Den Ursprung unserer Ströme,
Gebannt in deinem Blick
Träumt der Himmel des Vaterlands.

Gib mir die Hand! Wir fliegen ...
Es dämmern Fernen herauf.
Geschlossenen Auges zu schauen,
Treiben wir über den Tiefen.
Die Nacht ist erfüllt von Stimmen,
Von Lichtern, Stille und Donner,
Gedichten, Beschwörungen, Blumen,
Von der Epoche des Kommunismus.

Die Zeit des Glücks ist gekommen
Für die Flößer und Hüttenarbeiter
Und die Partisanen von Along.
Es weiß schon in El Hamada
Der trachomblinde Bettler davon.
Wenn der Bienenflug der Gestirne

In den Waben des Dunkels erwacht,
Dröhnt das Gewitter des Glücks
Über den Dächern der Städte.

Es redet mit deinen Worten
Wie die Drossel im Mailaub,
Wie das Gewässer im Regen,
Bald, wenn der Frühling aufsteht.
Er erhebt sich mit deinem Lächeln,
Einzig im Geflecht deiner Schläfen,
Vertraute — und die Dämmrung der Tauben,
Die Zeit der Jugend ist da.

Der düstere Tag

Nach Pieter Breughel

Wann verwaiste uns jemals zuvor so die Geste der Berge
In ihrem hoffnungslosen und unüberwindlichen Schmerz?
Welche Glut in der trauernden Ferne! Die heimlichen
Werke
Ihrer Beschattung sind gänzlich verbannt aus dem Herz

Dieses Geländes, in lastender Größe verzweifelt. Die Leiden
Deines Gezweiges sind unermeßlich du Wald!
Niobe! — Doch von dort hinten aus aufgerissenen Weiten
Des Horizontes strömt unerklärlich Basalt

Eines Leuchtens in uns des besonderen Lichtes. Und einsam
Gehet der Menschen Schritt dort. Und niemals ihr hörbares
Wort
Sprach sich so ungehört aus. Und Keine sind mehr
gemeinsam.

Warst du nicht ewig — nicht wahr? — in den gläsernen Ort
Dieses Windes gebannt, als die große Stille dich einnahm
Irgendwo in den Masten des Schiffes mit dunkelndem
Bord …

Die Treulosigkeit der Welt

Nach Pieter Breughel

Auf allen Straßen weiß ich dich: auf dem flandrischen Felde
Oder im rufeschwirrenden Schatten der Brunnen von Rom.
Überall wo die äußere Kühle das Herz uns umstellte,
Rührt uns dein tragisches Wandeln, verhülltes Phantom.

O du begreifst die schmerzlichen Dornen, die sichtbar man
streute.
Kein Entweichen auf dem von Drohungen starrenden Pfad.
Ja du bist unaussprechlich verlassen, den niemand bereute,
Als er unter das Nordlicht der Einsamkeit trat.

Nur der schreckliche Kobold begleitet dich. Raffe nur enger
Um dich den scheidenden Mantel. Die Straße wird
mittäglich weit,
Dörfer und Haine entweichen. Du hörst ihre Rufe nicht
länger,
Teiche verdunsten im Hauch deiner Untröstbarkeit.

Landschaft mit dem Sturz des Ikarus

Nach Pieter Breughel

Augen denen immer die äußere Welt
Fern und kühl mit dem Gestirn so fahl
Über der sanften See mannigfach und fatal
In sich ewig genügender Weite gefällt:

Gruß euch! Eurem unendlichen Aufschlag geneigt
Stellt auch der sinnende Bauer den Fuß zum Pflug
Und der vergessene Leichnam im Busch ist vom Flug
Unsichtbarer Tauben beschattet Verschweigt

Uns der bereitete Tag denn gar nichts vor Meer
Und fernwogender Stadt? Auch das Segel stimmt
Heftig-schön sich zur Welle. Ist niemand der

Ikarus dich bejammert? Dädalus klimmt
Irgendwo im Azur wo er uns leer
Leuchtend-gleichgültig in die Umarmung nimmt

Der ungetreue Hirt

Nach Pieter Breughel

Wer denn folgt dir Nichtzuverbergender? Ist's deine Scham
Oder der Ruf nach Bergen und Wäldern die ihn bedecken
Diesen ersten und schnellen Verrat? — Wie es auch kam
Du entläufst ihm nicht mehr und kannst dich nicht mehr
verstecken

Vor diesem Horizont so gänzlich bar jedes Lügens
Der keinen Faltenwurf ahnt auf dem unverschweigbaren
Bild
Schrecklicher Himmel! Nicht länger die goldne Bahn
sanften Fliegens
Irgendwelcher barmherziger Vögel Nur stählerner Schild

Über den nackten Furchen die dich so endlos verwerfen
In denen wie versickerndes Wasser das Opfer aufschreit —
Höhlen in denen die Würger die blinkenden Hauer sich
schärfen
Unter dem mächtigen Lichte des Waldes wie schwindet ihr
weit

Aus der geschlagenen Landschaft
Du suchst — die gewitternde Tat
Hinter dir — ewig verdammt im Beschauer deinen Verrat …

Denkmal für einen Himmel

Blauer Rauch. Netz der Einsamkeit.
Faßt die Stille mich an,
Und das wilde Horn eines Morgenrots
Dröhnte wann?

Unergründliches Bild. Totes Geäst,
Darin ich mich verlor.
Echoloser Vogelflug,
Der meinen Traum beschwor.

Du wild-einsamer Strand,
Den ich erschuf,
Endlos in schreiender Stille — sei's!:
Spur von Fuß oder Huf,

Ungeheures Gestad von Kentauren durcheilt.
Türme am Horizont,
Schmerzliche Schiffe unbekannt,
Sturmumwölkt und besonnt.

O Versucher du heiliger Stahl!
Blauhimmel ewig kalt …
Aus den Wäldern schwanktest du,
Wardst du in mir Wald.

So war's: wenn du dich sanft verhingst,
Sprachlose Landschaft, Gesicht.
Ungeküßter Kuß. Bewußtloses Bild.
Tödlich blaues Licht.

Sprich nicht zu mir! Ich vergeh
In einem Baum im Gesträuch.
Himmel ihr zwischen Dämmrung und Nacht
Erwart ich euch!

Von Tritonen gegrüßt an der Dichter Grab
Tönte mein Schritt.
Immer gingst du Blauhimmel kalt
In mir mit.

Dröhnender Glanz, du gefährtenlos
Netz der Einsamkeit. Blauer Rauch.
Wo du Taubenfüße umrinnst,
Warte ich auch …

Sonett

Inmitten der schwierigen Strategie
Der Dichtung, wie ich auch die Worte siebe:
Da war kein Wort, das mir nicht Liebe lieh.
Durch Frost und Flammen trug mich diese Liebe.

Im Ungewissen, unterm scharfen Hiebe
Ungünstiger Winde, wußte ich, daß nie,
Wie immer auch der Schnee der Schmerzen stiebe,
Im Stich mich läßt der Zukunft Prosodie.

Nie reimt sich Liebe auf Beflissenheit,
Und liebend gibt sich Liebe keine Blöße.
Sie scheitert, doch sie meint Gemeinsamkeit.

Geschwisterlich auftretend im Getöse
Der Klassenschlacht erscheint zukünftige Zeit
Mit Bruder Irrtum und mit Schwester Größe …

1956

Sonett nach Michael Drayton

Wenn ich beschloß, dann mußt ich erst beginnen.
Ruh suchend, ging ich fort von meinem Bett.
Wo ich verlor, da sollt ich meist gewinnen.
Hungerverzehrt stand auf ich vom Bankett.
Ich fühl mich fliegen, doch ich möchte gehen.
Tief im Erfassen, handelnd wie ein Narr,
Freudeverzückt mitten im Höllenwehen.
Was ich ganz scheine, dessen bin ich bar.

Unendlich bau ich überm Firmament
Mein Hoffen, kriech im Grunde maulwurfsgleich.
Im Überfluß mich große Not verbrennt,
Doch bin im Mangel ich an Sattheit reich.
  Ich habe, doch begehre ungeheuer,
  In eisiger See verbrannt, ertränkt in einem Feuer.

Die Terrassen von Albi

Vor dieser Brücke und den Bastionen
Lacht Bacchus blind verleugnet Mauern an.
Er ist wie irr. Im gelben Fluß zu wohnen
Biegt rückwärts sich sein Fuß und sucht den Kahn,

Der trägt ihn in die Schluchten, wo das Drohen
Von Kathedrale und Palais erstirbt,
Wo Wälder sich, die ungeheuer-frohen,
Groß um ihn schließen, Mistral um ihn wirbt.

Der wilde Wein begleitend hat gelogen,
Denn dies verging: der Wahn, die Ahnung, Glut
Von fremden Herzen, die man suchte. Flogen
Nicht heut noch wilde Tauben südwärts? Gut

Und übersetzbar sei, Fluß! Abendhell
Wachst du vom kahlen Hügel, Traumkastell!

Nike von Samothrake

Vor uns sind Stufen endlos zu beschreiten.
Wie dieser Marmor unsern Fuß verbraucht!
Wir fühlen Stein uns. Wir vergaßen Weiten
Und Licht in jene weiße Nacht getaucht.

Was stößt uns höher? Unsre Knechtschaft lastet,
Und unser Auge folgt nur diesem Fuß,
Der blutend Marmor tritt. Der niemals rastet,
Der uns erniedrigt, weil er steigen muß.

Nur einmal hebt sich unser Blick: Bereitet
Sich Ungeheures uns? Ist das der Sinn?
Dies also ist es! ... Unser Tiefstes spreitet
In einem Flügelpaar sich maßlos hin.

Der Treppe großer Schwung bricht in uns ein.
Die Göttin stürmt: Der Sieg wird unser sein!

Louvre, Paris 1942

Die Vögel und der Test

Zeitungen melden, daß unter dem Einfluß der Wasserstoffbombenversuche die Zugvögel über der Südsee ihre herkömmlichen Routen ändern.

Von den Savannen übers Tropenmeer
Trieb sie des Leibes Notdurft mit den Winden,
Wie taub und blind, von weit- und altersher,
Um Nahrung und um ein Geäst zu finden.

Nicht Donner hielt sie auf, Taifun nicht, auch
Kein Netz, wenn sie was rief zu großen Flügen,
Strebend nach gleichem Ziel, ein schreiender Rauch,
Auf gleicher Bahn und stets in gleichen Zügen.

Die nicht vor Wasser zagten noch Gewittern
Sahn eines Tags im hohen Mittagslicht
Ein höhres Licht. Das schreckliche Gesicht

Zwang sie von nun an ihren Flug zu ändern.
Da suchten sie nach neuen sanfteren Ländern.
Laßt diese Änderung euer Herz erschüttern …

1957

Die Milch

Wissenschaftler stellten fest, daß Strontium 90 über die aus radioaktiven Weiden stammende Milch in den menschlichen Organismus gelangt und Leukämie hervorruft.

Ein seltsam Gras wächst auf im grünen Feld.
Ein neuer Regen hat es da benetzt.
Es weiden Herden unterm Wolkenzelt.
Was ist euch, daß ihr euch darob entsetzt?

Hier wächst die Milch heran, die Kinder nährt.
Sie sind kaum da. Doch ihre Zeit ist um.
Einst mütterliche Milch, die sie versehrt,
O du, tückisch durchblüht vom Strontium …

Wer mit den Seuchen da zu Rate saß,
Ehe mit seiner Raubwelt er versank,
Plante Mißwuchs und Tod in einem Glas

Voll weißer Milch. Die macht Gesunde krank.
Wer hat in Gift gekehrt dich? Wer? Und was?
O Milch unfrommer Denkart, bittrer Trank …

1957

III

Die Erinnerung

I

Terzinen

Die Worte warten. Keiner spricht sie aus:
Auf ihren Lidern eine Handvoll Nacht,
Ihr Haar wärmt Nest und Brut der Wintermaus.

Aus ihrem Säumnis ist mein Traum gemacht,
Mein langer Tag aus ihrer Endlichkeit.
Die Schwalben sind vom Winde überdacht.

Nur sie sind ganz allein im Fluß der Zeit,
Die Uhren schlagen ihre Namen fort,
Vermächtnis, Schwur und Mahnmal ungeweiht.

Der Regen wäscht aus Tafeln Wort um Wort,
Rinnt auf Mont-Valérien und Plötzensee.
Die Schwalben liegen in der Hand des Nord.

Ich weiß noch, wenn ich dann im Dunkel steh:
Den Blick voll Bläue, Hand und Atemzug,
Die Abende von lauem Gold wie Tee.

Die Unerschrockenheit, die sich betrug,
Als sei die nächste Woche schon gewiß,
Die Stadt erfüllt mit Geisterfahnenflug,

Mit Fahnen, die der Wind der Zukunft spliß.
Geknebelt mit Gesängen gingen sie
Dahin. Jetzt schmilzt ihr Fleisch vom Rattenbiß

Sechs Fuß tief in des Wartens Euphorie,
Wenn sich die Regensäulen auf sie lehnen.
Der Schwalbensturz allein vergißt sie nie,

Die langsam treiben unter den Moränen.

2

Triolette

Rauschen die verdunkelten Gefälle,
Blühn erloschner Augen schwarze Rosen.
In des Tiefschlafs Traummetamorphosen
Rauschen die verdunkelten Gefälle
Wie im Fall des Haares Sternenwelle,
Unvergeßlich rauschen Tränenlosen,
Rauschen die verdunkelten Gefälle,
Blühn erloschner Augen schwarze Rosen.

Mondverschwistert will ich für sie wachen,
Singende, von Schüssen überschrien,
Wo die Wolken vor Gestirnen ziehn.
Mondverschwistert will ich für sie wachen,
Netze meine Hand in lauen Lachen.
Namen, Namen schneien auf mich hin.
Mondverschwistert will ich für sie wachen,
Singende, von Schüssen überschrien.

3

Sie sehen einander
nicht wieder

Kocht im Saft die Beere,
Werden beisammen wir sein,
Strömen heller die Meere,
Werden beisammen wir sein,
Schwinden die tödlichen Jahre,
Werden beisammen wir sein,
Reisen im Dämmer die Stare,
Werden beisammen wir sein,
Schlägt die Stunde der Schatten,
Werden beisammen wir sein,
Die wir einander hatten,
Werden beisammen dann sein,
Überrasch ich auf deinem Munde
(Beisammen werden wir sein)
Rache- und Liebeskunde,
Werden beisammen wir sein,
War nichts, gar nichts vergebens,
Werden beisammen wir sein,
Auf der Böschung des Lebens
Werden beisammen wir sein.

Im Licht, bei Brot und Wein
Werden beisammen wir sein …

Doch die Jahre vergingen. Am Abhang des Herzens weiden
Schwarz die Rosse der Stunden. Schon wuchsen verquer
Herbstlich Gehege, die die Wanderer vermeiden,
Fällt aus unerretteten Wäldern ein Schatten her.

Er überweht die Straße. Den staunenden Kindern
Hält er am dunklen Fluß die erschrockenen Augen zu.

Nur die Toten mit dem unbeweglichen Blick aus zwölf
Wintern
Liegen in Kies und Geröll in gelassener Ruh.

Im Schatten werden die Worte zurückgenommen,
Die die Redner ersannen. Die Blumen am Bajonett
Welkten dahin. Doch die Toten sind
weitergeschwommen
Von der Mähne der Wasser umwogt auf eiligem Brett.

Im Schatten gewogen ward keiner zu leicht befunden.
Unerkannt, unerkannt geht er hin, den jeder kennt.
Wir stöhnen im Traum, wenn böse in unseren Wunden
Von gestern das Heute wie ätzende Säure brennt.

In dieser Nacht werden sie sich nicht schließen
Und übermorgen sollen sie offen stehn.
Ich hör auf die Zeichen, wenn die nächtigen Stunden
fließen,
Ich seh auf die Zeichen, die zuzeiten geschehn.

4

Es zögert ein Schritt unterm Fenster.
Ein Lied hängt im wilden Wein.
Wer wartet meiner im Abend?
Was will mir nahe sein?

Es fallen aus den Jahren
Schatten an die Wand.
Das Raunen der Geschichte
Sagt von einem Land ...

Von einem Land, seinen Küsten,
Seinen Himmeln mit Trübe und Glast
Über Kathedralen und Lorbeer
Und seiner Flagge am Mast.

Du meine Frühe, mein Mittag.
Karges Brot. Zerfallendes Dach.
Schmerzen. Die deinen? Die meinen?
Und unsere, unsere Schmach …

Bekannt-unbekannt wie das eigene
Leben. Ferne Stimme, die bricht.
Schon fluten stiller die Buchten
In Poussins dunkelgoldenem Licht.

Land des Liedes, das auf den Schwingen
Des Sieges rheinwärts fuhr.
Die Feuer des Vormarschs brannten
In der Finsternis des La Tour.

Es zögert ein Schritt unterm Fenster,
Er fängt sich im wilden Wein.
Wer wartet meiner im Abend?
Du dort an der Schwelle, tritt ein!

Aber die Tür bleibt geschlossen.
Die Straße ist leer. Es wird Nacht.
Ich lausche. Im Herde lodert
Die vergangene Schlacht.

5

Wenn die Feuer in der Asche sich rühren
Und die Glocken auf den Türmen gehn,
Im Abend an die Türen
Gelehnt beginn ich zu verstehn.
Die Schritte vorm geschlossenen Fenster
Verklingen. Der Platz ist leer.
Jetzt grüßen die süßen Gespenster
Aus den Gardinen her.

Sie bücken sich in den Nischen,
Mit Bildern dunkel verhängt,
Und suchen auf den Tischen,
Wo der Holzwurm die Schrift verschränkt.
Mit Astern in den hellen Händen
Stehn sie um mich wunderbar,
Fangen Schnee aus der Luft und verschwenden
Ihn unschmelzbar in mein Haar.

Sie lauschen unsichtbaren Orchestern
Entgegen um Mitternacht,
Schreiben in den Staub von gestern
Hieroglyphen sacht.
Die Lampen brennen trüber
In ihrem blauen Hauch,
Sie lächeln und nicken drüber
Und ich lächle auch.

Ich kenne all eure Namen
Wie die Linien um meinen Mund,
Wie den Wind in den Zyklamen,
Wie mein ungenütztes Pfund,
Wie die Vergeblichkeiten
Von Erwartung und Frist.
Ich weiß von erlebten Zeiten
Und was zu erleben ist.

Die Hunde greinen im Dämmern.
Jemand hat sie verflucht.
Überall in den Kammern hämmern
Die Schreiner. Schlägelwucht
Füllt die verlaßnen Mansarden.
Stadtwärts droht der Mond,
Schmückt sich mit fahlen Kokarden,
Wo der Schlafwandler wohnt.

Doch ich bin müde behütet.
Ich kenne dich und dich.

Von eurer Botschaft umfriedet
Neigen Brot, Salz und Wasser sich.
Dünste steigen und fallen
Auf die Landstraßen zu.
Bin ich nah euch allen,
Bleibt mir nahe: du und du …

6

Blühe, blühe mir näher,
Holdes Abendgesicht.
Grüße im scheidenden Licht
Den erblindenden Späher.

Weißes Antlitz. Wie weiß
Unter dem kalten Mond,
Der die Nacht bewohnt,
Hinzieht auf Sternengleis.

Horch, jemand singt im Traum …
Weint mir dein banger Mund
Zu in später Stund
Unterm Mitternachtsbaum?

Ach, ich irre sehr
Im Labyrinth des Erträumten.
Aus dem Versäumten
Rettet uns niemand mehr.

Lege die zu weiße Hand
Tödlich mir aufs Haar.
Nacht schwillt wunderbar
Ins versinkende Land.

Weiter, o weiter,
Klagendes Gesicht.
Verlaß im dämmernden Licht
Deinen Begleiter.

7

Forderung des Tages

Sage, Sprache des Dichters, herber du als Holunder,
Tagstimme, Nachtflöte, unendlicher Flug
Unenträtselter Vögel, verwundendes Wunder,
Sag den Schrei und die Stille, den Durst und den Krug.

Daß erblindet ich schaue, daß im Strom der Toccaten
Betäubt ich vergehe, im Schatten der Schrift,
Machst du. Nimmermehr mag ich deiner entraten,
Bis am schattenden Turme die Lanze mich trifft.

Ich vergehe, vergehe ... Daß ihr niemals verwindet,
Daß ihr Stachel in eurem Fleische mich nennt,
Daß für ewig sich Reue und Schuld an euch bindet,
Daß der weitesten Völker Qual in euch brennt.

Ich vernehme des Kommenden süßeste Geigen.
Die Oboen der Toten bezaubern mein Blut.
Weiße Städte! Ihr Schwäne der Zukunft! Du Reigen
Gemordeter, nimm mich in deine Hut!

1945

8

Die Asche von Birkenau

Leicht wie später Wind, wie die Kühle,
Vorm Regen die Schwalbenbahn,
Wie Gewölk nach getränkter Schwüle,
Wie der Pollen vom Löwenzahn,
Leicht wie der Schnee auf den Lidern der Toten,
Wie ein alter Kinderreihn,
Wie Schmetterlingslast am roten

Mund der Nelke, leicht wie ein
Gericht, das die Kranken essen,
Wenn sie am Sterben sind,
So leicht ist das Vergessen,
Wie Kühle und später Wind …

Wo Tag sich und Nacht verflechten,
Der Rost am Geleise frißt,
Ist die Asche der Gerechten, Ungerächten
Am Mast der Winde gehißt.
Birkenau ohne Birken
Liegt abends ganz allein,
Und die Disteln wirken
Zeichen über den Stein.
Als auf den Feldern von Polen
Die Mittagsdistel erblich,
Hieß die Erde an meinen Sohlen
Entsinne dich …

Schwer wie im Berg das Eisen,
Wie das Schweigen vor dem Entschluß,
Wie der Baumsturz an Nebelschneisen,
Wie auf unsern Lippen der Ruß
Von denen, die man verbrannte,
Schwer wie das letzte Fahrwohl;
Die man ins Gas sandte,
Waren des Lebens voll,
Liebten die Dämmerung, die Liebe,
Den Drosselschlag, waren jung;
Schwer wie vorm Sturm Wolkengeschiebe
Ist die Erinnerung.

Doch die sich entsinnen,
Sind da, sind viele, werden mehr.
Kein Mörder wird entrinnen,
Kein Nebel fällt um ihn her.
Wo er den Menschen angreift,
Da wird er gestellt.
Saat von eisernen Sonnen,
Fliegt die Asche über die Welt.
Allen, Alten und Jungen,
Wird die Asche zum Wurf gereicht,
Schwer wie Erinnerungen
Und wie Vergessen leicht.

Die da *Frieden* sagen
Millionenfach,
Werden die Herren verjagen,
Bieten dem Tode Schach,
Die an die Hoffnung glauben,
Sehen die Birken grün,
Wenn die Schatten der Tauben
Über die Asche fliehn:
Lied des Todes, verklungen,
Das jäh dem Leben gleicht:
Schwer wie Erinnerungen
Und wie Vergessen leicht.

1949

Epitaph für einen deutschen Soldaten

Am 15. Oktober 1944 sprengte der Stabsfeldwebel Fischer im Abschnitt Lorient ein deutsches Munitionslager und schoß mit Flak in die herbeieilende SS, bis er fiel.

Fallschirme blühn im Himmel weiß wie Gift.
Die Batterie treibt mit des Todes Drift.

Hand, sinnlos an der letzten Panzerfaust ...
Gorgonenlächeln, das im Abend haust.

O fremder Krieg an toter Rosse Strand!
O fremdes Herz versehrt, o fremdes Land!

Land zweier Lieder bis in unser Tal.
Geborstene Ader blau in Ronceval ...

Die Runenträger wolln Europa retten.
In deutscher Nacht rasseln Dämonenketten.

Im Feld sank Bataillon um Bataillon,
Magischer Mohn umspült die Division.

Deutschland, Deutschland, o bitter-süße Speise!
Singt man im Spessart schon die neue Weise?

Endlich einmal schlag *mein* Schuß aus dem Rohr
Gestaltlos wie die Seraphim hervor!

Die unterm Mördermund die Runen tragen,
Wird schreiend nun der Racheengel schlagen.

Viel Länder sah ich. Wie ichs nun versteh!
Ich sage: Freiheit — sie dort: Liberté ...

1944

November 1948

Wo im Dunst die Schneise sich verhüllt,
Steht am Wege des November Bild.

Aster, die an seiner Schläfe stirbt.
Starrt blaß flammend, winkt, verweist und wirbt.

Auf den schwarzen Lippen seiner Wunden
Haben Zorn und Hoffnung sich gefunden.

Wie ich nach der Toten Gleichnis rufen
Will, brichts fahl schon von der Wolken Stufen.

Im Gewoge zieht der Häherschrei,
Wildes Stöhnen, Flüstern treibt vorbei.

Die die Zukunft strahlend vorbereiten,
Treiben blicklos hin mit den Gezeiten.

In die Augen, die noch offen stehn,
Hat November dreißigmal gesehn.

Der Tod des Dichters

In memoriam Johannes R. Becher

Nahe schon ist der Herbst, nah ist im Fall der Frucht
Das Verklingen des Lieds, dort wo der Wald erdröhnt
Tief vom Sturz seiner Toten
Und den Stürmen, die südwärts wehn.

Denn bestimmt ist's, daß groß auf sich Verdunkelndes
Schlaf kommt, schattender Hauch, groß wie das Sehnen nach
Stille, wenn nach des Lichtes
Glanz der heftige Tag verstummt.

Sie auch ziehen davon, hin mit den Winden, und
Nächtlich rauscht überm Haupt weissagend Vogelflug,
Doch es leuchtet Verheißung
Dem Verlassenen dort am Weg.

Auch der Völker Entschluß ist es geheimnisvoll,
Sie, die dauernden, schaun überm Gebirg das Licht
Und es hält sie nicht länger,
Die Erschütterten, weil es tagt.

Doch dem Weilenden, der fernhin entschwinden sieht,
Unaufhaltsame, sie, die keine Mühsal schreckt,
Die den Abgrund nicht fürchten
Und die Drohung der Wasser nicht,

Nimmermüde, wohin sie die Bestimmung ruft,
Irrend oft im Gestrüpp ihrer Beladenheit,
Finsternissen entsteigend,
Nie vergessend des alten Traums;

Ihm auch kündigt sich an hellerer Zeiten Bild
Und was lange schon herrlich verheißen ist
Wehet auch durch die Stille
Einer Dämmrung und macht sie schön.

Ach, ihn blendet der Tag strömend mit Sommerlicht,
Und der Atem geht schwer, ringend im Mittagsdampf,
Wenn die feindlichen Stimmen
Schreckverworren vorüberfliehn.

Wolken! Wolken! Zu euch! Furchtbare Gleichnisse!
Aufglanz oben im Licht! Treibend in Lüften ihr!
Angstlos Schöne, zu euch will
Blick und Hauch, daß die Unruh schweigt.

Flüssen nach auf der Bahn eisiger Wasser und
Über Ebenen hin, hallenden Wäldern, weit
Drüben brechen sich Meere
Ungeheuer am schwarzen Fels;

Wo der stählerne Pfeil fliegt vor dem Schall, und wo
Adler stürzen in Nacht, Türme am Horizont
Künden nahenden Sturm, wo
Regen wandert im hellen Raum.

Denn gegeben ist ihm nimmer, nicht dort, nicht hier
Stillung bitteren Zwists. Lang schon, zu lang im Streit
Lieget, im unerhörten,
Mit dem künftigen jeder Tag.

Neues wächst aber fort, so wie die Zeit es will.
Die ist des Darbens müd. Ihn aber ruft es weit.
Was auch ohne ihn blühet
Preist er künftigen Glücks gewiß.

1958

IV

Ankündigung

Geschrieben 1934 in Berlin
für ein Flugblatt nach der
Erschießung von John Schehr
und seinen Gefährten durch die
Gestapo.

Die ihr noch im Licht des Sieges lebt –
Wißt, wir haben euern Wahn erkannt.
Und wir wissen, daß ihr nachts in euern Betten bebt.
Angetreten
Zum Gericht! Der Sturm im Land
Bricht bald los. Noch könnt ihr beten.

Eine Weile könnt ihr uns noch quälen
Und durch eurer Foltern Fegefeuer
Unsre kämpfenden Genossen hetzen.
Ihr brüllt prahlend in den weiten Sälen:
Tausend Jahre halten wir das Steuer!
Doch schon riesenhaft am Horizont steht das Entsetzen.

Und ein Tag wird kommen nach der langen Nacht.
Und ein Wind wird auf den Städten liegen.
Dann gebt acht!
Plötzlich werdet ihr es spüren
Und im hellen Mittag frieren.
Denn auf einem Turm wird eine rote Fahne fliegen.

Zug auf Zug und Schritt an Schritt
Werden Kuli, Bauer und Soldat marschieren.

Eure Fenster werden klirren vor dem Tritt
Der Millionen.
Und mit Flinten und Kanonen
Werdet Banken ihr und Villen zieren.

Doch ihr fühlt, ihr könnt uns nicht zerbrechen,
Denn auf jeder Barrikade steht Lenin.
Und wir rollen an: ein Meer aus tausend Bächen.
Kein Verhandeln mehr, kein Fliehn
Kann dem roten Wogen euch entziehn.
Und nur unsere Gewehre werden sprechen.

1934

Teruel

Der Posten im Baum sah die Ferne weit
Mit den Wegen vom Schnee verweht
Und den rötlichen Fels und die Stadt getürmt,
Stadt, die vor dem Winde vergeht;

Und der Baum stand im Wind und erzitterte tief
Und die Stadt war fern und war nah.
Bis von irgendwo fern ein Horn sie rief,
Und die Sturmtrupps waren schon da.

Und der Schneehimmel weit und das Tal so weit
Zwischen dem roten Stein,
Und der Posten im Baum sah das weite Land,
Sah Paläste und Sonne auf Wein.

Du Dorf so arm im Olivenhag
Von den Schüssen leer geschreckt –
An verrußter Wand die Gitarre hängt,
Und rostrot die Schwelle bedeckt.

Barbarenzeichen an weißer Wand
Nur Stille von Haus zu Haus.
Nachts manchmal geistert ein Ruf irgendwo
Und dann nur des Windes Gebraus.

Und die prächtigen stolzen Städte am Meer,
Die wie Königinnen schritten hin.
Und im Westen nachts um ihr Leben bang
Stöhnt Madrid die Siegerin.

Und dem Posten im Baume flirrte der Blick
Unter Schneewolken tief und nah,
Und er lag im Baum, der auf dem Feld
Stand in karger Erde da.

Und das Horn rief aus Gräben das neue Heer
Schützenketten auf weißem Gefild;
Und überall war das große Land
Mit Bergen, Meer, Menschen und Wild.

Daß das Korn nicht in steinernem Speicher verfaul'
Und der Bauer den Sand nur spür'
Zwischen knirschenden Zähnen im Sommerwind,
Wenn die trockenen Lippen er rührt,

Drum zogen sie aus gegen Teruel
Zu nehmen, was dem Volk gebührt,
Und der Schnee ward schon licht auf den fahlen
Höhn
Und die Luft von Eisen geschürt.

Und die Wolken brachen im fahlen Licht
Und es begann wieder zu schnei'n.
Auf der Plaza waren die ersten Tanks
Und der Granaten wildes Schrei'n.

Januar 1938

Mozart verkündet die Französische Revolution

Es war ein Fest. Schon stieß der Dämmrung weißer
Erschöpfter Finger in das Licht der Kerzen.
Vor Wein und Blumen war ein böses Scherzen
Von Guillotine und Paris schon leiser.

Doch unten von der Tafel, daran Graf
Und Bischof saß, schritt einer in den Saal —
(Das Tuch fleckig vom Wein, die Luft so schal):
Nichts war mehr, als das Clavecin sie traf.

Noch sagte jemand halblaut: Der Komtur ...
Doch nur der Saiten sprödes Glas. Nicht Flöte
Noch Horn — Die Musikanten schlafbedrängt im Flur.

Und Stirnen in beringten Fingern, Nöte,
So fremd, und Sterben ist im Raum: dies nur:
Dein Lachen endet vor der Morgenröte.

1939

Dem Andenken N. Ostrowskis

I

Manchmal in den früheren Nächten
Nächten voll Frage und Ratlosigkeit
Vor seinem Buche oder im Stampfen
Der Kneipen sprach es: Komm Es ist Zeit

Und als das Schiff des Traumes bestiegen
Sahen wir Städte und Wälder Und da
Lebte das Neue Geschlecht Auf den Feldern
Dröhnte die Arbeit wie keiner sie sah

Freude war dort Unter ahnenden Sternen
Sang eine Geige die Straße entlang
Durch die Blüten träumte das Antlitz
Nacht das von Küssen und Liedern erklang

Und mit Händen gefaßt unser Traum
Mächtig vollendet steht wirklich im Raum

II

Er lächelt mit geschlossenen Augen
Denn durch den Vorhang weht mit Wind
Und Sommer Wellenspiel von Lachen
Von Kindern her die glücklich sind

Im Dämmer der verschwiegenen Wälder
Das plötzlich groß durchs Mittagslicht
Ins Zimmer tritt In Wolkensteppen
Im Sturm der aus Erinnrung bricht

Sind von Entschlossenheit gealtert
Die Augen *andrer* Kinder hart
Von Frost und Hunger aufgerichtet
In seiner blinden Gegenwart

Und Kinderhände schmal und freudeleer
Hielten für *Jene draußen* das Gewehr

III

Wißt ihr noch: im gewitternden Glast der Steppe
Waren die Feuer der Fahnen erwacht Und ein Lied
Machte uns plötzlich frei Und die gerade gehörten
Worte des Kommissars (wie Nietenschlag) waren durchglüht

Von einem Element: wir wußten es nicht zu benennen
Das über trockene Lippen aufstieg als heiserer Schrei:
Doch im Klopfen der Schüsse auf den unendlichen Tennen
Flachen Gefildes war das Bewußtsein dabei:

Diese Stunde sie dauert! Auf unsere Schultern gelegt
Ist die Speiche des Rads Wir erfüllen das große Gesetz
Glück den Völkern zu geben Aber alles was uns bewegt:
Unsere Jugend Steppendunst Bussardschrei Tödliches Netz

Dieses Gefechtes sei groß in eines Dichters Munde
Auf dem bittern Bette der Lähmung: Daure Du Stunde!

1940

Nachdichtungen

Paul Eluard

Abwesenheiten

I

Die platte Wollust und das armselige Geheimnis
Nicht gesehen zu werden.

Ich kenne euch, Farbe der Bäume und der Städte,
Zwischen uns ist die übliche Klarheit
Unter strahlenden Blicken.
Sie rollt über Steine
Wie tänzelndes Wasser.
Auf einer Seite meines Herzens verdunkeln sich Jungfrauen,
Auf der andern liegt die sanfte Hand an der Flanke der
Hügel.
Die leichte Wasserkrümmung löst diesen Sturz aus,
Diese Mischung von Spiegeln.
Scharfe Lichter, ich blinzle nicht,
Ich rühre mich nicht,
Ich rede
Und wenn ich schlafe
Ist meine Kehle ein Ring mit dem Zeichen des Tülls.

2

Ich gehe aus am Arm der Schatten,
Ich bin in der Tiefe der Schatten,
Allein.
Das Mitleid ist weiter oben und kann auch dort bleiben,

Die Tugend reicht sich das Almosen seiner Brüste
Und die Anmut verfing sich im Netz seiner Lider.
Sie ist schöner als die Figuren auf den Stufen,
Sie ist härter,
Sie ist unten mit den Steinen und Schatten.
Ich bin zu ihr getreten.

Hier liefert die Klarheit ihr letztes Gefecht.
Wenn ich einschlafe, dann um nicht mehr zu träumen.
Was werden dann die Waffen meines Triumphes sein?
In meine weitgeöffneten Augen fügt sich die Sonne,
O Garten meiner Augen!

Alle Früchte stellen hier Blumen dar,
Blumen in der Nacht.
Ein Fenster aus Laub
Öffnet sich jählings in ihrem Antlitz.
Wohin mit meinen Lippen, uferlose Natur?

Eine Frau ist schöner als die Welt, in der ich lebe
Und ich schließe die Augen.
Ich gehe aus am Arm der Schatten,
Ich bin in der Tiefe der Schatten
Und Schatten erwarten mich.

Kaum entstellt

Trauer leb wohl
Trauer willkommen
Eingeschrieben in die Linien an der Decke
Eingeschrieben in die Augen die ich liebe
Du bist noch nicht ganz das Elend
Denn die armseligsten Lippen verkünden dich
Durch ein Lächeln
Trauer willkommen
Liebe liebenswerter Leiber
Mächtigkeit der Liebe
Deren Liebreiz erscheint
Wie ein körperloses Ungeheuer
Haupt voll Enttäuschung
Trauer schönes Antlitz.

Du stehst auf

Du stehst auf: die Wasser entfalten sich
Du legst dich: die Wasser blühn auf

Du bist Wasser das seinen Gründen entwunden
Du bist Erde die Wurzeln geschlagen
Und wo alles sich gründet

Du machst Blasen aus Stille in der Wüste der Geräusche
Du singst nächtliche Hymnen auf den Saiten des
Regenbogens
Du bist überall du hebst alle Straßen auf

Du opferst die Zeit
Der ewigen Jugend der genauen Flamme
Die Natur verschleiert wenn sie sie neu schafft

Frau du bringst einen immer gleichen Leib zur Welt
Den deinen

Du bist was sich ähnlich ist.

An die Gegenwart

Ohne Lieder seit langem
Gepflegte Blumen Blumen zu verkaufen
O schöne abstrakte Tugenden

Man kann sich ruhig waschen man sieht sich nicht länger
Schön ruhig in einem äschernen Bett schlafen
Geschützt vor jedem nächsten Tag

Es gibt keinen Ausweg mehr
Keinen Tag mehr zwischen den Häusern
An jedem Fenster schläft eine Schabe
Das Glück hat den Tod als Aushängeschild genommen

Die Jungen mit ihrem bestürzenden Zauber
Und die Alten mit stinkenden Ketten
Wie sehr gleichen sie einander

Andere erwachen trotz allem
Stirn und Bauch tragen Runzeln
Aber das Feuer zieht sie noch an

Von allem verstoßen außer dem Elend
Wachsam wollen sie nicht
An die Unbeweglichkeit ihres Blutes glauben.

An Pablo Picasso

Guter Tag ich sah ihn den ich nicht vergesse
Den ich niemals vergessen werde
Und flüchtige Frauen deren Augen
Mir zu Ehren Spalier standen
Sie hüllten sich in ihr Lächeln

Guter Tag ich sah meine Freunde sorglos
Die Menschen waren nicht schwer
Einem der vorbeiging
Sein Schatten als Maus
Floh hin im Rinnstein

Ich sah den Himmel sehr weit
Den schönen Blick der Darbenden
Fernes Gestade da niemand landet

Guter Tag Tag der verhangen begann
Schwarz unter den grünen Bäumen
Der aber feucht von Morgenröte
Jäh mir ins Herz überwältigend trat.

An Pablo Picasso

I

Die einen erfanden die Langeweile die andern das Lachen
Manche machen dem Leben einen gewitternden Mantel
Sie erschlagen die Schmetterlinge verwandeln Vögel in
Feuer
Und gehen ins Dunkel sterben

Du hast Augen geöffnet die ihren Weg sehen
Inmitten natürlicher Dinge jeglichen Alters
Du brachtest die Ernte der natürlichen Dinge ein
Und du säest für alle Zeiten

Man predigte dir Seele und Leib
Du setztest wieder das Haupt auf den Körper
Du durchbohrtest die Zunge des Gesättigten
Du verbranntest das geweihte Brot der Schönheit
Ein einziges Herz belebte Idol und Sklaven
Und unter deinen Opfern arbeitest du weiter
Unschuldig

Es ist nun zu Ende mit Freuden auf Leid gepfropft

2

Ein Becher Luft Schild des Lichtes

Hinter deinem Blick mit den drei gekreuzten Degen
Flicht dein Haar den rebellischen Wind
Unter der verkehrten Tönung der Haut die
Kuppel und die Axt deiner Stirn
Geben den Mund frei in nackter Spannung
Die Nase rund und ruhig
Die Brauen sind leicht das Ohr durchscheinend
Bei deinem Anblick weiß ich daß nichts verloren ist

3

Zu Ende der Irrtum alles ist möglich
Da ja der Tisch gerade ist wie eine Eiche
Wollene Farbe Farbe der Hoffnung
Da ja in unser Feld klein wie ein Diamant
Der Widerschein aller Sterne hineingeht

Alles ist möglich man ist dem Menschen und Tiere Freund
Wie ein Regenbogen

Abwechselnd brennend und eisig
Unser Wille ist perlmuttern
Er ändert Knospen und Blüten nicht nach der Stunde
sondern
Nach Hand und Auge die wir als unser nicht kannten
Alles Sichtbare werden wir berühren
Den Himmel so gut wie die Frau
Wir fügen unsere Hände an unsere Augen
Das Fest ist neu

4

Das Ohr des Stieres am Fenster
Des einsamen Hauses wo die verwundete Sonne
Eine innere Sonne sich verbirgt

Tapeten des Erwachens Zimmerwände
Haben den Schlaf besiegt

5

Gibt es trockneren Ton als all die zerrissenen Zeitungen
Mit denen du aufbrachst zur Eroberung der Frühe
Der Frühe eines einfachen Dinges
Du zeichnest liebevoll was Leben erwartete
Du zeichnest ins Leere
Wie man nicht zeichnet
Großzügig schnittest du die Form eines Huhns aus

Deine Hände spielten mit deinem Paket Tabak
Mit einem Glas mit einer Flasche die sich durchsetzten
Die kindliche Welt trat aus einem Traum hervor

Günstiger Wind für die Gitarre und den Vogel
Eine einzige Leidenschaft für das Bett und die Barke
Für das frische Grün und den jungen Wein

Die Beine der Badenden entkleiden Wogen und Strand
Morgen dein blauer Vorhang schließt sich über der Nacht
Die Wachtel in den Furchen hat den Geruch von
Haselnüssen
Alten Augustmonden und Donnerstagen
Gestreifte Ernten tönende Bäuerinnen
Schuppen der Sümpfe Trockenheit der Nester
Gesicht der bitteren Schwalben im rauhen
Sonnenuntergang

Der Morgen entzündet eine grüne Frucht
Vergoldet das Korn die Wangen die Herzen
Du hältst die Flammen zwischen deinen Fingern
Und du malst wie ein Brand

Endlich eint die Flamme endlich rettet die Flamme

6

Ich erkenne das wechselnde Bild der Frau
Doppelstern beweglicher Spiegel
Fürsprecherin in der Wüste und des Vergessens
Quelle mit Brüsten von Heidekraut Funke Vertrauen
Tag dem Tage und ihr Blut dem Blute reichend

Ich höre dich ihr Lied singen
Ihre tausend imaginären Formen
Ihre Farben die das Bett der Landschaft bereiten
Und die vergehen um nächtliche Bilder zu färben

Und wenn die Liebkosung entflieht
Bleibt die ungeheure Gewalt
Bleibt die Verwundung mit ermüdeten Flügeln
Dunkle Verwandlung ein einsames Volk
Das das Unglück verzehrt

Drama zu sehen wo nichts zu sehen ist
Als man selbst und was einem ähnlich
Du kannst dich nicht auslöschen
Alles wird unter deinem richtigen Blick wiedergeboren

Und auf dem Grunde gegenwärtiger Erinnerungen
Ohne Ordnung ohne Unordnung erhebt sich einfach
Der Nimbus sehen zu lassen.

1938

November 1936

Seht die Erbauer der Ruinen an der Arbeit
Sie sind reich geduldig ordentlich schwarz und beschränkt
Aber sie tun ihr Bestes um auf Erden allein zu sein
Sie sind an der Grenze des Menschen und überschütten
ihn mit Unrat
Sie falten am Boden gehirnlos Paläste zusammen

Man gewöhnt sich an alles
Nur nicht an diese Vögel aus Blei
Nur nicht an ihren Haß gegen alles was strahlt
Nur nicht daran ihnen Platz zu machen

Sprecht vom Himmel der Himmel leert sich
Der Herbst bedeutet uns wenig
Unsere Herren stampften mit dem Fuß auf
Wir haben den Herbst vergessen
Und werden unsere Herren vergessen

Stadt im Sturz Ozean aus einem Tropfen geretteten Wassers
Eines einzigen Diamanten geschliffen im Taglicht
Madrid Stadt gewohnt jenen die litten
An dem furchtbaren Gut das sein Beispielsein leugnet
Die litten
Am Elend unumgänglich zur Herrlichkeit dieses Guts

Möge der Mund seiner Wahrheit zusteigen
Seltener Atem Lächeln gleich gebrochener Kette
Daß der Mensch befreit vom sinnlosen Gestern
Vor dem Bruder zeige ein gleichendes Antlitz
Der Vernunft verleihe schweifende Flügel.

Der Sieg von Guernica

1

Schöne Welt der schiefen Hütten
Der Zechen und Felder

2

Gesichter gut fürs Feuer Gesichter gut für die Kälte
Für die Verweigerung der Nacht für Wunden für Schläge

3

Gesichter gut zu allem
Seht die Leere starrt euch an
Euer Tod wird als Beispiel dienen

4

Der Tod umgekehrtes Herz

5

Sie haben euch das Brot bezahlen lassen
Den Himmel die Erde das Wasser den Schlaf
Und das Elend
Eures Lebens

6

Sie sagten sie wünschten Verständigung
Sie teilten die Starken ein richteten die Narren
Gaben Almosen halbierten einen Groschen
Sie grüßten die Kadaver
Sie überschütteten sich mit Höflichkeiten

7

Sie fahren beharrlich fort sie übertreiben sie sind nicht
von unserer Welt

8

Die Frauen die Kinder tragen denselben Schatz
Von grünen Frühlingsblättern und reiner Milch
Und Dauer
In ihren reinen Augen

9

Die Frauen die Kinder tragen denselben Schatz
In ihren Augen
Die Männer verteidigen ihn so gut sie können

10

Die Frauen die Kinder haben die gleichen roten Rosen
In ihren Augen
Jeder weise sein Blut vor

11

Die Furcht und der Mut zum Leben und Sterben
Der Tod so schwer und so leicht

12

Menschen für die jener Schatz besungen
Menschen für die jener Schatz vertan

13

Wirkliche Menschen denen Verzweiflung
Die fressende Flamme der Hoffnung anfacht
Öffnen wir alle gemeinsam die letzte Knospe der Zukunft

14

Parias der Tod die Erde und das Häßliche
Unserer Feinde haben die eintönige
Farbe unserer Nacht
Wir werden siegen.

Die Sieger von gestern werden untergehen

Eisenstirn Affenstirn
Sie werden das Meer nicht mehr sehen

1

Die Trümmer stützen ein verwestes Lamm
Die Bäume mit den Gehängten geben Farbe und Kühle
Die rohen Diamanten des Tages glätten geronnenes Blut

2

Sie träumten nicht davon ein Grab zu füllen
Schlamm zu werden

3

Nur das Feuer wächst gut auf der Erde der Herren

4

Ein bitteres Antlitz
Aus blauer Milch aus schwarzem Honig
Im Fieber vergehend
Gefroren im Elend
Ein Antlitz ohne Scham
Ein belagertes Antlitz
Mit weitgeöffneten Augen
Die lebendig wie ein Volk sind
Und die über allem wachsam sein werden

5

Nur das Feuer wächst gut in diesen unglücklichen Augen

6

Über allem wachen schrecklich wachen
Verderblich wachen um es wärmer zu haben

7

Aber unser Begehren strahlt weniger durch die Nacht
Brüder als dieser rote Stern
Der trotz alledem gegen den Schrecken verstößt.

14. April 1938

Leben

Wir haben beide unsre Hände zum Geben
Nehmt meine Hand ich führe euch weit

Mehrmals lebte ich mein Antlitz hat sich verwandelt
Mit jeder Schwelle jeder Hand die ich kreuzte
Ward der häusliche Frühling wiedergeboren

Für sich für mich bewahrend seinen vergänglichen Schnee
Den Tod und die Verlobte
Die Künftige mit fünf geschlossen und geöffneten Fingern

Mein Alter gewährte mir stets
Neue Gründe durch andre zu leben
Und in meinem Herzen das Blut eines anderen Herzens zu haben

Ach der klarblickende Knabe der ich war und der ich bin
Vor der Helle der blinden und schwachen Mädchen
Schöner als der Mond blond zart und verbraucht
Durch die Spiegelung der Wege des Lebens
Weg von Moosen und Bäumen
Von Nebel und Tau
Weg des jungen Leibes der nicht allein
Seinen Platz auf Erden ersteigt
Wind Kälte Regen sind seine Wiege
Der Sommer macht ihn zum Mann

Gegenwart meine Kraft in jeder sichtbaren Hand
Tod ist einzig die Einsamkeit
Von Wonne zu Zorn von Zorn zu Klarheit
Bau ich mich ganz auf durch alle Wesen
Durch alle Zeiten auf Erden und in den Wolken
Hingehende Jahreszeiten ich bin jung
Und stark weil ich gelebt
Ich bin jung und mein Blut erhebt sich auf meinen Trümmern

Wir haben unsre Hände zum Miteinander
Nichts kann je stärker hinreißen
Als unsere Bindung eines mit dem andern Wald
Der die Erde dem Himmel vermählt und den Himmel
der Nacht

Der Nacht die einem endlosen Tage vorausgeht.

Freiheit

Auf die Hefte meiner Schulzeit
Auf mein Pult und an die Bäume
In den Sand in den Schnee
Schreibe ich deinen Namen

Auf alle gelesenen Seiten
Auf alle leeren Seiten
Stein Blut Papier oder Asche
Schreibe ich deinen Namen

Auf die goldenen Bilder
Auf die Waffen der Krieger
Auf die Krone der Könige
Schreibe ich deinen Namen

In die Dschungel und die Wüste
Auf die Nester auf den Ginster
Auf das Echo meiner Kindheit
Schreibe ich deinen Namen

Auf die Herrlichkeit der Nächte
Auf das weiße Brot der Tage
Auf die verlobten Jahreszeiten
Schreibe ich deinen Namen

Auf alle meine Fetzen Himmelblau
In den Teich Schimmel der Sonne
Auf den See atmender Mond
Schreibe ich deinen Namen

Auf die Felder am Horizont
Auf die Schwingen der Vögel
Und auf die Mühle der Schatten
Schreibe ich deinen Namen

In jeden Hauch des Morgenrots
Auf das Meer an die Schiffe
Auf den entfesselten Berg
Schreibe ich deinen Namen

Auf das Moos der Wolken
In den Schweiß des Gewitters
In den fad-fetten Regen
Schreibe ich deinen Namen

Auf die leuchtenden Formen
Auf die Glocken der Farben
Auf die greifbare Wahrheit
Schreibe ich deinen Namen

Auf die erwachten Pfade
Auf die entfalteten Straßen
Auf die überströmenden Plätze
Schreibe ich deinen Namen

Auf die entzündete Lampe
Auf die erlöschende Lampe
An meine versammelten Häuser
Schreibe ich deinen Namen

Auf die geteilte Frucht
Des Spiegels und meiner Kammer
Auf mein Bett leere Schale
Schreibe ich deinen Namen

Auf meinen Hund zärtliches Freßmaul
Auf seine aufrechten Ohren
Auf sein ungeschicktes Pfötchen
Schreibe ich deinen Namen

Auf die Schwelle der Tür
Auf die vertrauten Dinge
In den Strom geweihten Feuers
Schreibe ich deinen Namen

Auf jeden Leib der sich mir gibt
Auf die Stirn meiner Freunde
Auf jede Hand die sich ausstreckt
Schreibe ich deinen Namen

Auf das Glas der Überraschung
Auf die Lippen voller Erwartung
Sehr hoch über das Schweigen
Schreibe ich deinen Namen

Auf meine zerstörte Zuflucht
Auf meine gestürzten Leuchtfeuer
An die Mauern meiner Langweile
Schreibe ich deinen Namen

Auf das Fernsein ohne Begierde
Auf die nackte Einsamkeit
Auf die Stufen des Todes
Schreibe ich deinen Namen

Auf die wiedergekehrte Gesundheit
Auf die verschwundene Gefahr
Auf die Hoffnung ohne Erinnerung
Schreibe ich deinen Namen

Und durch die Macht eines Wortes
Beginne ich mein Leben noch einmal
Ich lebe um dich zu kennen
Um dich zu nennen

Freiheit

Bekanntmachung

Die Nacht die seinem Tode vorausging
War die kürzeste seines Lebens

Der Gedanke daß er noch lebte
Verbrannte ihm das Blut in den Pulsadern

Das Gewicht seines Leibes machte ihn krank
Seine Kraft ließ ihn aufstöhnen

Ganz auf dem Grunde seines Entsetzens
Hat er begonnen zu lächeln

Er hatte nicht *einen* Genossen
Sondern Millionen und aber Millionen

Um ihn zu rächen er wußte es
Und der Tag brach für ihn an

Mut

Paris friert Paris hungert
Paris ißt keine Kastanien mehr auf der Straße
Paris hat die alten Kleider einer Greisin angelegt
Paris schläft stehend ohne Luft in der Metro
Noch mehr Unglück ist den Armen auferlegt
Und die Weisheit und der Wahnsinn
Des unglücklichen Paris
Das ist die reine Luft und das Feuer
Das ist die Schönheit und Güte
Seiner hungernden Arbeiter
Rufe nicht um Hilfe Paris
Du bist voll eines Lebens ohnegleichen
Und hinter der Nacktheit
Deiner Blässe deiner Magerkeit
Offenbart sich alles Menschliche in deinen Augen
Paris meine schöne Stadt
Fein wie eine Nadel hart wie ein Degen
Arglos und wissend
Du erträgst nicht das Unrecht
Für dich die einzige Unordnung
Du wirst dich befreien Paris
Paris wie ein Stern flackernd
Unsere überlebende Hoffnung
Du wirst dich befreien von Müdigkeit und Schmutz
Brüder laßt uns Mut haben
Die wir keinen Helm tragen
Noch Stiefel noch Handschuhe die wir nicht wohlerzogen
sind
Ein Strahl leuchtet auf in unseren Adern
Das Licht kehrt uns zurück
Unsere Besten starben für uns
Und nun findet ihr Blut wieder zu unserm Herzen
Und wieder ist Morgen ein Morgen von Paris
Die Befreiung dämmert
Raum des keimenden Frühlings
Die idiotische Macht unterliegt

Jene Sklaven unsere Feinde
Wenn sie begriffen haben
Wenn sie begreifen können
Werden aufstehn.

1942

Die schönen Ausgleichungen des Feindes

Heilgrüße rechnen mit der Würde ab
Stiefel rechnen mit unsern Spazierwegen ab
Dummköpfe rechnen mit unsern Träumen ab
Schurken rechnen mit der Freiheit ab
Entbehrungen haben mit den Kindern abgerechnet
O mein Bruder man hat mit deinem Bruder
abgerechnet
Blei hat mit dem schönsten Antlitz abgerechnet

Der Haß hat mit unserem Leiden abgerechnet

Und unsere Kraft ist uns wiedergegeben
Wir werden mit dem Bösen abrechnen.

Nazilied

Tollen Schmetterlinges Flug
Fenster Flucht und Weiterzug
Unendlicher Sonne Stechen
Unerschöpfliches Versprechen
Wer mit Kugeln sich abfindet
Seinen Blick ein Schauder schlug

Neuer Baum blutender Baum
Kinder welch ein Frühlingstraum
Letzte Jahreszeit besonnt
Eilt euch nützt den letzten Schaum
Ob das Lager uns belohnt
Hinrichtung oder die Front

Einmal noch ein Muttertag
Grüßen wir das Herz gibt nach
Tod und Elend überall
Und Deutschland in Erniedrigung
Und Deutschland in Verkümmerung
Gekrümmt in Blut und in Abfall
In den Wunden die es macht
Unser Weg ist nun vollbracht

Also singen singen gern
Unsere guten Mörder-Herrn

Die sieben Liebesgedichte im Krieg

Ich schreibe im Land, wo Menschen man einschließt
In Abfall und Hunger, in Schweigen und Durst …

Aragon, Le Musée Grévin

I

Ein Schiff in deinen Augen machte
Sich zum Herren der Winde
Deine Augen waren das Land
Das ich jählings wiederfinde

Geduldig erwarteten uns deine Augen

Unter des Waldes Wipfeln
Im Regen in Unwettern
Auf dem Schnee von Gipfeln
Zwischen Augen und Spielen der Kinder

Geduldig erwarteten uns deine Augen

Sie waren ein Tal
Zarter als ein einzelner Grashalm
Ihre Sonne verlieh
Kraft den schmalen Ernten der Menschen

Wir warteten um uns zu sehen
Immer
Denn wir trugen die Liebe in uns
Die Jugend der Liebe
Und die Vernunft der Liebe
Die Weisheit der Liebe
Und die Unsterblichkeit

2

Tag unserer Augen belebter
Als die größten Schlachten

Städte und Vorstädte Dörfer
Unserer Augen Überwinder der Zeit

Im frischen Tale brennt
Die fließende starke Sonne

Und im Gras breitet
Sich das rosige Fleisch des Frühlings

Der Abend schloß seine Flügel
Überm Paris der Verzweiflung
Unsere Lampe stützt die Nacht
Wie ein Gefangener die Freiheit

3

Die Quellen fließen sanft und nackt
Die Nacht gebreitet überall
Die Nacht in der wir uns vereinen
In einem schwachen irren Kampf

Und die Nacht die uns verwundet
Leere Lagerstatt die
Sich höhlte zum Bett der Verlaßnen
Zukunft der Agonie

4

Eine Pflanze pocht
An die Pforte der Erde
Und ein Kind pocht
An die Pforte der Mutter
Es sind Regen und Sonne

Die mit dem Kinde entstehen
Mit der Pflanze wachsen
Mit dem Kinde blühen

Ich höre streiten und lachen

Man hat das Leid berechnet
Das man einem Kind antun kann
Soviel Schande ohne Erbrechen
Soviel Tränen ohne Vergehen

Geräusch von Schritten unter der Wölbung
Schwarz und gähnend von Schrecken
Man hat die Pflanze entwurzelt
Man hat das Kind geschändet

Durch Elend und durch Kummer

5

Der Stempel des Herzens sagten sie freundlich
Der Stempel der Liebe und des Hasses und des Ruhms
Erwiderten wir und unsere Augen spiegelten
Die Wahrheit die unsere Zuflucht war

Wir haben niemals begonnen
Wir haben uns immer geliebt
Und weil wir uns lieben
Wollen wir die anderen befreien
Aus ihrer eisigen Einsamkeit

Wir wollen und ich sage ich will
Ich sage du willst und wir wollen
Daß das Licht sie verewige
Paare von Tugend strahlend
Paare von Kühnheit gepanzert
Weil ihre Augen einander begegnen

Und sie ihr Ziel im Leben der anderen haben

6

Wir haben nicht mit Trompeten
Für euch unser Unglück besungen
Wie es ist sehr groß sehr dumm
Und noch dümmer weil völlig gelungen

Wir behaupteten einzig der Tod
Nur die Erde seis die uns begrenze
Nun aber ist es die Schande
Die uns Lebende einmauert

Scham ob des grenzenlosen Bösen
Scham ob unsrer unsinnigen Henker
Immer die gleichen immer
Dieselben Liebhaber ihrer selbst

Scham ob der Züge der Gefolterten
Scham ob der Worte verbrannte Erde
Aber wir schämen uns nicht unsres Leidens
Aber wir schämen uns nicht unsrer Scham

Hinter den fliehenden Kriegern
Lebt nicht einmal mehr ein Vogel
Die Luft ist leer von Schluchzen
Leer von unserer Unschuld

Tönend von Haß und Vergeltung

7

Im Namen der vollkommenen tiefen Stirn
Im Namen der Augen in die ich schaue
Und dieses Mundes den ich küsse
Für heute und für immerdar

Im Namen der begrabenen Hoffnung
Im Namen der Tränen im Dunkel
Im Namen der Klagen die lachen machen
Im Namen des Lachens das Furcht erregt

Im Namen des Gelächters auf der Straße
Der Sanftheit die unsere Hände eint
Im Namen der Früchte über den Blüten
Auf einer schönen und guten Erde

Im Namen der Männer in den Zuchthäusern
Im Namen der verschleppten Frauen
Im Namen aller unsrer Genossen
Gefoltert sie und hingemordet
Weil sie den Schatten nicht hinnahmen

Müssen den Zorn wir hegen
Und das Wachsen des Eisens pflegen
Um das hohe Abbild zu wahren
Unschuldiger die Häscher gefährden
Überall aber Sieger sein werden.

Die Waffen des Schmerzes

1

Daddy von den Ruinen
Mann mit dem durchlöcherten Hut
Mann mit den tiefen Augenhöhlen
Mann mit dem schwarzen Feuer
Mann mit dem leeren Himmel
Rabe langem Leben bestimmt
Du hattest geträumt glücklich zu sein

Daddy von den Ruinen
Dein Sohn ist tot
Ermordet

Daddy Haß
O grausames Opfer
Kamerad zweier Kriege
Unser Leben ist zerstückt
Blutend häßlich
Aber wir schwören
Bald das Messer zu halten

Daddy Hoffnung
Hoffnung der anderen
Du bist überall

2

Ich hatte in unseren Schwüren drei Schlösser gebaut
Eins für das Leben eins für den Tod eins für die Liebe

Ich verbarg wie einen Schatz
Die armen kleinen Leiden
Meines glücklichen guten Lebens

Ich hatte in Geborgenheit drei Mäntel gewirkt
Einen für uns beide und zwei für unser Kind

Wir hatten die gleichen Hände
Und wir dachten einer für den anderen
Wir verschönerten die Erde

Ich hatte in der Nacht drei Lichter gezählt
Zur Schlafenszeit rann alles ineinander
Sohn Hoffnung und Blume Spiegel Auge und Mond
Mann ohne Geschmack doch von klarer Sprache
Frau ohne Schönheit doch mit fließenden Fingern

Plötzlich ist Wüste da
Und ich verliere mich im Dunkel
Der Feind hat sich kundgetan
Ich bin allein in meinem Fleisch
Ich bin allein in meiner Liebe

3

Dies Kind hätte lügen
Und sich retten können
Die weiche undurchquerbare Ebene
Dieses Kind wollte nicht lügen
Es schrie sehr laut seine Taten
Es hob seine Wahrheit
Die Wahrheit
Wie einen Degen gegen seine Henker
Wie einen Degen sein oberstes Gesetz

Und seine Henker haben sich gerächt
Sie ließen den Tod vorbeiziehn
Die Hoffnung den Tod die Hoffnung den Tod
Sie begnadigten das Kind und töteten es dann

Man hatte es hart behandelt
Seine Füße seine Hände waren zerschmettert
Sagte der Friedhofwärter

4

Ein Denken *eine* Leidenschaft
Und die Waffen des Schmerzes

5

Kämpfer die Feuer bluten
Die den Frieden gründen werden auf Erden
Arbeiter Bauern
Krieger mit der Masse vermengt
Und welche Wunder an Verstand
Um besser zu treffen

Krieger wie Bäche
Überall auf den dürren Feldern
Oder mit erbitterten Flügeln schlagend
Den schmutzigen Himmel
Um die Weltende-Moral
Der Unterdrücker auszulöschen

Und wie die Liebe der Haß

Krieger wie die Hoffnung
Wie der Sinn des Lebens
Und das gemeinsame Wort
Wie die Leidenschaft zu siegen
Und das Böse wiedergutzumachen
Das man uns angetan

Krieger nach meinem Herzen
Jener denkt an den Tod
Dieser denkt nicht an ihn
Der eine schläft der andere schläft nicht
Aber alle träumen den gleichen Traum
Sich befreien

Jeder ist der Schatten aller

6

Die einen finster die anderen nackt
Sie singen ihr Glück sie kauen ihr Leid
Sie kauen das Gewicht ihrer Leiber
Oder singen als ob sie hinwegflögen

Durch tausend Menschenträume
Über tausend Wege der Natur
Verlassen sie ihr Land
Und ihr Land tritt in sie ein
Luft fließt in ihr Blut

Ihr Land kann
Das wahre Land der Wunder werden
Das Land der Unschuld

7

Dienstverweigerer wie der Mensch
Unter dem Himmel aller Menschen
Auf der geeinten erfüllten Erde

Und in dieser reifen Frucht
Wie ein reines Herz die Sonne
Alle Sonne für die Menschen

Alle Menschen für die Menschen
Ganze Erde und die Zeit
Glück in einem einzigen Leib

Ich sage was ich sehe
Was ich weiss
Was wahr ist.

Töten

Es fällt heute nacht
Eine seltsame Ruhe auf Paris
Eine Ruhe von blinden Augen
Von farblosen Träumen
Die an den Mauern sich stoßen
Eine Ruhe nutzloser Arme
Besiegter Stirnen
Abwesender Männer
Schon verblühter blasser
Kalter und tränenloser Frauen

Es fällt heute nacht
Im Schweigen
Ein seltsames Leuchten auf Paris
Auf das gute alte Herz von Paris
Das taube Leuchten des Anschlags
Wohlüberlegt entfesselt und rein
Des Anschlags gegen die Henker
Gegen den Tod.

Die Beschränkten und Bösen

Von innen kommend
Von außen kommend
Unsere Feinde
Sie kommen von oben
Sie kommen von unten
Von nah und von fern
Von rechts und von links
In grünem Kleid
In grauem Kleid
Der Rock zu kurz
Der Mantel zu lang
Und schief das Kreuz
Groß von Gewehr
Kurz von Messer
Stolz auf ihre Spione
Stark durch ihre Henker
Und schwer von Leid
Bewaffnet bis zum Boden
Bewaffnet bis in den Boden
Steifen Grußes
Und steif vor Furcht
Vor ihren Hütern
Bierdurchtränkt
Monddurchtränkt
Gewichtig singend
Das Lied der Stiefel
Sie vergaßen die Freude
Geliebt zu sein
Sagen ja sie heißt
Aller Antwort nein
Sprechen sie von Gold
Wird alles zu Blei
Aber gegen ihren Schatten
Macht sich alles zu Gold
Alles verjüngt sich

Daß sie gehn daß sie sterben
Ihr Tod genügt uns

Wir lieben die Menschen
Sie werden entkommen
Wir wollen dafür sorgen
Im glorreichen Morgen
Einer neuen Welt
Einer rechten Welt.

Aus einem einzelnen Gedicht zwischen Leben und Tod

Hast du wohl deinesgleichen gesehen
Wie er aus allem Gewinn schlägt
Er hat ein strahlendes Antlitz
Sein Antlitz flammt
Unter einer Maske aus Sonne
Unter einer sanften Maske aus purem Gold
Seine Augen sind heiße Rosen
Denn deinesgleichen hat ein gutes Herz

Er hat dir den Weg gezeigt
Nach dem Gitter und dem Schlüssel
Nach dem Tor zu durchschreiten
Zu deiner Frau und deinen Kindern
Zu dem Platz der Gesichter
Er verleiht dir die Freiheit

Doch ich träume und schäme mich also
Man wird dir den Tod auferlegen
Den leichten und riechenden Tod
Der nur dem Tode erwidert
Alles geht von einem lebensdröhnenden Ort einer Wüste zu
Die Quelle deines Blutes besänftigt sich verschwindet
Unsere Feinde müssen töten
Sie müssen unsere Feinde sein

Nichts Wichtiges ist zu zerstören
Als ein Mensch nach einem Menschen
Nichts Wichtiges ist zu erschaffen
Als das ganze Leben in einem Leib
Als Achtung vor dem Leben und vor den Toten
Die für das Leben starben
Wie du meinesgleichen
Der nichts tat denn den Tod zu hassen

Denkt

Denkt an Orte ohne Scham
Wo Menschen eingeschlossen sind
Wo Abwesende gegenwärtig
Wo Augen ohne Widerschein

Alles nimmt die Farbe an
Von Maiblumen flach an der Decke
Von blauen Ähren von Aufsehern
Maiblumen blaue Ähren an der Oberfläche
In unauflöslicher Trauer
Ein wenig Brot schmutziges Wasser

Warum leben wir warum
Streichen wir das Gestern aus
Lästern wir das Morgen dann
Trösten dumm uns lobsingend
Jene die dort draußen sind
Armen Tröpfen allzu ähnlich

Warum für die Freiheit kämpfen
Für die Herren nicht für uns
Um uns in Ketten zu halten
Um uns im Leeren zu halten
Um zu schlagen uns zu lehren
Uns zu fügen ohne jene
Große Vernunft die den Menschen groß macht

Ohne die brüderliche Vernunft

Man bedroht dich

Man bedroht dich mit Krieg
Man bedroht dich mit Frieden
Man gibt dein Herz Schlägen preis
Was deinen Leib betrifft so wagt man kaum
Von ihm zu sprechen so viel hat man gegen ihn
Welch schmutzige Feinde du hast

Dabei liebst du deine Freunde
Deine Frau und das Lied des Morgens
Dabei leuchtet dein Antlitz auf
Wenn du ihn unter den anderen siehst
Dabei nimmst du guten Wein
Für gutes Brot

Dabei glaubst du nichts
Als vollkommene Wesen zu kennen
Als luftige Wesen
Erobernde die erobert
Freunde Geliebte sind versammelt
Unsere Wünsche siegen über uns

Sterne häufen sich
Auf deinen geschlossenen Lidern
Schläfer sieh das Leben ist eitel
Wenn aus allem nicht Leben aufsteigt
Du träumst daß ein Einsamer
Der letzte Einsame
Der letzte unserer großen Herren
Verlischt er hatte nichts mehr

Und das ist der letzte Schuldige
Das endlich ist unsere Feier

An jene von der sie träumen

Neunhunderttausend Gefangene
Fünfhunderttausend Politische
Eine Million Zwangsarbeiter

Herrin ihres Schlafes
Gib ihnen die Kraft des Menschen
Das Glück auf Erden zu sein
Gib ihnen im ungeheuren Schatten
Die Lippen einer sanften Liebe
Wie das Vergessen der Leiden

Herrin ihres Schlafes
Mädchen Frau Schwester und Mutter
Mit kußgeschwellten Brüsten
Gib ihnen unser Land
Wie sie es immer gekannt
Vom Leben übermannt

Ein Land wo der Wein singt
Wo die Ernten gutherzig sind
Wo die Kinder voller Klugheit
Wo die Greise feiner sind
Als Bäume weiß von Blüten
Wo mit Frauen man sprechen kann

Neunhunderttausend Gefangene
Fünfhunderttausend Politische
Eine Million Zwangsarbeiter

Herrin ihres Schlafes
Schwarzer Schnee der weißen Nächte
Durch ein ausgeblutetes Feuer
Heilige Frühe weißen Stabes
Laß den neuen Weg sie sehen
Aus den Brettern ihres Grabes

Sie bezahlten um die schlimmste
Kraft des Bösen zu erkennen
Doch sie haben gut bestanden
Sind mit Tugenden bedeckt
Gleichermaßen wie mit Wunden
Überdauern müssen sie sich

Herrin ihrer Ruhe
Herrin ihres Erwachens
Gib ihnen die Freiheit
Aber laß uns unsere Schande
An Schande geglaubt zu haben
Selbst um sie zu vernichten.

Mitten im Monat August

Mitten im Monat August an einem Montagabend von
zärtlicher Farbe
An einem Montagabend der an den Wolken hängt
In Paris hell wie ein frisches Ei
Mitten im Monat August unser Land der Barrikaden
Paris das seine Augen zu zeigen wagt
Paris das wagt Sieg zu schreien
Mitten im Monat August an einem Montagabend

Hat man das Licht begriffen
Könnte es denn Nacht werden heut abend
Wenn aus dem Pflaster die Hoffnung bricht
Stirnen brechen geballte Fäuste
Werden wir die Hoffnung aufzwingen
Werden wir das Leben aufzwingen
Den verzweifelten Sklaven

Mitten im Monat August vergaßen wir den Winter
Wie man die Höflichkeit der Sieger vergißt
Ihre tiefen Verbeugungen vor Elend und Tod
Wir vergaßen den Winter wie man die Schande vergißt
Mitten im Monat August verbrauchten wir unsere Munition
Mit Vernunft und die Vernunft ist unser Haß
O Trennung geringste unumgängliche Trennung

Die Süße des Lebens der Schmerz zu wissen
Daß unsere Brüder starben auf daß wir frei leben
Denn leben und leben machen ist unser Tiefstes
Die Nacht ist da der Spiegel unserer Träume
Seht Mitternacht Mitternacht Ehre der Nacht
Die Süße und Trauer zu wissen daß alle wir
Heute gemeinsam die Nacht in Gefahr gebracht.

Gabriel Péri

Ein Mensch starb der zur Verteidigung hatte
Nur Arme offen daß er sie dem Leben zukehre
Ein Mensch starb der keine andere Straße hatte
Als die mit dem Haß auf Gewehre
Ein Mensch starb der den Kampf weiterführt
Gegen den Tod gegen die Leere

Denn alles was er gewollt
Das eben wollten auch wir
Wir wollen es heute und hier
Daß das Glück sei auf dem Grund
Der Augen der Herzen ein Licht und
Das Recht auf dem Erdenrund

Es gibt Worte die leben machen
Und es sind unschuldige Worte
Das Wort Wärme das Wort Vertrauen
Liebe Gerechtigkeit und das Wort Freiheit
Das Wort Kind und das Wort Freundlichkeit
Und gewisse Namen von Blumen und manche Namen
 von Früchten
Das Wort Mut und das Wort Entdecken
Und das Wort Bruder und das Wort Genosse
Und manche Namen von Ländern und Dörfern
Und manche Namen von Frauen und Freunden
Fügen wir Péri hinzu
Péri starb für das was uns leben macht
Sagen wir ihm Du seine Brust ist durchbohrt
Aber seinetwegen kennen wir uns besser
Sagen wir uns Du seine Hoffnung lebt.

Der gleiche Tag für alle

1

Der Degen den man nicht den Herren den Schuldigen
Ins Herz bohrt
Man stößt ihn ins Herz der Armen und Unschuldigen

Die ersten Augen gehören der Unschuld
Und die zweiten der Armut
Man muß sie beschützen

Ich will nicht die Liebe verurteilen
Wenn ich nicht den Haß töte
Und die ihn mir eingeflößt

2

Ein kleiner Vogel zieht in ungeheuren Regionen
Wo die Sonne geflügelt ist

3

Sie lachte rings um mich her
Rings um mich her war sie nackt
Sie war wie ein Wald
Wie eine Menge von Frauen
Rings um mich
Wie ein Panzer gegen die Wüste
Wie ein Panzer gegen das Unrecht

Das Unrecht schlug überall zu
Einziger Stern unbeweglicher Stern eines fetten Himmels

Der Raub des Lichts bedeutet
Das Unrecht schlug die Unschuldigen und die Helden
die Wahnsinnigen
Die eines Tages wissen werden zu herrschen

Denn ich hörte sie lachen
In ihrem Blut in ihrer Schönheit
Im Elend und in den Foltern
Lachen mit einem künftigen Gelächter
Dem Leben zulachen und zum Lachen geboren werden.

19. November 1944

Gesang
vom feuerbesiegenden Feuer

Dieses Feuer entstand im Fleisch
Und die Frühe war seinesgleichen
Dieses Feuer entstand in den Händen
Im Blick und in der Stimme
Es ließ mich vorwärtsschreiten
Und ich ließ die Wüste zurück
Und ich liebkoste das Feuer
Feuer der Erde des Schreckens
Gegen die Schrecken der Nacht
Gegen die Schrecken der Asche
Feuer wie eine Linie
Ein Feuer fatal im Dunkel
Wie ein Schritt im Staube
Ein tönendes mächtiges Feuer
Das über die Dächer hinschrie

Es brennt! Der Tod!

Dieses Feuer entstand im Fleisch
Dieses Feuer schlug gegen die Ketten
Gegen Ketten und Mauern
Gegen Knebel und Schlösser
Gegen Blinde und Tränen
Gegen kranke Geburten
Gegen den Tod den ich boshaft zur Welt gebracht
Ein Feuer das erloschene Sterne angriff
Erschlaffte Flügel verwelkte Blumen
Ein Feuer gegen Ruinen
Ein Feuer das zerstörendes Feuer heilte
Ohne Schatten und Opfer
Gebüsch aus Blut und aus Luft
Ernte erhabener Schreie
Und Ernte von Strahlen
In der Partei einer Hymne

Ein Feuer ohne Schöpfer

Hinter ihm der Tau
Hinter ihm der Frühling
Hinter ihm die Kinder
Die uns an alle Menschen glauben lassen
An ihr unteilbares Herz
An ihr unbeflecktes Herz
Ein Feuer hell bis ins innerste Wesen
Aller nackten Formen
Ein helles Feuer im Netz
Der Lichter und der Farben
Feuer von Wort und Blick
Ständige Liebkosung
Liebe natürliche Hoffnung
Kenntnis durch die Hoffnung
Traum in dem nichts erfunden

Ganzer Traum feuererzeugt.

Nach dem Maß des Menschen

Dem Gedächtnis des Obersten
Fabien und für Laurent Casanova,
der mir so schön von ihm sprach

Man hat einen Mann getötet
Einen Mann ein früheres Kind
In einer großen Landschaft
Ein Flecken Blut
Wie eine sinkende Sonne
Einen Mann gekrönt
Von Frauen und Kindern
Das Ideal eines Mannes
Für unsere Ewigkeit

Er ist gefallen
Und sein Herz hat sich geleert
Seine Augen haben sich geleert
Sein Haupt hat sich geleert
Seine Hände öffneten sich
Ohne eine Klage
Denn er glaubte an das Glück
Der anderen
Denn er hatte ich liebe dich
Wiederholt auf jegliche Art
Seiner Mutter seiner Hüterin
Seiner Mittäterin seiner Verbündeten
Dem Leben
Und er ging in den Kampf
Gegen die Henker der Seinen
Gegen die Gedanken des Feindes
Und selbst in den schlimmsten Tagen
Hat er seine Mühe gehegt
Es war seine Art zu lieben
Und das Leben zu achten
Seine Art war die meine

Ein einziger Strahl Mut
Allein die Größe des Volks
Und ich liebe dich endet schlimm
Aber bestätigt das Leben
Ich liebe dich das war Spanien
Das für die Sonne kämpfte
Ist der Pariser Bezirk
Mit knabenhaften Wegen
Mit seinen artigen Kindern
Und erstes Attentat gegen
Die Soldaten des Bösen
Gegen den widerwärtigen Tod
Ist das erste Licht
In der Nacht der Unglücklichen
Immer erstes Licht
Immer vollkommenes
Licht der Verbindung
Rundtanz immer beweglicher
Hingedehnt und beseelt
Korn und Blüte und Frucht und Korn
Und ich liebe dich endet gut
Für die Menschen von morgen.

Die Verkäufer der Nachsicht

Die das Böse im Namen des Guten vergaßen
Die Herzlosen predigen uns Vergebung
Sie können nicht die Verbrecher entbehren
Sie glauben man brauche von allem zum Bau einer Welt

Hört sie predigen laut
Keiner wagt sie zum Schweigen zu bringen
Sie besitzen Rechte hört sie
Hört dieses Echo von gestern

Ob Widerstand ob Übergabe
Ein General ist des anderen wert
Franzosen in grüner Uniform
Sind ja doch stolze Soldaten
Gute Geschütze für den Feind
Sind ja doch gute Geschütze
Je mehr Sklaven er besitzt
Desto mehr hat recht der Herr

Die Frauen von Auschwitz die kleinen jüdischen Kinder
Die Terroristen mit sicherem Auge die Geiseln
Konnten nicht wissen durch welches häßliche Wunder
Die Milde glühend angerufen würde

Kein Stein ist edler
Als die Begierde den Unschuldigen zu rächen
Es gibt keinen strahlenderen Himmel
Als am Morgen da die Verräter sterben

Es gibt kein Heil auf Erden
Solange man Henkern vergeben kann.

Zum Leben erwecken

Sie waren einige die die Nacht bewohnten
Und vom zärtlichen Himmel träumten
Sie waren einige die den Wald liebten
Und die an den brennenden Hain glaubten
Blumenduft entzückte sie selbst aus der Ferne
Die Nacktheit ihrer Sehnsüchte kleidete sie

Im Herzen fügten sie den gemessenen Atem
Zu diesem Nichts von Wunsch nach natürlichem Leben
Das im Sommer wächst wie ein stärkerer Sommer

Im Herzen fügten sie Hoffnung auf kommende Zeit
Die auch fern andere Zeiten grüßt
Zu Liebe hartnäckiger als die Wüste

Ein klein wenig Schlaf
Gab sie der künftigen Sonne
Sie dauerten sie wußten das Leben verewigt

Und ihre dunklen Begierden zeugten die Klarheit

Sie waren nur wenige
Plötzlich wurden sie Masse

Das geschieht zu allen Zeiten.

Enterrar y Callar

Brüder dieses Morgenrot ist euer
Dieses Morgenrot tief auf der Erde
Es ist euer letztes Morgenrot
Darauf habt ihr euch ganz hingestreckt
Brüder dieses Morgenrot ist unser
Über jenem Abgrund unsrer Schmerzen

Und mit Herz und Haßgewalten
Brüder wollen wir zu euch halten
Wir wollen verewigen
Jenes Morgenrot das teilt
Euer weiß und schwarzes Grab
Hoffende Verzweifelte

Haß aus der Erde sich biegend
Im Kampfe für die Liebe
Der Haß im Staube liegend
Wenn er genügte der Liebe
Die Liebe im Lichte siegend
Immer lebt Hoffnung auf Erden.

Die Morgendämmerung löst die Ungeheuer auf

Sie wußten nicht
Daß die Schönheit des Menschen den Menschen
übersteigt

Sie lebten um zu denken sie dachten um zu schweigen
Sie lebten um zu sterben sie waren nutzlos
Sie erlangten die Unschuld im Tode wieder

Sie hatten in Ordnung gebracht
Unter dem Namen des Reichtums
Ihr Elend ihre Geliebte

Sie kauten Blumen und Lächeln
Sie fanden kein Herz als an der Mündung des Gewehrs
Sie verstanden nicht die Beleidigungen der Armen
Der Armen die morgen sorglos sein werden

Sonnenlose Träume verewigten sie
Doch um die Wolke in Schlamm zu verwandeln
Stiegen sie herab boten dem Himmel sie nicht mehr die
Stirn

Ihre ganze Nacht ihr Tod ihr schöner Schatten Elend
Elend für die anderen

Wir werden diese gleichgültigen Feinde vergessen

Bald wird eine Menge
Leise nachsprechen was die Flamme sagte
Die Flamme für uns beide nur für uns Geduld
Überall für uns beide der Lebenden Kuß.

Kritik der Dichtung

Das Feuer erweckt den Wald
Die Stämme die Herzen die Hände die Blätter
Das Glück in einen Strauß gebunden
Verwirrt sehr leicht schmelzend gesüßt
Ein ganzer Wald von Freunden
Der sich versammelt bei den grünen Fontänen
Der guten Sonne des flammenden Waldes

Garcia Lorca wurde hingerichtet

Haus eines einzigen Wortes
Und Lippen zu leben vereint
Ein ganz kleines Kind ohne Tränen
In seinen Augäpfeln aus verlorenem Wasser
Das Licht des Künftigen
Tropfen für Tropfen erfüllt es den Menschen
Bis an die durchsichtigen Lider

Saint-Pol-Roux wurde hingerichtet

Seine Tochter hat man gepeinigt

Eisige Stadt aus ähnlichen Ecken
Wo ich träume von blühenden Früchten
Vom ganzen Himmel und von der Erde
Wie von Jungfrauen die sich entblößten
In einem Spiel das niemals endet
Welke Steine echolos Mauern
Ich vermeide euch um ein Lächeln

Decour wurde hingerichtet.

So laßt mich denn sprechen

So laßt mich denn sprechen von dem was mir leben hilft
Ich gebe Hoffnung den Menschen die müde sind
Trotz den kräftigen Freuden der Liebe

Sie lieben das ist eine Krone
Sie arbeiten für die die sie lieben
Das ist eine Last aus Liebkosungen

Aber sie arbeiten auch für euch

Alle Ekstasen der Liebe
Widerrufen nicht diese Müdigkeit
Die aus dem Zuviel kommt an Arbeit
Für euch die ihr nichts zu tun habt

Ich klage die Ungerechtigkeit an
Und ich reiße die Dornen aus
Ich will die Falten der Sorge glätten

Ich spreche und die Tür öffnet sich

So laßt mich denn sprechen von dem was mir leben hilft
Meine Sehnsucht nach Frische hat das Fieber verzehrt
Schnee unter der Sonne ich ward von einer Frau geboren
Manchmal habe ich ihre Kraft
Der Golf ihres Leibes macht die Menschen frei

Leben ist teilnehmen ich hasse die Einsamkeit
Die Bande des Todes halten mich noch
Ich küsse wahrhaftig niemanden wie einst
Das Brot war ein Zeichen der Glückseligkeit
Das gute Brot das unsern Kuß heißer macht

Das einzig mögliche Obdach ist die ganze Welt
Heute leben ist für mich auf Rätsel Antwort geben
Und den blinden Schmerz der Geburt leugnen

Ständig umsonst glanzloser Stern
Leben ist sich verlieren um die Menschen zu finden

Daß die Blässe des Stroms den Bach übertreffe
Augen herrlich die Dinge am rechten Platz sehen
Ausgelöscht sei das Elend und die Blicke geordnet
Ordnung wachsend von Korn zu Blüte und Baum
Baugerüst das lebendig das All aufrecht hält

Kind das von Mensch zu Mensch sich lachend verjüngt.

Traum vom 21. September 1943

Mir träumte ich ginge schnell
Auf den Straßen von Tirol
Manchmal um schneller zu gehen
Ging ich auf allen vieren
Und meine Handflächen waren hart
Und schöne Bäuerinnen
In der Tracht dieser Gegend
Begegneten mir grüßten mich
Mit sanfter Gebärde
Und ich kam zu den Gefängnissen

Man hatte die Fenster mit Bändern geschmückt
Die Türen standen weit offen
Und die Gefängnisse waren leer
Ich konnte dort wohnen
Eintreten hinausgehen wie ich wollte
Ich konnte dort arbeiten
Konnte dort glücklich sein
Unten in einem Stall
Erwarteten bebänderte
Rappen mein Vergnügen

Wie Wasser in der Sonne
Erzitterten die Mauern
Die Bäuerinnen auf dem Platz
Lachten ohne zu wissen warum
Es war das Fest des Schnees
Mitten im Sommer unter den Blumen
Ich ging von reiner Luft geschwellt
Leicht und schnell auf den Straßen zurück
Ich kam an die gleichen Gefängnisse
Besonnt leer und fröhlich

Ich bin verwundert erwacht
Keinem Menschen begegnet zu sein.

Ewigkeit derer die ich nicht wiedersah

Zuerst wuchs mir Erstaunen zu
Die Zeit sie fügte sich zur Zeit
Und dann die Angst zur Ungeduld
Wie eine Nacht die folgen muß
Auf andere Nacht und auch der Tag
Wird bald zu einem grauen Gespenst
Und dann zu einem schwarzen Gespenst
Ich muß es in mir selber sehn
Mit Augen der Erinnerung
Und bald schau ich mit blindem Blick
Und bin der Nacht ganz untertan

Ich hab zu tasten angefangen
In einer Welt wo das Leben sank
Der Mensch den ich dereinst gekannt
Bald zugewandt bald abgewandt
Bedrängt im Abend Flammen lohn
Verworfen Träume und Gelächter
Menschen die sicher ihres Lebens
Menschen von Hoffnung schön genährt
O meine tapferen Brüder ihr
Ihr in der Liebe Brüder mein
Ich verlor euch aus den Augen

Gesichter hell dunkles Gedenken
Dann auf den Augen wie ein Schlag
Gesichter wie Papier verbrannt
Nur Asche der Erinnerung
Die kalte Rose des Vergessens
Und doch Desnos und doch Péri
Crémieux Fondane Pierre Unik
Sylvain Itkine Jean Jausion
Grou-Radenez Lucien Legros
Die Zeit die Zeit ach unerträglich

Politzer Decour Robert Blache
Serge Meyer Mathias Luebeck
Maurice Bourdet und Jean Fraysse
Dominique Corticchiato
Und Max Jacob und Saint-Pol-Roux
Nichts als die Zeit nichts mehr zu sein

Und nichts als Zeit alles zu sein
Erinnerung die wiederkehrt
Meine Erinnerung die ich lehre
Nichts als die Zeit Desnos zu sein
Nichts als die Zeit Péri zu sein
Nichts als die Zeit Crémieux zu sein
Decour zu sein und Politzer
Und Saint-Pol-Roux und Max Jacob
Grou-Radenez Lucien Legros
Sylvain Itkine Jean Jausion
Serge Meyer Mathias Luebeck
Blache Fondane Pierre Unik
Dominique Corticchiato
Maurice Bourdet oder Jean Fraysse
Und alle nach dem Bild des Menschen
Das Leben uns ermöglichend

Helden Opfer weit umstellt
Von Sonnen Meererneuerung
Aber in dem Chaos auch
Von Werken von Gefängnissen
Von Leiden und Hungersnot
Ihre Hand in der meinigen
Geformt von ihrem ist mein Mund
In einem Spiegel brüderlich
Und meine Hände pressen die
Von Menschen die Zukunft gebärt
Und die ihnen so ähnlich sind
Daß ich mich doch unsterblich weiß
Das Blut verlischt der Tod zerbricht

Nicht mehr zahlreich sind wir nun
Wir nah der Unendlichkeit
Die Brust von Licht Luft Nacht bewohnt
O meine tapferen Brüder ihr
Die ganze vollkommene Zeit
Und ich vergaß Vergessen ach
Das Morgen ist schon abgetan
Und das Gestern ist ganz neu
Und wir sind Gemeinsamkeit
Alles Irdische gemeinsam
Einfach wie ein einzelner Vogel
Der mit einem Flügelschlag
Nacktes Feld und Ernte eint

Und den Himmel mit dem Boden.

September 1945

Grabschriften

Das Totenepigramm ist ein antikes
Mittel den Lebenden zu denken zu geben.
Über die Wand der Vergangenheit
hinweg vermag es Vertrauen und
Hoffnung zu übermitteln.

1

Für Marc

Das Kind das ich war das Kind
Spielt ohne je nachzudenken
Wie der Zeit dunkle Umwege sind

Ewig spielts vor sich hin
Sein Frühling hält bei ihm aus
Sein Rinnsal wird jäh ein Gebraus

Meine Lust wollte Überschwang sein
Aber ich starb schon mit neun.

2

Der Schmerz ist wie eine Schneide
Sie bleibt im Fleische stecken
Ich erfuhr seinen Schrecken
Wie der Vogel vom Pfeil durchspeert
Wie die Pflanze Feuer und Wüste erfährt
Wie Eisschollen die Wasser decken
Mein Herz mußt die Schmähung erleiden
Des Unglücks der Rechtlosigkeit
Ich lebte in unreinen Zeiten
Da hat es andre gefreut
Zu vergessen der Brüder der Söhne Leid
Zufall umschloß mich von allen Seiten

Doch in meiner Nacht träumt ich von blauen Weiten

Ich vermochte alles und vermochte nichts
Ich konnte alles lieben doch nicht genug.
Der Himmel die Erde das Meer
Haben mich verschlungen
Der Mensch hat mich wiedergeboren.

Hier liegt ein Mann der zweifelte nicht daß
Die Morgenröte gut in jedem Alter ist
Der glaubte als er starb er würde grad geboren
Denn wieder einmal ging die Sonne auf.

Ich lebte müde für mich und für die anderen
Doch immer wollt ich meine Schultern erleichtern
Und die Schulter meiner allerärmsten Brüder
Von der gemeinsamen Last die uns ins Grab führt
Im Namen meiner Hoffnung schreib ich mich ein
    gegen den Schatten.

Halt ein gedenke eines Waldes
Der Wiese heller unter warmer Sonne
Gedenke mancher Blicke unverschleiert ohne Reue
Mein Blick verging der deine hat ihn nun ersetzt
Da wir lebendige Wesen waren fahren wir fort
Wir krönen unsern Wunsch zu sein und fortzudauern.

3

Die mich erlegten von der Angst besessen
Mich zu verfehlen — du hast sie vergessen

So einfach wie das Licht bin ich in deinem Sein
Ganz wie ein Lebender ihn wärmt das Hier allein

Nur meine Hoffnung nur mein Mut besteht
Sag meinen Namen — wie dein Atem leichter geht

Vertraun zu dir du gabst es mir zurück
Wir gehn voran Vergangnes weicht dem Glück

Und unsre Kraft wird jung in jedem Blick.

Vom Horizont eines Menschen zum Horizont aller

Nach dem größten Verlust, als in seinem tiefsten Innern nichts mehr war als die Vision seiner toten Frau, wurde er von einer großen Revolte erschüttert.

Fels im Wasser

Wie ein Vogel aufrecht in einem Panzer
Haupt des Windes in dunklem Käfig
Gleich einem Schwert erhoben in einem Netz
Wie eine mächtige Liebe die niemand erwidert

Ja ich sage ja und nein hat das letzte Wort
Und jedes Bild kehrt mir als Schande zurück
Ich habe Mut und bin gefangen
Liebend liebte ich nur eine Tote.

Unsinnigerweise fühlte er sich als Opfer einer Ungerechtigkeit. Ohne daran zu denken, daß der Tod ihn seit jeher bedrängt hatte, und nicht einmal der seine, sondern jener Tod, der im Innern aller Wesen ruht, denn sie machen sich von ihm ein notwendiges Bild, wie ein Sprungbrett, das sie aus Kindheit und Alter der geraden Querstange eines maßvollen, fruchtbaren Lebens entgegenwirft.

Welcher Teil seines Lebens
Ist die Mutter der Teile seines Todes.

Umgekehrte Bewegung einer normalen Zeit bis zum harten Wunsch nach Dauer. Er fühlte sich als Opfer, unsinnigerweise, als Opfer der abgelaufenen und der zukünftigen Zeit.

Egolios

Ich vernehme noch die Stimme

Dort ist es da du lieben wirst
Immer immer immer

Gestehe du hattest diese Minute nicht vorausgesehen
Die dich verewigen wird

Du vermagst nicht mehr zu entfliehen du träumst
Denke doch wenn du kannst eine Zeit ohne Liebe

Erkläre doch wenn du kannst warum es dies Antlitz
Und nicht ein andres ist das vor dir steht

Ich vernehme noch die Stimme

Liebe liebe
Und du fühlst dich Eiche werden

Und der Wald wird dein Schatten sein
Die Vögel die Sterne werden sich dir aufs Haupt setzen

Du wirst nur noch in einem anderen Schlaf schlafen
Und schlaflose Augen werden in den deinen wachen

Du wirst verrückt sein beim Gedanken an das Glück
Du wirst das Geäst der Sonne in die Arme nehmen

Ich vernehme nun die Stimme

Alles was sie nicht sagte
Alles was ich nicht ahnen vermuten konnte

Ich höre den Rundtanz des Schweigens um mich

Du wirst verrückt sein beim Gedanken an das Unglück
Wie ein Graben in der Wüste

Wie ein Kranker verlassen
Weil er zuviel hoffte

Es wird dir vielleicht geschehen wie ein Toter zu sein
Lebend wirst du das Fressen der Würmer kennen

Bis zur Mitte der Fühllosigkeit
Bis zum erwünschten Schwinden alles Geheimen.

Bis dahin hatte er ohne Bosheit gelebt. Er wurde böse. Wenn er Lust hatte zu weinen, und er hatte fast immer Lust zu weinen, so fühlte er sich zufällig, lächerlich und absurd, er, der begründetem Leid bestimmt war. Dann überschüttete er *jene, die ihn liebten,* mit Zorn und Gemeinheiten. Er wollte nicht der Wenigergeliebte sein. Die hohen, grünenden, von Sonnenlicht erhellten Alleen waren für immer vergangen. So mußte er denn durch schwarze, schlüpfrige Gänge wandern.

Lied von der letzten Frist

Schwarz ist mein Name wenn ich erwache
Schwarz der Affe der mich verfolgt
Gesichter schneidet Manienmühle
Vor dem Spiegel meiner Nacht
Schwarz ist die Last meiner Verirrung
Ist meine kalte verweste Hälfte

Schwarz wo der Pfeil getroffen hat
Wo der Brand gewachsen ist
Schwarz der schöne Leib hingestreckt
Schwarz das reine Herz meiner Liebe
Schwarz die Wut mit weißen Haaren
Mit dem bösen triefenden Mund

Diese wahnsinnige Lust zu brüllen
Wird nicht weichen als mit meiner Stimme
Als an den Buchen meines Grabes
Wohin sie kommen werden zu weinen
Mitschuldige die meine Liebe billigten
Und meine Trauer feiern wollen

Ich war gemacht mit Händen gefügt
Ineinander verdoppelt von zwei in den meinen
Ich war gemacht ja mit zwei Augen
Die sich zum Sehen der meinen bedienten
Doch heute fühle ich mein Gebein
In der vollkommenen Kälte brechen

Ich fühle wie die Welt verschwindet
Nichts bleibt mehr da von unserem Lachen
Von unseren Nächten unseren Träumen
Und kohlefarben ist der Tau
Ich weinte zuviel leer ist die Schale
In der wir doch nur zwei sein konnten

Tretet zurück von meinem Schmerz
Er kommt gerade aus dem Staub
Er leugnet leugnet alle Opfer
Der Tod ist niemals tugendhaft
Tretet zurück wenn ihr noch Lust
Zu leben habt ohne zu sterben

Unter den Lidern ausgedörrt
Und in dem Schlammsee eurer Lust
Entstünde sonst schwarz eine Null
Null klein und wachsend riesenhaft
Die fähig ist das Oberste
Im Menschen zu erobern

Schwarz bin ich Ihr — seid leuchtender.

Er ging einmal so weit, *jenen, die ihn liebten,* zu wünschen, sie möchten ihrerseits ein Unglück erleiden. Er rächte sich an seiner Existenz. Und er war beinahe glücklich, sich so tief zu hassen.
Er brannte, und seine Asche bewahrte ihn vor Schwindel. Die Nacht erschien ihm als eine Fälschung des Todes. Er legte sich in sie nieder, liebkoste sich, verdarb sich selbst.
Jene, die ihn liebten, verbanden ihr Haar, nicht ihren Geist seinem Wahnsinn. Aber er lastete auf ihrem Mund mit kalten Küssen, stellte ihnen ein leeres Gefäß entgegen, eine zwerghafte Zärtlichkeit, eine Großsprecherei ohne Grenzen, ein Selbstmordversprechen. Und seine Kraft verzehrte sich. Was sollte er auch tun, da doch das festeste Band, das ihn am Leben hielt, zerrissen war?

Für eine Tote gesagt

Es ist Mittag für immer ganz allein auf Erden
Auf der Fläche der Stadt und im geordneten Leben
Wiedererzeugend jede Sekunde
In einer Zeit die nicht weitergeht

Mittag gegen meine Einsamkeit
Mittag auf den ich mich stütze
Überm offnen geschlossenen Himmel
Über der Wüste und über der Stadt

Mittag und wir treten ein in die Bahn des Unendlichen
Du breitest deinen Schatten und dein Licht über mein
Fleisch
Wie ein Öl ohne Grund wie genauer Weingeist
Und die magnetische Nadel zeigt nichts an

Und das Abenteuer des Lebens und das Abenteuer des
Todes
Sind mittags an mich genagelt im Vergänglichen
Ein Abenteuer des Irrtums und ich leere mich
Wie ein Kind das stirbt im Moment der Geburt.

Wie ein schwaches Tier zweifelte er an der Aufrichtigkeit *derer, die ihn liebten.* Rinnendes Blut kennt nicht Glauben noch Gesetz noch seinesgleichen. Sein Blut hatte um Mittag gestockt am 28. November 1946, an einem Donnerstag, dieses Blut, das ihm eine Kaskade aus Gold zu sein schien. Wie hätte er noch gute Augen haben können, da die Augen und Lider, die über seinen Tagen standen, sich aufgelöst hatten.

Jene, die ihn liebten, versuchten, den Baum neu zu pflanzen. Sie genossen die Sonne, den Schlaf, das Wachen. Einer war Unschuld, und der andere hieß Hingabe. Nichts änderte sich unter ihren Augen, nichts erniedrigte sich, nichts herrschte.

Er dagegen träumte sich mitten in die Erde, mitten hinein in das Grauen, ins völlige Nichtsein mit seinem Herz, seiner Toten, und das Gespenst der Verneinung wurde ein lebendes Gespenst. Seine erste Liebe stand wieder auf und warf fleischliche Schleier über die endgültige Zerstörung.

Auf dem Wege ins Nichts

Betrachte verlangsamte Gesten
Eines Mannes ganz im Tal
Deines leeren Leibes deines vollen Herzens

Das nackte Mädchen
Ungewisse Hälfte des Paares des Echo
Erwidert der Morgendämmerung dem Gras dem Baum
Meiner Jugend dem Lied unserer Kindheit
Dem Speichel der Sehnsucht der meinen Gaumen
tränkt
Meinem wirklichen Blick durchflutet von Licht

Betrachte und zeige dich in deinem Vergangenen
Wie ein Stern du die im Vogel singt
Bis heute abend
Die Schatten seines Flugs und die Blüten des Gefieders
Zur Erde kehren jungfräulich und verderblich
Wir in den Schatten eintreten werden

Unsere Zukunft ist vergessen
Durch den Tod lebte ich ohne Morgen
Ich schaue das nackte Mädchen
Ohne den Nachteil der Rüstung
Die entblößte Frau in offener Nacht
Und die Mutter gezeugt ausgelöscht ohne Hoffnung
Wer beruhigt wer erregt mich du
Wer denn ist stark wer denn schwach
Unter meinen Lidern wenn ich schlafe

Wenn nicht du die nicht mehr ist und über mich
kommt.

Er gefiel sich plötzlich in Allgemeinheiten, in spitzfindigen Entschuldigungen für seine Feigheit: »Ich habe einen Schlag auf den Kopf bekommen — Ich wünsche meinem schlimmsten Feind keinen solchen moralischen Schmerz — Wie kann man an den Tod glauben?« Als spräche er objektiv, er, der doch nur nutzlos sprach.
Er setzte hinzu, und nahm seinen heimlichen Himmel für eine Laterne, daß von seinem Leben nichts bleiben würde als das, was er von ihm hätte sagen wollen.
Jene, die ihn liebten, nahmen diese kindische Ausflucht nicht an.
Jene, die ihn liebten: der eine war die Weisheit, der andere die Schönheit. Sie wünschten doppelte Sehnsucht, vollkommenes Echo, gemeinsame Vernunft. Denn jene, die der Liebe vertrauen, haben gegen jeden Schmerz eine grenzenlose Abneigung. Sie wandten sich gegen alle Formen seiner Qual. Sie waren da und reichten seinem vergangenen, seinem künftigen Glück die Hand, selbst als er sich weigerte, irgendeine Hoffnung auf Glück zuzugeben.

Beharrlich waren sie da, mütterlich, um sein Leben zu bewahren. Die Berge, die Ebenen, die Wälder, die Städte vereinfachten sie in der fühlenden Luft. Ihresgleichen war ihre Wiege und die Liebe ihre einzige Wissenschaft. Sie kannten die Worte, die man gegen das Schweigen anwenden muß. Sie gaben von ihrem Hunger, ihrem Brot und ihren Küssen und

Liebkosungen, ihrer reinen Stirn und ihrer Gewißheit. Indem sie alles teilten, vereinten sie alles. Ihre Liebe hätte nur den Gleichgültigen allein lassen können, der sich selbst begrenzt, nur jenen, der sich dem Staub unterwirft. *Jene, die ihn liebten,* kämpften gegen die Müdigkeit, aber wie oft waren sie nahe daran nachzugeben! Und dabei regelten sie die Zeit auf natürliche Weise, die Zeit, die vergeht und wiederkehrt. Sie verbrauchten ihre Mittel nicht, sie fuhren fort, neu und alt zu sein. Und die Tage und Nächte waren für sie eins. Und ihre Lippen küßten purpurne Lippen mit ihren Lippen — die mächtigste Schwinge, die sich erhebt. Sie waren zwei, sie vervielfachten sich. Sie zogen eine Straße.

Und weil kein Schmerz unbesiegbar ist, kam ein Geständnis unter ihren Liebkosungen. Ein getreues Abbild erleuchtete das Zimmer der Liebenden und das Bildnis der Toten.

Bildnis

Mit zwölf Preisungen gestehe ich deine Anmut
Jene des Essens zuvor und des Trinkens
Jene des Träumens dann über dein Schicksal
Unordnung die stets zu Günstigem führt

Lächeln nimmt Form an im Grund deines Fleisches
Gleich einem Luftzug in der Tiefe des Schachtes
Und deine Erinnerungen sind weiße Liebkosungen
Und du lächelst dir zu und du liebkost dich

Du bist dein Kind und du spielst Mutter
Und du fassest dich um Liebe zu spielen
Träumst dich allein und du siehst dich doppelt
In einem Spiegel zwei Münder in einem

Schönheit o Güte schmucklos und kindlich
Leuchten und Wärme sehend und sichtbar
Wer dich lieben will entsteht im Tau
Die Erde wächst in der Milch des Himmels

Hebst deine Brüste dem Herz der andern entgegen
Deine helle Brust ist ohne eine Wolke
Du bist ohne Stolz und ohne Demut
Und die Wahrheit steigt aus deinem nackten Leib

Zwölfte Preisung deine Wahrheit lebt
Und lehrt mich leben und Hoffnung zeugen
Du bist sehr geduldig wir werden weit gehen
Hoffnung ist ein Stier der den Acker umbricht

Und ist eine Fackel die den Blick verändert.

Der drohende Winter konnte wohl mit seinen Gelenken krachen und der Zweifel an der Liebe im Frost Gräber ausheben — man fand zurück ins verlorene Fleisch und Blut, in die Zeiten des Glücks.

So laßt mich denn sprechen von dem was mir leben hilft
Von meinem ungeheuren Anlaß zu leben
Nach tiefster Verlassenheit

So groß dieser Anlaß daß er Wollust ist
Die Hoffnung so groß daß sie meine Stirn öffnete
Meine gleichgültige zerstoßene Stirn vom Aussatz zerfressen

Der Ausgang des ewigen Schauspiels und die Berührung
Von Dingen die nicht ich sind
Grund zum Aufmerken und Grund zum Lächeln

Ich bin und bin nicht im Nebel
Wie man glaubt doch im Schnee und im Sommer
Habe ich einen Leib und der Leib der anderen hat sein
Gewicht

Ich bin wirklich alles ist wirklich und wenn meine Trauer
Das Wirkliche angreift mit schweren Hammerschlägen
Ich lebe ich bin alt alles verdirbt ich bin neu

Das Gedächtnis das mich schmerzt
Ist von Stützen getragen purpurn wie das Eisen im Feuer
Wie die Rose in der roten Sonne meines Schmerzes.

Zuerst ein Leib bereit zur Liebkosung
Und dann ein überraschender Kuß

Zuerst ein Leib der nicht einnimmt
Den Platz des verschwundenen Leibes
Ein Leib ganz zu Ehren
Des vollen Lebens aus zartem Fleisch

In den Wolken und Wogen
Dieser Welt in der sich der Himmel rührt
Ein Leib über alle Gipfel hin
Und dabei neben mir liegend

In der Waage der Zärtlichkeiten
In meiner Umarmung so dunkel wie nur möglich
Wird dieser Leib mich leben lehren
Da ich verlor den den ich liebe

Die Wahrheit ist durchsichtig
Meine Hände könnten sich der Welt vereinen
Doch ich berechne meinen Wahnsinn
Ich weiß die Kunst aus Pflicht zu lachen

Nackte Brüste werdet ihr mich die Morgenröte
lehren
Tugend vermählt meinem Erwachen
Mit den Tränen des Glücks
Um mir alle Lichtungen zu erschließen

Dieser Leib gehöhlt aus feuchtem Gras
Ist er der Sklave der Vögel
Oder seiner selbst ich bin von ihm trunken
Ist er der Herr der Jahreszeiten

Dieser Leib lau vom Juli
Oder vom Dezember kalt
Bricht eine Lanze für den Glauben
Dieser schwache gefällige Leib

Gefällt mir und ich weiß auswendig
Er besitzt eine leuchtende Anmut
Lebendiger als ein Rad aus Federn
Träger als Leben und Sterben.

Zuvielwissen lyrisches Wissen
Wollust des Sichentkleidens
Zeig deine Brüste und deine Lust
Zeig deine schweigenden Augen

Gleichgültige Erraterin
Weise kennst du mein Leiden
Und dein Mund spricht es nicht aus
Er wechselt stets seine Bilder

Und läßt nur seine Küsse
Wachsen um das All zu erleichtern

Ich flehe dich an über meine wirren Nächte
Wirf die Brücke deiner Blicke.

Und mit Hilfe der Sinne erwachte allmählich wieder die Solidarität. Ein Freund, eine Freundin, und die Welt beginnt von neuem, und der unförmige Stoff wird Körper. Eine gerade Linie ging durch alle Brüste. Von neuem ähneln sich die Menschen, und der Unglückliche erholte sich an ihrem Lächeln, einem Lächeln, das vielleicht um ein geringes weniger freundlich war als zuvor, aber dafür richtiger, besser. Er erholte sich bei der Vorstellung, was seine Brüder sein könnten, wenn sie ihre Einsamkeit zerstörten. Er vernahm den Donner des Gesanges, der aus der gedrängten Masse emporstieg. Er schämte sich nicht mehr.

Jener, die ihn liebten, war Legion. Sie tranken an den Quellen, sie arbeiteten gegen die Bemühung, die sich im Schatten verlor. Der Schmerz war überwunden, der Baum stieg aus der Erde empor, seine Früchte würden reifen und alle von ihnen genährt werden.

In was mengten sich da eigentlich die Moralprediger ein? Ein Mann ward seinesgleichen wiedergegeben, ein rechtmäßiger Bruder.

So laßt mich denn sprechen von dem was mir leben hilft
Ich gebe Hoffnung den Menschen die müde sind
Trotz den kräftigen Freuden der Liebe

Sie lieben das ist eine Krone
Sie arbeiten für die die sie lieben
Das ist eine Last aus Liebkosungen

Aber sie arbeiten auch für euch

Alle Ekstasen der Liebe
Widerrufen nicht diese Müdigkeit

Die aus dem Zuviel kommt an Arbeit
Für euch die ihr nichts zu tun habt

Ich klage die Ungerechtigkeit an
Und ich reiße die Dornen aus
Ich will die Falten der Sorge glätten

Ich spreche und die Tür öffnet sich

So laßt mich denn sprechen von dem was mir leben hilft
Meine Sehnsucht nach Frische hat das Fieber verzehrt
Schnee unter der Sonne ich ward von einer Frau geboren
Manchmal habe ich ihre Kraft
Der Golf ihres Leibes macht die Menschen frei

Leben ist teilnehmen ich hasse die Einsamkeit
Die Bande des Todes halten mich noch
Ich küsse wahrhaftig niemanden wie einst
Das Brot war ein Zeichen der Glückseligkeit
Das gute Brot das unsern Kuß heißer macht

Das einzig mögliche Obdach ist die ganze Welt
Heute leben ist für mich auf Rätsel Antwort geben
Und den blinden Schmerz der Geburt leugnen
Ständig umsonst glanzloser Stern
Leben ist sich verlieren um die Menschen zu finden

Daß die Blässe des Stroms den Bach übertreffe
Augen herrlich die Dinge am rechten Platz sehen
Ausgelöscht sei das Elend und die Blicke geordnet
Ordnung wachsend von Korn zu Blüte und Baum
Baugerüst das lebendig das All aufrecht hält

Kind das von Mensch zu Mensch sich lachend
verjüngt.

Athena

Griechenvolk Königsvolk verzweifeltes Volk
Du hast nichts mehr zu verlieren als die Freiheit
Als die Liebe zur Freiheit zur Gerechtigkeit
Und die unendliche Achtung vor dir selbst

Königsvolk du bist nicht vom Sterben bedroht
Du gleichst deiner Liebe du bist ohne Falsch
Und dein Leib und dein Herz hungern nach Ewigkeit
Königsvolk du glaubtest daß das Brot dir zukäme

Und daß man dir ehrlich Waffen reichen würde
Deine Ehre zu retten dein Gesetz neu zu errichten
Verzweifeltes Volk vertrau nur deinen Waffen
Man gab sie aus Barmherzigkeit mach aus ihnen Hoffnung

Wirf diese Hoffnung dem schwarzen Leuchten entgegen
Dem Tod ohne Mitleid der bei dir keinen Halt hat
Verzweifeltes Volk doch Volk der Heroen
Hungerleidervolk hungrig nach seiner Heimat

Klein und groß nach dem Maß seiner Zeit
Griechenvolk ewig Herr seiner Sehnsucht
Das Fleisch und Ideal des vermählten Fleisches
Die natürlichen Wünsche die Freiheit das Brot

Die Freiheit gleich dem Meer in der Sonne
Das Brot gleich den Göttern Brot das Menschen vereint
Das wirkliche leuchtende Glück stärker als alles
Stärker als Schmerz und unsere Feinde.

9. Dezember 1944

In Spanien

Gibt es in Spanien einen Baum von Blut gefärbt
So ist es der Baum der Freiheit

Gibt es in Spanien einen geschwätzigen Mund
So spricht er von Freiheit

Gibt es in Spanien ein Glas reinen Weins
So wird das Volk aus ihm trinken.

In meinem schönen Viertel

Die Tore der Nacht öffnen – ebensogut könnte man davon träumen, die Tore des Meeres zu öffnen. Die Fluten würden den Verwegenen auslöschen.

Auf der Seite des Menschen aber öffnen sich die Tore ganz weit. Sein Blut strömt mit seinem Leid dahin, und sein Mut zu leben, dem Elend zum Trotz, gegen das Elend, funkelt wunderzeugend auf dem schmutzigen Pflaster.

Zwischen Barbès und la Villette zu wohnen, ist kein Traum. Ich habe mich darüber nie beklagt. Um mich zu langweilen, ging ich anderwärtshin, und meine Sehnsucht kannte dann übrigens keine Grenzen mehr. Hatte ich wirklich nötig, mich zu langweilen? Mußte ich wirklich zu den Inseln gehen mit der geheimen Hoffnung, dort geduldig den Tod zu erwarten? Ich stellte mir das vor, weil ich die Augen vor mir selber schloß. Meine Jugend machte mir ein wenig Angst.

In meinem schönen Viertel zwischen Barbès und la Villette ist es ehrenhaft zu leben. Und das Glück könnte überall seinen Platz finden. Das einzige Hindernis ist die Zeit, die Zeit des Sterbens. Wird man vor der völligen Nacht, in der heimlichen Nacht sehen, wird man Zeit haben zu sehen, sich zu erleuchten?

In meinem schönen Viertel erwerben Menschen unaufhörlich das Recht auf Ordnung ihrer Angelegenheiten – und ordnen sie nicht, das Recht auf Schönheit – und wenn sie sich im Spiegel erblicken, zucken sie die Achseln, das Recht auf Strafe und Verzeihung, das Recht auf Ruhe, das Recht zu lieben und geliebt zu werden, denn alles das haben sie verdient. Sie wissen, daß ihre Straßen keine Sackgassen sind, und sie strecken verzweifelt die Hand aus, um sich mit allen ihresgleichen zu vereinen.

In meinem schönen Viertel heißt Widerstand Liebe, Leben. Die Frau, das Kind sind Kostbarkeiten. Und das Schicksal ist ein Vagabund, dessen Lumpen, Ungeziefer und habgierige Dummheit man im hellen Licht des Tages verbrennen wird.

Von der Kraft der Liebe

Unter all meinen Ängsten zwischen dem Tod und mir
Zwischen meiner Verzweiflung und dem Lebensgrund
Gibt es das Unrecht und jenes Unglück der Menschen
Das ich nicht zulassen kann gibt es meinen Zorn

Gibt es die Maquis von der Farbe des Blutes Spaniens
Gibt es die Maquis von der Farbe des Himmels
        Griechenlands
Brot Blut Himmel und das Recht auf Hoffnung
Für alle Unschuldigen die das Böse hassen

Das Licht ist immer nah dem Erlöschen
Das Leben bereitet sich Fäulnis zu werden
Doch der Frühling wird endlos wiedergeboren
Eine Knospe wächst aus Dunkel Wärme läßt sich nieder

Und die Wärme wird über die Eigensüchtigen siegen
Ihre tauben Sinne werden nicht widerstehen
Ich höre das Feuer reden lachend vor Lauheit
Ich höre einen Menschen sagen daß er nicht gelitten

Du die meines Seins fühlend Gewissen gewesen
Du die ich für immer liebe du die mich schuf
Du ertrugst nicht Unterdrückung Beleidigung
Du sangst und träumtest vom Glück auf Erden

Du träumtest frei zu sein und ich setze dich fort.

13. April 1947

Tage unter Tagen
Menschen unter Menschen

Bringt alles Lebendige zu ihrem Grab
Nicht allein Blumen sondern auch eure Hoffnung
Alles was lebt im Lichte der Hoffnung
Eure Hände euer Fleisch euern Blick auf die Welt
Ungeheuer ohne Reue ohne Klagen unschuldig
Euer Herz das nah einem anderen schlägt
Bringt all das herbei zu dieser Verneinung
Die ein Grab ist o Erinnerung Tochter des Lebens

Wir kennen nicht den Todeskult
Wir hassen den Tod wir brauchen wenig
Um das Leben zu bejahen selbst wenn es schwer ist
Unter allen Himmeln hat der Tod wenig Sinn
Sie waren wie wir lauschen wir dem Vergangnen
Es ist in uns sie leben in unsrer Hoffnung
Sie hatten einfach die Kraft zu kämpfen
Um zu leben und wir wir kämpfen

Um ihr Leben in uns zu erhalten gegen den Tod.

Spanien

Die schönsten Augen der Welt
Haben zu singen begonnen
Daß sie weiter sehen möchten
Als bis zu Gefängnismauern
Über die Lider hinaus
Verwundet von Leid

Die Stäbe des Käfigs
Singen die Freiheit
Melodie die ins Weite zieht
Auf den Straßen der Menschen
Unter einer wilden Sonne
Einer großen gewittrigen Sonne

Leben verloren wiedergefunden
Nacht und Tag des Lebens
Verbannte Gefangene
Ihr nährt im Schatten
Ein Feuer das die Dämmerung trägt
Die Frische den Tau

Den Sieg

Und die Freude des Sieges.

Vencer Juntos

Hier ist das Leben begrenzt
Von jener Linie aus schwarzem Blut
Die uns abtrennt
Von Gräbern und Gefängnissen

Hier sind wir erniedrigt
Vom Leiden Spaniens
Hier ist das Leben bedroht
Von der Grenze Spaniens

Doch wenn erst Spanien Sieg ruft
Und unser Blut zu Fleisch wird
Vereint glückliche Wirklichkeit
Wird Frankreich siegreich sein.

Dem Gedächtnis von Paul Vaillant-Couturier

Ich wohne im Viertel de la Chapelle
Und die Zeitung meiner Straßengruppe heißt
Hier sprechen die Freunde der Straße
Man verkauft sie nicht man verteilt sie
Sie kostet uns nichts als ein kleines Stück unserer Zeit

Und mein Herz ist mit den Freunden der Straße
Sie sprechen zu mir sie ermutigen mich
Dazu ein Mann der Straße zu sein
Vervielfacht von Freundschaft vom Wunsch
Gemeinsam zu sein um stark zu sein

In meiner Straße haben die Passanten die gleichen Sorgen
Und die gleiche Hoffnung auf ein bißchen weniger
Ungemach
Gleiche Liebe auch mein Herz ist mit ihnen
Mein Herz ist ganz in ihrem unschuldigen Herzen
Ich weiß es ich spreche für sie

Sie sprechen für mich unsere Worte sind die gleichen
Unsere Straße führt zu anderen Straßen und Menschen
Zu anderen Zeiten und zu deiner Zeit hin
Paul Vaillant-Couturier der du uns glichst
Der du bei unsrem Namen schwurest und bei dessen
Namen wir schwören

Daß eines Tages das Leben schöner sein wird.

»Die Dichtung muß die praktische Wahrheit zum Ziel haben«

Meinen anspruchsvollen Freunden

Wenn ich euch sage daß die Sonne im Wald
Wie ein Leib ist der sich in einem Bett hingibt
Glaubt ihr mir billigt ihr all meine Wünsche

Wenn ich euch sage daß der Kristall eines Regentags
Stets in der Trägheit der Liebe tönt
Glaubt ihr mir dehnt ihr die Zeit des Liebens

Wenn ich euch sage daß in den Zweigen meines Bettes
Ein Vogel sein Nest baut der niemals ja sagt
Glaubt ihr mir teilt ihr meine Unruhe

Wenn ich euch sage daß im Innern einer Quelle
Der Schlüssel eines Flusses rollt zum Öffnen der Pflanzen
Glaubt ihr mir oder noch mehr ihr begreift mich

Doch wenn ich ohne Umschweife meine Straße singe
Und mein ganzes Land wie eine endlose Straße
Glaubt ihr mir nicht mehr geht ihr in die Wüste

Denn ziellos geht ihr wißt nicht daß die Menschen
Vereint sein und hoffen und kämpfen müssen
Um die Welt zu erklären und sie zu verändern

Mit einem Schritt meines Herzens nehm ich euch mit
Ich bin ohne Kraft ich lebte ich lebe noch
Doch ich wundre mich daß ich rede um euch zu entzücken
Da ich euch doch befreien will um euch zu verbinden
Der Alge sowohl und dem Schilf des Morgens
Als auch unsern Brüdern die ihr Leuchten errichten.

Nach so vielen Jahren

Nach so vielen Jahren in Leid verbracht
So vielen Staub-Jahren beharrlicher als
Licht-Jahre einem verschwundnen Gestirn zu
Finden wieder wir Elend um uns so billig
Wie Nichts und Nichts ist kein Wort für uns

Unser Kampf unsre Arbeit ist alles umsonst
Schläft Verzweiflung schon in unserem Bett
Wir träumten Gesundheit Jugend zu küssen
Auf Mund und Stirn wir träumen es noch
Wie ein Kind wird unser Leben sich ändern

Wir verzweifelten nicht wir leben weiter
Härter dunkler war alles als je
Doch die Nacht hat sich nicht unserm Blut beigemengt
Ein Schritt noch zusammen der Wildpfad bricht ab
Unser Eigen unsre Straße liegen offen vor uns.

Griechenland voran

Das griechische Volk ist kein nachgiebiges Volk
Das Feuer das ihr auf es eröffnet ist sein Sieg
Die kleinsten Leute in diesem Land sind verrückt
Vor Freiheit vor Vernunft verrückt vor Kraft

Solange menschliche Größe ist haben sie Hände
Um sich gegen Fäuste zu stemmen Füße gegen Klauen
Dem Krieg stellen sie Mutter Gerechtigkeit entgegen
Und Notwendigkeit belehrt und führt sie

Griechenland ist ein Land ohne Schlupfwinkel für
Ratten
Die Pest hat dort keine geheiligten Gräber
Leben flöst nicht Furcht ein der Tod wirft keinen
Schatten
Für sein Recht kämpfen nimmt der Nacht die Dauer

Auf diesem Gipfel der Erde im Herzen des Lichts
Schließt das ganze Volk ein riesiges Tor auf
Dem waffenlosen Frieden und dort ists da sterben
Die Barbaren dort ists da ihr Blut trocknen wird

Im großen Seewind Blüte der Brüderlichkeit.

Heute

Die Bäckerei ist nicht aus Weißbrot gemacht
Sowenig wie die Straße sich dem Sonnenlicht öffnet
Die kleinsten Kneipen
Erlauben sich sehr selten den Genuß eines Betrunkenen
Sie haben schlechte Zähne
Und schlechte Manieren trotz ihrer Überschüsse

Graue Straße entgoldete Bäckerei kalte Cafés
Bittere Münder verschlossene Stirnen
Und drei Passanten die es eilig haben nach Hause zu
kommen
Welch ein Zuhause ich bin dagewesen
Und kenne es dunkel schauerlich
Wir wohnen allerdings schlecht

Graue Straße die Tugend trinkt sich dort wie ein Glas
Brackwasser
Das Glück hat in meiner Straße nicht Fuß gefaßt
Graue Straße graue Ader an einem kranken Arm
Man trinkt da ißt geht umher sowenig wie möglich
Man lebt dort unter Ruß und der Langeweile des Lebens

Nebel der Straße Idee der Straße Idee des Nichts
Wo die Lastwagen immerhin von Zeit zu Zeit einen
Radfahrer ein Kind überfahren
Und es ist ein Ereignis Blut auf dem Pflaster zu sehen
Im Schmutz die Veränderung eines lebenden Wesens zu
sehen
Es neu grünen zu sehen ehe es welkt

Die Sonne ich will nichts behaupten ich habe nur davon
gesprochen
Sprechen ist wenig Wasser Gas Elektrizität
Und genug Essen wären leuchtender
Gebräunt sein von Sonne und essen wozu man Lust hat
Ich habe nicht einmal davon gesprochen

Dabei gab es welche die Gottes Ruhm sangen
Gab es welche die sich liebten nackt ohne Piedestal
Wo ist eigentlich die poetische Mauer des
Wohlergehens
Auf daß wir sie niederlegen
Und Fuß fassen mögen in dieser unmöglichen Welt
In der man stets mit dem Mund der anderen lächelt

Die Müdigkeit färbt uns blau und es ist nicht das Blau
des Himmels
Der Mai gibt uns Almosen
Weiße Lilien und Maiglöckchen spenden uns Almosen
Doch unsere Frau schwindet ins Blau
Sie die uns doch mit Leidenschaft liebte
Und wie man lieben muß mit hoher Klugheit

Wir waren an der Quelle und das Meer ist nicht weit
Ich weiß mögen wir alle wissen daß das Maß voll ist
Wir wollen nicht mehr frieren
In unserem Gebein und unsern Gedanken
Nehmen wir Farbe an gegen das Unglück Glück gegen
Unrecht
Alles ist ewig nichts ist ewig wir sind

Wir werden unsere unnütze Straße ausreißen
Und hintragen auf daß sie da bleibe
In den Wahn ins Heiligtum unserer Herren.

Dialog

Schön Erdachtes ist bedeckt von Schande
Goldene Erinnerung ist in Blei gefaßt
Herrliche Liebe wird aus dem Bett geschleudert
Edle Natur ist von Zwergen befleckt

Kommt seht das Blut in den Straßen.

Sind einige die wollen nicht
Daß die Sonne ein Messer
Und das Meer ein Gift sei
Zahlreich sind wir die leben wollen

Nichts, nicht einmal der Sieg
Wird die schreckliche Leere des Bluts füllen:
Nichts, nicht das Meer, noch die Schritte
Des Sandes und der Zeit
Noch die Geranie brennend
Über dem Grab.

Zu viele von uns verloren das Leben
Hoffend auf eine bessere Welt
Zu viele Unschuldige gewiß ihres Rechts
Ich lächle hin sie lächeln her

Ein Antlitz mit toten Augen bewacht das Dunkel,
Sein Schwert gebläht von irdischer Hoffnung.

Schwere des Sinns und Geschlechts
Gefäß aus zartem Stoff
Wir sind an einem einzigen Zweig
Blüten und Früchte um dem Baum zu dienen

Einzige Übung die Güte
Einzige Bewegung Vernunft
Mit ihren tausend und tausend Vögeln
Von Planet zu Planet getragen

Geliebte Söhne des Sieges, so oft gefallen,
Mit Händen, die man so oft auslöschte.

Immer das Wort Sieg o mein Herz ich vertraue
Bild der Bilder der Morgen vertagt sich
Aber er ist schon bei uns da wir doch von ihm
sprechen
Traum nächtliche Sonne hat das Gewicht des Immer

O ihr Mütter, durchbohrt von Entsetzen und Tod,
Schaut ihm, dem wiedergeborenen, dem edlen Tag ins Herz,
Und wisset, daß eure Toten unter der Erde lächeln,
Über die Weizenfelder ihre geballten Fäuste erheben.

Ich will die rote Fülle blühen machen
Des Himmels auf Erden und der Besitzergreifung
Haß ist allein nichts Liebe schreibt sich daneben
Wenn eins versagt entfärben beide sich

Mit diesen Augen hier, mit diesem Herz, das Ausschau hält,
Sah ich die hellen Kämpfer kommen, die Kämpfer-
Beherrscher
Der schlanken, harten, reifen, glühenden Brigade aus Stein.

Daß der hellste Mut die Sprache erleuchte
Mensch der bedrängt ist wird künftige Vollendung.

Die kursiv gesetzten Verse sind Gedichten von Pablo Neruda entnommen.

Straßburg XI. Kongreß

Für Jeanette Vermeersch

O Kongreß schlaues Wort unschuldiges Wort simples Wort
Da es sich doch um so viele Gesichter handelt lebendig
Und vermengt wie Körner für das nahrhafte Brot
Für das Korn das aus der liebenden Erde schießt

Hier bin ich und suche das Leben das Leben aller
Das mich hinwegtrösten wird über das Leben das ich erleide
Hier hab ich Gewißheit hier habe ich den Gewinn
Der Hoffnung auf Erden zu sein um Recht zu geben

Dem Tag der dem Menschen das Sein aller Menschen
verleiht.

Grabmal des Goran Kovatschitsch

Brüder wir sind die besten der Menschen
Das Leben wächst mit meinen Gedichten
Das Leben wächst mit unserer Mühe
Und alle gemeinsam sagen dem Tod wir Kampf an

Brüder auf Erden herrschte der Schmerz
Keine Güte verlieh uns Frieden
Keine Schönheit machte Erniedrigung wett
Wir wußten nichts von der Würde des Tages

Wir liebten uns ohne eigentlich zu wissen warum
Doch heute wissen wirs und seht da seid ihr
Vor meinen Versen unser Schicksal verging
Wie vor einem Leib von Freuden schwanger

Ich bin gerächt mein Sagen atmet
In eurer Stimme in euren reinen Augäpfeln
Ich habe gesiegt mein Traum ist befreit
Unsere Kinder werden den Sommer besitzen

Ohne die Lumpen des Winters zu tragen.

Der unmögliche Wunsch

Das Schicksal ließ mich das Unmenschliche sehn
Krone und Joch herrschen und Knechtschaft
Ich kenne das Schauspiel und den Verfasser

Vor meinen lauten Schritten ließ Nacht ihr Gewebe ruhn
Stolz Demut flogen hart am Boden hin
Verbrechen führte mich zu Quellen ohne Verzeihung

Ich sah in zarte Gesichter das rote Eisen
Unsinnige Furchen graben
Und geballte Fäuste Herrlichkeiten zerschmettern

Blut an den Tieren Blut an den Menschen
Eine Kelter ekelhaft und stinkender
Als die Henker selbst die dabei sauber adrett sind

Martyrium für Martyrium ich wähle die Langeweile
Die Einsamkeit trockenes Gras
Ich bin nicht Komplice der Opfer

Ich werde niemals das Spiel der Henker spielen
Ich werde ganz allein sein die Kette zerbrechen
Nicht mein Leben noch mein Tod werden den
Menschen herabwürdigen

Es ist nicht wahr ich kann nicht ich habe Brüder
Mit denen gemeinsam ich alles erreichen werde ich habe
begriffen daß es nicht wahr ist
Nehmt meine Hände Genossen ich bin euer.

Von erstem Mai zu erstem Mai

Als seien wir die Blätter des gleichen Baums
Werden wir versammelt vom erstickenden Wind
Elend dies ist die Nacht und Krieg die Sintflut
Vom Spiegel den man uns hinhält bleibt nichts als das Blei

Und das ist nicht seit gestern erst sondern seit je daß man wagt
Uns dem Nichts auszuliefern uns die wir uns verjüngen
An jedem guten Kuß wie an jedem Frühling
Die wir unser Licht aus der Zukunft schöpfen

Von einem schlecht hingebreiteten Himmel sind unsre Herren gezeichnet
Wir unsre Kraft ist nackt sie ist eins und die erste
Immer und für morgen auf Erden wir die Menschen
Wir werden nichts kennen als die Last des Glücks

Die leichte und sanfte Last der Knospen und Früchte.

In Warschau
der phantastischen Stadt

Wer nicht die Ruinen des Gettos gesehen hat
Weiß nicht das Geschick seines Leibes
Wenn Tod ihn feiert und daß sein Herz verdirbt
Wenn sein einziges Nichtsein Leere herführt

Für den der die Ruinen des Gettos sah
Sind die menschlichen Dinge unwiederholbar
Alles muß anders werden oder Tod läßt sich nieder
Tod ist zu schlagen oder die Wüste kommt

Hier steht es auf das Ungeheuer
Stolz aus dem Herzen des Menschen zu steigen
Des gefesselten Menschen des gebrochenen Menschen
Der nicht mehr klar sieht der nicht mehr denkt

Das tote Getto sein Schatten liegt unter dem Scheusal
Aber sein Mut floß aus gemeinsamen Lieben
Vergangenen Lieben die künftig neu aufstehn
Verschlungen blühend an Haupt und Wurzeln

Und unter dem lastenden Himmel von Warschau
Die Dauer der Schmerzen das besondere Leid
Lösen knüpfen einen Traum vom Glück
Hoffnung baut einen Regenbogen aus Straßen

Der Mensch in der Erde macht Platz dem Menschen
auf Erden.

Schwestern der Hoffnung

Schwestern der Hoffnung o tapfere Frauen
Gegen den Tod habt ihr ein Bündnis geschlossen
Die Tugenden der Liebe zu einen

O meine überlebenden Schwestern
Ihr setzt euer Leben ein
Auf daß das Leben triumphiere

Der Tag ist nah o meine Schwestern der Größe
Da wir lachen der Worte Krieg und Elend
Nichts wird mehr sein von dem was Schmerz war

Jedes Antlitz wird Anrecht auf Liebkosungen haben.

Tod Liebe Leben

Ich glaubte Tiefe Endloses brechen zu können
Durch mein ganz nacktes Leid allein und ohne Widerhall
Ich lag in meinem Zuchthaus mit jungfräulichen Türen
Wie ein vernünftiger Toter der zu sterben gewußt hatte
Ein Toter ungekrönt höchstens mit seinem Nichts
Ich streckte mich aus auf absurden Wogen
Von Gift ich nahms aus Liebe ein zur Asche
Alleinsein schien lebendiger mir als Blut

Ich wollte das Leben entzweien
Ich wollte den Tod mit dem Tode teilen
Mein Herz der Leere überlassen und die Leere dem Leben
Alles auslöschen daß nicht sei die Fensterscheibe noch darauf
der Hauch
Nichts vor mir nichts hinter mir nichts Ganzes
Ich hatte das Eisstück vereinter Hände getilgt
Ich hatte getilgt das winterliche Gerüst
Des Wunsches nach Leben der sich aufhebt.

Du kamst da loderte wieder das Feuer
Der Schatten wich die Kälte von unten bestirnte sich
Und die Erde bedeckte sich mit
Deinem hellen Fleisch und ich fühlte mich leicht
Du kamst die Einsamkeit war besiegt
Es führte mich jemand auf Erden ich wußte
Wohin ich ging ich wußte mich ohne Maß
Ich ging voran gewann Raum und Zeit

Ich ging auf dich zu endlos dem Licht entgegen
Das Leben besaß einen Leib Hoffnung hißte ihr Segel
Der Schlaf war von Träumen durchströmt und die Nacht
Versprach der Frühe vertrauende Blicke
Die Strahlen deiner Arme durchbrachen den Nebel

Dein Mund war feucht vom ersten Tau
Erschöpfung wich nun entzückter Ruhe
Und ich liebte die Liebe wie damals zu Anfang.

Die Felder sind gepflügt die Fabriken leuchten
Und das Korn baut sein Nest in einer riesigen Woge
Die Ernte die Kelter haben zahllose Zeugen
Nichts ist einfach nichts einzigartig
Das Meer ist in den Blicken des Himmels oder der Nacht
Der Wald gibt den Bäumen Sicherheit
Und die Mauern der Häuser haben eine gemeinsame Haut
Und die Straßen kreuzen sich immer

Die Menschen sind gemacht um einig zu sein
Einander zu verstehn einander zu lieben
Haben Kinder die Väter von Menschen werden
Haben Kinder ohne Haus noch Herd
Die das Feuer wiederfinden werden
Die die Menschen wiederfinden werden
Und die Natur und ihre Heimat
Die aller Menschen
Die aller Zeiten.

Botschaft an die Jugend des Berliner Treffens

... und an Stephan Hermlin

Ist auch der Himmel sanft, die Erde uns verbündet,
Des Sommers Ruhm, Krieg überstrahlend, angezündet,
Bricht einer Insel gleich aus weitem Flutenschoß
Von Krieg und Unglück doch ein Schluchzen, echolos.

Für keine Sache leben, oder unter Bürden,
Vor denen Märtyrer von einst erbleichen würden.
Ihr Holzstoß ähnelt eines Greisen Sterbesitz
Verglichen mit der Schreckensflamme des Profits.

Krieg Vietnam, Griechenland, Korea unerhört,
Krieg jedem Opfer, überall, das sich empört.
Umsonst — zu viele sind dem Leben zugetan,
Als daß es enden könnt in Asche, Blut und Wahn.

Die ganze Welt wird eine neue Welt nun und
Der Mensch ist ihre Flamme und ihr tiefster Grund,
Aus dem Vernunft und Glück hervorzugehen sucht
Wie aus dem Traum die Tat und aus Blüten die Frucht.

Ich hör ein Lachen wie die Wildflut ohne Enden,
Drin wohnt ein Herz, das Finsternis verneint und Tod,
Ich höre Liebesworte, die die Zeiten wenden.
Zum Kind den Menschen machen, Nacht zum Morgenrot.
Sind's nicht die gleichen immer, die die Worte spenden?
Ich höre alter Hoffnung Singen. Sie wird jung.
Sie lebt von Künftigem, nicht von Erinnerung.

Ich grüße euch, Genossen aus den Widerständen,
Die ihr heute für morgen und für immer schwört,
Daß Frieden und Gerechtigkeit uns bald gehört.

1951

Louis Aragon

Hölderlin

Nicht werde ich dich nachahmen in deinem Wort
o
Dichter verbrannt deine inneren Wälder
Lange entzündeter Brand in den weht
Der nicht endende Wind der Geschichte
Nicht werde ich dich in die Arme nehmen wie das Feuer
Das man erstickt
Nicht dich schlagen mit Worten
Die den Funken nicht löschen sondern entfachen
Und den Schmerz
Ich ruf dich zu Hilfe im dichten Unterholz des Jahrhunderts
Gib mir lange die Hand um der Stille zu lauschen

Jenseits der Rede hoch jenseits dunkler
Vorahnungen
In dieser tiefen Nacht wo bei jedem Flüstern
Seele erwacht oder wie immer du nennst
Diese Flamme die den Menschen verändert
Diesen umgekehrten ständigen Abgrund

Wie du schweigend verharrst wie
Du herrlich schweigst bis
In die gesagten Dinge hinein die ausgesuchten getrennten
entfernten die
Zu Papier unter tausend
Vorsichtsmaßregeln gebrachten Dinge gestirnt mit
leeren Stellen
Diesem in dir nächtlichen Himmel an dem

unter den schlafenden Herden
Einzig die Hirten leuchten
Aufrecht lautlos wäre da nicht das irre Pendel des Herzens
Und dieses schwarze Gedicht das mehr durch die Räume
zwischen den
Sternen spricht als durch ihren
Glanz

Glücklich wer sich am Ende seiner selbst
In den Schlund der Lava stürzt nachdem er
Stunde gewählt
Und Ort die ungeheure Landschaft des Endens
Aber du brachtest dich nicht selber dem Ätna zum Opfer
Hölderlin
Glücklich wer seine Liebe
Nicht um eine Minute
Überlebte
Glücklich
Der entmastete entgliederte aus den Fugen gegangene Leib
Der seine Liebe nicht noch sich selbst überlebte
Und die Zeit dir gewährt für dein Gesicht
In den Spiegeln oder im Teich
Reißt entzwei unter einem
Schwerthieb mit dem
Graden Riß von Seide durch den das Licht
Jäh brutal den jungen Mörderarm streckt
Nicht unter dem was gesagt wird zwischen
Sichauskennen und Unvernunft
Zwischen Sein und Nichtsein
Sondern Leben und seinem Gefängnis

Nicht zu dir rede ich begeistertes Kind
Sondern zum andern den man in einen Turm über dem
Neckar brachte
In einem Alter da Apollinaire starb und ebenso Majakowski
Ich rede zum andern über dem Neckar für die zweite
Hälfte des Lebens
Und niemand weiß ob man dir

Um sie wiederzulesen Tag
Um Tag gelassen hatte
Diotimas Briefe

Ich rede zu ihm dir Mann des langen Vergehens
Zu dir ihm der hier bleiben wird siebenunddreißig Jahre
Zu ihm dem der Tod so gut leben bedeutet
Wie sterben das Leben
Ich liebe deine schrecklichen Bildnisse nach dem Blitzschlag
Du der zum Eichenerweichen sang
Die Zerstörungen des Alters
Und dieses Antlitz durch das von nun an unverständlich wird
Die hohe vergangne Liebe die man doch niemals
Von dir abtrennen kann deine Legende
Du bist es er ists den ich betrachte
Und jede Falte am Mund und jede Runzel neben den Augen
Diese schrägen Wunden der Dauer
Ich bins den ich betrachte in ihm um besser
Mich wiederzufinden und wie kommt es
Daß ich mich wandle in dich ihn allmählich
Sieh einer doch Sie beginnen wieder Spiele von einst Ihre Reime
Die man manchmal laufen hörte auf der alexandrinischen
Treppe

Gott der Unterwelt endlich lange ich an am Ufer
Des Schicksals Drei Jahre vielleicht noch und wir
Beide sind quitt mit der Welt mit der
Gleichen Punktzahl
Ich möcht diese Straße nicht weitergehn ohne dich
Mit wem denn weiter diese Geheimnisse niemandes teilen

Dein Turm wär mir verschlossen und der Neckar umsonst
Strömte in der Entfernung
Nichts hätt ich mehr wo ich entsinnen mich wo ich verlieren mich könnte

Keiner außer dir kennt die schwarze Schönheit des Wartens
Auf nichts
Zu wem reden die reine Sprache
Des Verzweifelns
Erlernt weil man allzusehr Hoffnung erprobte
Wir sind beide Gefangene ohne Gefängnis
Nicht werde ich dich besuchen lassen
Das meine
Der Brand beginnt zu erlöschen Die jungen Leute
Scharren gedankenlos in der glühenden Asche

Jetzt ist alles klar was verschleiert lag
Und deutlich beim Treff daß nie jemand kommen wird
Meine Kraft ist in diesem Wissen in dieser Gewißheit
mein Sieg
Mit eigenen Händen mußte ich mich zerreißen um
Dies mit Sicherheit sagen zu können
Und seht
Es gibt keine Tränen ob dieser Freude und in der heftigen
Kehle nicht einen Schrei

Ich habe das Glück verlassen Es setzte sich
Anderswo hin Es wartet
wie ein kleiner Junge zum erstenmal
auf der Schulbank
Es wartet auf den unbekannten Christophorus neben den
Brunnen damit er
Auf seiner Schulter es trüge
Der mächtigen Schritts wird durchqueren den Fluß

Mir ist kein Gehör geblieben als das für das Schluchzen
das von überallher zu mir dringt
So war ich denn für dieses grenzenlose Mitleid gemacht
Leute ihr überall nichts Schlimmeres kenn ich
Als einen Baum den der Sturm gebrochen
Heut ist
Die Welt von Geäst bedeckt
Die Nester

Stürzten
Wozu meine Stimme wenn ihr mit Trommeln sie zudeckt
Und nicht immer liegen im Blut die Märtyrer
Der braucht nicht den Finger in ihre Wunde zu legen
Wer nicht die eigene zeigt
Er weiß
Ich sage Er weiß

Griechenland gleicht ihm für immer die Welt
Wo die Säulen nur noch die Arme recken und sonst für
nichts da sind
Hier bleibt von den Göttern der Kniee vollkommener Hohn
Dabei träumst du weiter in Tübingen
Von ihnen ergebener Scardanelli
Und ich also unnützer als an der Schwelle die Weide
An Tagen mit starkem Wind der mit seinem Rock weht
Inmitten der panischen Angst von Vögeln

Ich lebe die letzten Momente des Hörens
Die letzten des Sehens Die letzten Gerüche des Unrechts
Den letzten Triumphmarsch den selbst sollt ich sterben
Ich nicht
Nun werden wir nichts mehr sein als ein Stein
Irgendwo oder nicht einmal Ein Name allmählich
erlöschend
Ich sitze noch an der Schwelle der Barbarei
Wie ein Bettler der seine Hand nicht ausstreckt
Ich liebe den bittren Geschmack der Asche
Das herbe Fleisch der Birnen die unfühlbare Schwinge
Auf mir von Vögeln tief vor dem Gewitter
Ich liebe alles was mir hinter den geschlossenen Augen
glänzt
Mit diesem großen unsichtbaren Leuchten
Ich liebe wortlos was da vorwärtsgeht woran
Ich keine Freude haben werde und kein Teil

Aber endlich ein wenig Staub daß wachse
Später

Es schneit Blüten Der Frühling
Kam allzu schnell
Die Knospen öffneten sich irrtümlich
Das unvorsichtige Bekenntnis hat sich auf der Lippe gebildet vor
Der Lippe So immer
Die Ideen

Die eine zieht die andre nach sich man hat
Keine Zeit sie zu vergleichen noch
Zu wählen Der Frühling kam wirklich
Zu schnell
Ich hatte nicht zwei Tage Flieder
Als schon das Gewitter

Es gibt nichts Launischeres als die Ideen
Ein Nichts und schon haben sie ihren Pantoffel verloren
Oder sie schneiden sich eine Hand ab
Ehe die Wespe sticht

Der Sinn selbst geht vor der währenden Sonne
Dahin von noch nicht gesagten Worten
Das Leben ist ununterbrochen Erwachen aus einem vergessenen Traum
Das Gedicht
Ein Schmerz der dem Tag vorausgeht

Ich schweife ab

Kaum eingeschlafen seh ich das Böse und Gute
Es gibt keinen anderen Traum als den von
Ich zögre muß nun das Licht vor dem Schatten kommen oder
Das Böse dem Guten vorausgehn wie für eine
Person wenn die Lampe auf dem Tisch stehen bleibt
Und man selber im Gang steht Der Mann kommt
Aus dem Zimmer Er erscheint einem dunkel Wahrscheinlich
Ist er rückwärts für andere hell

Das Böse geht also voraus das Gute folgt zweifel-
los und wär nicht zunächst das Böse würde
Das Gute denn jemals sein
Ich sage also es gibt
Keinen andern Traum als den von
Böse und Gut in dieser Folge
So geht denn das Böse voraus und das Gute folgt
Und trägt im Herzen als Licht die
Wunde des Bösen

Es gibt keinen andern Traum als die Wunde von
Der ich rede keinen Traum als den vom verborgnen
Ort des Schattens und des Lichtes keinen andern
Traum und das Gute schreitet verwundet ich glaube dort
Wo sein Herz ist ja dort wo sein Herz ist
Ich sah in erwachten Zeiten mehr Wunden
Als Haare sind auf einem zwanzigjährigen Haupt

Es gibt entsetzliche

Das Gute schreitet dahin es ist jung wird es stürzen
Es lenkt seinen Schritt dem Schafott zu
Warum so schwach geht es dem Guten so schlecht
Sein Hemd steht offen wie es denen zukommt
Die man sehr früh aufweckt damit man
Ihnen den Kopf abschlägt Das Gute lächelt Das Hemd
Schiebt es beiseite auf daß ich deutlich sehe seine
Brust und die Wunde

Jede Nacht jede Nacht ohne daß eine
Fehlt
Und jetzt sind wir nicht mehr im
Gefängnis
Die Beleuchtung hat gewechselt die von vorn trifft
Wenn er aus dem Gefängnis tritt den der mir
Zulächelt er ist hell von vorn sogar ehe er
Draußen ist
Jemand muß auf ihn zu die Kerze

Der Dämmerung gehoben haben jemand der sehen wollte
Wie noch ein Herz schlägt
Ich sah nicht wie das Böse ins Gute sich wandelte
Plötzlich war es so das Böse war nur
Eine Schwärze die diesem jungen Mann Relief gab
Der mit beiden Händen ein wenig sein Hemd auseinander-
zieht
Weil er keine Zeit mehr hat etwas Wesentliches
Anders zu sagen als daß er mit beiden Händen
Sein Hemd auseinanderzieht daß man sehe
Wie sein Herz schlägt und schlägt

Er hat keine Zeit mehr für Wesentliches Er hat keine

Zeit mehr als für sein Gesicht und selbst
Ein Gesicht braucht zu lange zum Lächeln
Um zu sagen Ihr seht selbst um zu sagen
ich bin Ihr
Ergebener Ihr sehr ergebener oder wie sagt man doch
Jetzt ist es zu spät
Mit Untertänigkeit
Eines Tags man verstehe mich wohl werden die beiden
Worte genügen

Scardanelli

Wenn der Wind für die Schornsteine stark ist
Sagt der Passant sein Hut rollt davon Er hebt
Die Hände zu spät um ihn zu halten
Daß
Ein wahnsinniger Wind heut weht

So auch die Worte

Ein Jahrhundert man hat ein Jahrhundert gebraucht um
Nerval zu begreifen
Der Heiligen Seufzer Und Lautréamont mit
Dieser Nähmaschine

Ich muß heut noch lachen wenn ich an die Verwunderung
Des Mäzens denke angesichts der *»Nervenwaage«* für die ich
Mir eine Reihe ausgedacht hatte
                                        genannt
Um Ihrer schönen Augen willen
Wer ist der Nächste Ein wahnsinniger Wind
Es ist gewiß bequem alles mit
Wahnsinn zu erklären wo beginnt der Wahnsinn
Orpheus
Steigt in die unbegreifliche Unterwelt
Eurydike zu suchen Und Diotima
Bist du vielleicht in diesen Tagen von denen man niemals
     wissen wird
Ihr in die Tiefe des Nichtseins gefolgt
Der Wahnsinn wo beginnt der Wahnsinn Hölderlin
Einundvierzig Jahre überleben
                                        Das also heißt
Wahnsinn

Wer ist der Nächste bitte Der Hut
Rollt
     Eine Rugbypartie genannt DER SCHMERZ
Der Wind gibt den Anstoß Der wahnsinnige Wind

Das Unerklärliche ist nicht was Wahnsinn erklärt
Das Unerklärliche ist daß der Hut nicht davonfliegt
Wenn der Wind bläst und der Verstand so fest ist
Daß der Hut nicht davonfliegt

Er war für die Seinen der kleine Fritz und die Geliebte
Nannte ihn ihren Holder Ach
Hätten wir alle ihre Briefe
                                   Dann
Brauchten wir nicht mehr den Wahnsinn
                                                  Sie
Sagte die Sonne sei untergegangen
Für sie
     Sie sagte *unsere* Sonne

Eines andern Tages als
Sie schreiben wollte stach eine Biene sie in die rechte
Hand

Wer ist der nächste Wahnsinnige
Manche Nächte erwach ich und habe nicht mehr
Meinen Verstand
Ich schlafe nackt

Wüßte ich nur wo du diesen
Italienischen Namen herhast anstelle des schwäbischen
Geräuschs
Das auf dich zu die geliebten Lippen machten
Wüßte ich nur
Mit Untertänigkeit

Ich wache auf und habe nicht mehr
Meinen Hut meinen prächtigen Stroh-
Hut
Im finstern Haus schlagen Türen
Ein wahnsinniger Wind
Schön wie das Begegnen
Die deren Hut davonflog zeigen
Ihr Antlitz der Zukunft

Es ist wohl der Mühe wert

Im Dämmer des Sterbens ihr Antlitz in aller Schönheit

Die Nacht von Dünkirchen

Frankreich wie abgenütztes Tuch zerfetzt
Hat langsam unserm Schritt sich widersetzt.

Im Meere schaukelt schmiegsam Tang um Tote,
Wie Bischofsmützen ruhn verkehrte Boote.

Lager der Hunderttausend an dem Rand
Der Dünung: bis zum Himmel Malos Strand …

Wo Rosse faulen, steigts im Abend wie
Verworrner Hufschlag tierischer Kompanie.

Bahnübergang reckt den gestreiften Arm,
Wir finden in uns unser Herz in Harm.

Zehnmal Zehntausend Johann Ohneland
Schweigt stets ihr hunderttausendmal am Strand?

Sebastiane ihr lebendurchbohrt —
Wie gleicht ihr mir, wie sehr gleicht ihr mir dort!

Die mit der Schwäche nur hörn meine Kunde,
Dem Herzen vorzuziehn des Herzens Wunde.

Ich wenigstens schrei diese Lieb mit Macht.
Brandblumen sieht man besser in der Nacht.

Ich schrei, schrei in der Nacht vom Brand umringt,
Daß von den Dächern der Schlafwandler sinkt.

Ich schrei die Liebe, wie wenn morgens früh
Der Schleifer singend Messer Messer schrie.

Ich schrei, werd schreien: Augen, die ich lieben
Mußt — wo bist Lerche, Möwe du geblieben …

Lauter als Wunde, Trunkene vom Wein
Und lauter als Granaten werd ich schrein.

Ich schrei, schrei. Deine Lippen sind der Krug,
Aus dem ich trank der Liebe tiefen Zug.

Arm, der an dieser Welt mir Efeu ist!
Ich kann nicht sterben. Denn wer stirbt, vergißt.

Ich seh der Eingeschifften Blick noch. Wer
Vergäße in Dünkirchen Liebe mehr …

Raketen haben meinen Schlaf gestört.
Wer kann des Weins vergessen, der betört …

Soldaten, die sich eingegraben hatten,
Messen — so scheint es — ihrer Gräber Schatten.

Gestalt der Irren, steinernes Gesicht!
Auf ihrem Schlaf liegt Ahnung wie Gewicht.

Nicht kennt den Ruch des frühen Jahrs der Sand.
So stirbt der Mai nördlich im Dünenland.

Die Brücken von Cé

Über die Brücken hin von Cé
Ging ich, und dort begann mein Weh.

Ein Lied von alter Zeit beschwert
Von einem Ritter sagt versehrt,

Von einer Ros auf der Chaussee,
Dem Mieder, das ich offen seh,

Vom Schloß des Herzogs sehr verwirrt,
Vom Schwan, der in den Gräben irrt,

Von einer Wiese, wo man schaut
Tanz einer ewiglichen Braut.

Ich trank wie eisigen Milchseim
Gefälschten Ruhmes langen Reim.

Was ich gedacht, hat fortgetragen
Loire mit umgestürzten Wagen,

Mit dem zerschlagnen Heeresbann,
Tränen, die man noch sehen kann.

Ich ging — O France! Verlassene!
Über die Brücken hin von Cé.

Guillaume Apollinaire

Die Hügel

Eines Tages kämpften zwei große
Flugzeuge über Paris
Rot das eine das andre schwarz
Lodernd stand im Zenit
Das ewige Sonnenflugzeug

Das eine war meine Jugend
Das andre die künftige Zeit
Sie kämpften mit großer Wut
So wie gegen Luzifer der
Erzengel leuchtend geflügelt

Wie Berechnung gegen das Rätsel
Die Nacht gegen den Tag
So greift an das, was ich liebe
Meine Liebe, so wie der Sturm
Den ächzenden Baum entwurzelt

Doch sieh welche Sanftheit ringsum
Paris wie ein junges Mädchen
Wacht mählich schmachtend auf
Es schüttelt sein langes Haar
Und singt sein schönes Lied

Wo eigentlich schwand meine Jugend
Du siehst wie die Zukunft flammt
Wisse ich rede heute
Um der ganzen Welt zu verkünden
Daß man endlich weissagen kann

Manche Menschen sind Hügel
Die sich unter den Menschen erheben
Alles Künftige fern erblicken
Besser als das was ist
Deutlicher als das Vergangne

Zierde von Zeiten und Straßen
Geh und daure halte nicht an
Laß die Schlangen nur zischen
Vergeblich gegen den Südwind
Psyllen und Welle vergingen

Ordnung der Zeit wenn Maschinen
Endlich zu denken begännen
Wenn an edelgesteinten Stränden
Goldene Wogen sich brächen
Mütterlich noch wär der Schaum

Tiefer ziehen die Adler
Als der Mensch, er, die Freude der Meere
Wie löst er auf in den Lüften
Den Schatten, die schwindelnden Ängste
Wo der Geist mit dem Traum sich eint

Die Zeit der Magie ist gekommen
Sie kehrt wieder. Nun erwartet
Milliarden von Wundern
Die keine Fabel erzeugte
Weil keiner sie erdacht

Tiefen ihr des Bewußtseins
Man wird euch morgen erforschen
Und wer weiß welche Wesen
Aus diesen Abgründen tauchen
Mit einer ganzen Welt

Sehet Propheten aufstehn
Wie bläuliche Hügel weit hinten

Sie werden Genaues wissen
Wie Gelehrte zu wissen glauben
Und uns überallhin bringen

Die große Kraft heißt Begierde
Komm laß auf die Stirn dich küssen
Leicht du wie eine Flamme
Deren Leiden du gänzlich hast
Ganz ihren Glanz ihre Wärme

Es kommt ihre Zeit. Erforscht
Wird alles was Leiden bedeutet
Das wird keinen Mut verlangen
Nicht einmal einen Verzicht
Nichts von dem wessen wir fähig

Im Menschen selbst wird man suchen
Viel mehr als man je gesucht
Man wird seinen Willen erforschen
Welche Kraft aus ihm hervorgeht
Ohne Maschine und Instrumente

Hilfreiche Manen gehn um
Bei uns einander durchdringend
Seit den Zeiten die uns ereilen
Nichts endet hier nichts beginnt
Sieh an deinem Finger den Ring

Zeit der Wüsten der Scheidewege
Zeit der Plätze und der Hügel
Ich komme wandernd hierher
Wo ein Talisman etwas bedeutet
Tot und subtiler als Leben

Ich habe mich endlich gelöst
Von allen natürlichen Dingen
Sterben kann ich, doch keine Sünde
Begehn, was man niemals berührte
Ich hab es betastet, berührt

Und habe erforscht was keiner
Sich auch nur vorstellen kann
Und habe vielmals erwogen
Selbst das unwägbare Leben
Lächelnd kann ich nun sterben

Oft wohl schwebt ich so hoch
Sagte den Dingen Lebwohl
Den Seltsamkeiten Phantomen
Will den Knaben nicht mehr bewundern
Der sich erschrocken stellt

Leb wohl Jugend Jasmin der Zeit
Deine Frische hab ich geatmet
In Rom auf den Blumenwagen
Voll von Masken Girlanden
Und den Schellen des Karnevals

Jugend leb wohl weiße Weihnacht
Als das Leben ein einziger Stern war
Ich sah seinen Widerschein
Unten im Mittelmeer perlmutter-
Glänzender Meteore

Weich wie ein Erzengelnest
Oder der Wolken Girlande
Höher aufschimmernd als Halos
Emanationen und Glanz
Harmonien einzige Süße

Ich bleibe stehen und sehe
Auf glühendem Rasen eine
Schlange ich bin es selbst
Bin die Flöte auf der ich spiele
Und die Geißel die andere straft

Es kommt eine Zeit für das Leiden
Es kommt eine Zeit für die Güte

Jugend leb wohl dies ist die Zeit
Da man die Zukunft erkennt
Ohne daran zu sterben

Zeit der glühenden Gnade
Handeln allein wird der Wille
Sieben Jahre unglaublicher
Prüfung. Der Mensch wird göttlich
Lebendiger wissender reiner

Er wird andre Welten entdecken
Der Geist geht dahin wie die Blüten
Die köstliche Früchte bringen
Die wir dann reifen sehen
Auf dem besonnten Hügel

Was Leben wahrhaft ist
Sag ich, so konnt nur ich singen
Wie Saat fallen meine Gesänge
Schweigt alle die ihr singt
Mischt nicht die Spreu mit dem Weizen

Ein Schiff lief ein in den Hafen
Ein großes beflaggtes Schiff
Doch fanden wir niemand an Bord
Eine Schöne mit purpurnem Mund
Nur lag erschlagen da

Ein andermal war ich ein Bettler
Man reichte mir nur eine Flamme
Die verbrannte mich bis auf die Lippen
Und ich konnte nicht danke sagen
Fackel die nichts mehr löscht

Wo denn bist du mein Freund
Der so tief in sich selber zurücktrat
Daß nur ein Abgrund zurückblieb
In den ich mich selber warf
Bis hinab in farblose Tiefen

Ich hör meine Schritte wieder
Auf Pfaden die niemand betrat
Ich hör meine Schritte immer
Da unten schnell oder langsam
Sie kommen oder gehn weiter

Winter du seifst dir den Bart ein
Es schneit ich bin unglücklich
Ich durchquerte den herrlichen Himmel
Wo das Leben eine Musik ist
Zu weiß der Grund für meine Augen

Gewöhnt euch wie ich mich gewöhne
An die Wunder die ich verkünde
An die Güte die herrschen wird
An das Leid das ich erdulde
Und ihr werdet die Zukunft kennen

Aus Leiden und aus Güte
Wird einst die Schönheit gemacht sein
Vollkommener sein wird sie als jene
Die auf Proportionen ruhte
Es schneit und ich brenne und zittre

Jetzt bin ich an meinem Tisch
Ich schreibe auf was ich empfand
Und das was ich oben sang
Ein schlanker Baum gewiegt
Vom Wind mit flatterndem Haar

Ein Zylinderhut steht auf einem
Tisch voller Früchte. Tot liegen
Handschuhe bei einem Apfel
Eine Dame verrenkt sich den Hals
Nach einem Herrn der nicht nein sagt

Paare drehn sich im Grund der Zeiten
Den schönen Kapellmeister brachte

Ich um und schäl für meine Freunde
Die Orange die so schmeckt
Wie ein herrliches Feuerwerk

Alle sind tot. Der Kellner
Schenkt ihnen unwirklichen Sekt ein
Der wie eine Schnecke schäumt
Oder das Hirn eines Dichters
Während eine Rose sang

Ein bloßes Schwert hält der Sklave
Ähnlich Quellen und Flüssen
Und jedesmal da es sich senkt
Wird ein All aufgerissen
Aus dem neue Welten hervorgehn

Der Chauffeur umklammert das Lenkrad
Und jedesmal wenn er hupend
Eine Kurve nimmt erscheint
So weit man nur sehen kann
Ein noch jungfräuliches All

Und die dritte Zahl ist die Dame
Sie betritt den Fahrstuhl
Sie steigt und steigt immer weiter
Und das Licht verbreitet sich
Und sein Leuchten verwandelt sie ganz

Doch diese Geheimnisse sind
Gering, es gibt andere tiefre
Sie werden sich bald entschleiern
Aus euch hundert Teile machen
Mit einem Gedanken nur

Doch weinet weint laßt uns weinen
Ob nun der Vollmond scheint
Ob der Halbmond oben steht
Ach weinet weint laßt uns weinen
Die wir in der Sonne gelacht

Goldne Arme stützen das Leben
Durchdringt das goldne Geheimnis
Alles ist nur eine schnelle
Flamme auf der eine Rose
Blüht mit zaubrischem Duft

Stadt und Herz

Die ernste Stadt mit ihren Wetterfahnen
Über der Dächer fest geronnener Zunft
Läßt starr, doch wandelbar, das Herz des Dichters ahnen
Im gellen Kreiseln seiner Unvernunft.

Stadt, unvernünftig wie ein Herz! Das Beben
Des Herzens und der Stadt hat meine Hand gespürt:
Stadt, uneinnehmbar, und mein Herz, vom Leben
Jäh überrascht und riesig angerührt.

Pablo Neruda

Zerstörte Straße

Über verwundetes Eisen, über Augen des Gipses
Fährt die Zunge der Jahre, verschieden
Von Zeit. Wie ein Schweif
Aus rauhem Roßhaar, steinerne Hände erfüllt von Zorn,
Und die Farbe der Häuser wird lautlos, und sie brechen
Die Entscheidungen der Architektur,
Ein schrecklicher Fuß schändet die Balkone
Mit Langsamkeit, mit gehäuften Schatten,
Mit Masken, zerbissen von Winter und Weile,
Schleichen Tage erhobener Stirn
Zwischen mondlosen Häusern.

Das Wasser und der Brauch und der weiße Schlamm,
Vom Stern ausgeschüttet, und besonders
Die Luft, die die Glocken wütend schlagen,
Verbrauchen Dinge, rühren
An Räder, halten
Bei den Zigarrenfabriken,
Und rotes Haar wächst auf den Karniesen
Wie eine lange Klage, während in Tiefen
Schlüssel, Glocken,
Blumen hinstürzen, gewöhnt an Vergessen.

Wo ist das neugeborene Veilchen? Wo
Die Krawatte und der jungfräuliche rote Zephyr?
Über die Städte
Zieht eine Zunge bröckelnden Staubs heran,
Ringe brechend, Farbe benagend,

Läßt schwarze Sessel ohne Stimme aufheulen,
Bedeckt die Verzierungen des Zements, die Bastionen
Zerschlagenen Metalls,
Garten und Wolle, die Vergrößerungen brennender
Photographien,

Vom Regen verwundet, den Durst der Zimmer und die
riesigen
Kinoplakate, auf denen
Panther und Donner kämpfen,
Die Speere der Geranie, die Speicher voll von
verlorenem
Honig,
Den Husten, die Gewänder aus glänzendem Tuch,
Alles wird bedeckt von einem tödlichen Geschmack,
Von Aufgabe und Feuchtigkeit und Verletzung.

Vielleicht verbrauchen die verknoteten Gespräche, das
Schleifen von Körpern,
Die Tugend ermüdeter Damen, die in Rauch nisten,
Tomaten ermordet ohne Erbarmen,
Das Vorbeiziehen von Pferden eines traurigen Regiments,
Das Licht, der Druck vieler namenloser Finger –
Vielleicht verbrauchen sie die Faser des Kalks
Und umgeben die Fassaden mit neutraler Luft
Wie mit Messern, während
Die Luft gefährlich an Umständen nagt
Und Ziegeln, Salz überfließt wie Wasser,
Und dickachsige Karren vorbeiholpern.

Woge aus zerbrochenen Rosen und Leere! Zukunft
Duftender Ader! Dinge ohne Mitleid!
Daß niemand sich rühre! Daß niemand die Arme breite
Im blinden Gewässer!
O Bewegung, o schwerverwundeter Name,
O Löffel voll wirren Windes
Und gegeißelter Farbe! O Wunde, in die
Blaue Gitarren zu Tode stürzen!

Erklärung einiger Dinge

Du wirst fragen: Und wo ist der Flieder?
Und die Metaphysik von Mohn zugedeckt?
Und der Regen, der oft die Trommel
Seiner Worte schlägt und sie füllt
Mit Leere und Vögeln?
Ich will dir jetzt alles sagen, was mir geschieht.

Ich pflegte in einem Viertel
Von Madrid zu leben mit Glocken,
Mit Uhren, mit Bäumen.
Von da konnte man
Das trockne Antlitz Kastiliens sehen
Wie einen Ozean aus Leder.

Man nannte mein Haus
Das Haus der Blumen, denn überall
Brachen Geranien hervor: es war
Ein schönes Haus
Mit Hunden und kleinen Kindern.

Raúl, entsinnst du dich?
Erinnerst du dich, Rafael?
Federico, erinnerst du dich
Dort unter dem Rasen,
Entsinnst du dich meines Hauses der Balkone, wo
Das Junilicht Blumen in deinem Mund ertränkte?
Bruder, Bruder!

Alles
War laute Stimmen, Salz der Bewegung,
Anhäufung herzschlagenden Brotes,
Märkte meines Arguelles-Viertels mit seiner Statue
Wie ein Tintenfaß zwischen Stockfischen,
Das Öl erreichte die Löffel,
Dunkles Getöse
Von Füßen und Händen erfüllte die Straßen,

Masse, Liter, scharfe Essenz
Des Lebens,
    Gestapelter Fisch,
Geweb von Dächern mit kalter Sonne, in der
Der Pfeil ermüdet,
Wahnsinniges zartes Elfenbein von Kartoffeln,
Tomaten immer wieder bis hinab zur See.
Und eines Morgens brachen Flammen aus allem,
Und eines Morgens stiegen Feuer
Aus der Erde,
Verschlangen Leben,
Und seither Feuer,
Pulver seither,
Und seither Blut.

Banditen mit Flugzeugen und Marokkanern,
Banditen mit Ringen und Herzoginnen,
Banditen mit segnenden schwarzen Mönchen
Kamen vom Himmel, um Kinder zu töten,
Und durch die Straßen das Blut von Kindern
Floß einfach, wie das Blut von Kindern.

Schakale, widerwärtig für einen Schakal,
Steine, auf die die trockene Distel gespien hätte,
Vipern, die Vipern verachten würden!
Vor euch habe ich das Blut
Spaniens aufwallen gesehn,
Euch zu ersäufen in einer einzigen Woge
Von Stolz und Messern.

Generäle
Verräter:
Seht mein totes Haus,
Seht mein zerbrochenes Spanien:
Doch aus jedem toten Haus schießt brennendes Metall
An Stelle von Blumen,
Aus jedem Loch in Spanien
Springt Spanien empor,

Aus jedem ermordeten Kind wächst ein Gewehr mit
Augen,
Aus jedem Verbrechen werden Kugeln geboren,
Die eines Tages den Sitz
Eines Herzens finden werden.

Kommt, seht das Blut in den Straßen,
Kommt, seht
Das Blut in den Straßen,
Kommt, seht doch das Blut
In den Straßen!

Gesang
für die Mütter toter Republikaner

Sie sind nicht tot! Sie stehen mitten
Im Pulverdampf
Aufrecht, wie brennende Lunten!

Ihre reinen Schatten haben sich vereint
Auf den kupferfarbenen Wiesen
Wie ein Vorhang gepanzerter Luft,
Wie eine Sperre von der Farbe der Wut,
Wie die ganz unsichtbare Brust des Himmels.

Mütter! Sie stehn in den Weizenfeldern,
Hoch wie der mächtige Mittag,
Sie beherrschen die riesige Ebene!
Sie sind Getön von dunkelstimmigen Glocken,
Die über die Leiber aus gemordetem Stahl
Sieg rufen.
Schwestern gleich zerfallenem
Staub, gebrochene
Herzen
Vertraut euren Toten!
Sie sind nicht nur Wurzeln
Unter den blutigen Steinen,
Nicht nur bestellt ihr armes zerfallenes Gebein
Das Land für immer,
Sondern selbst ihre Münder beißen trocknes Pulver
Und greifen an wie Ozeane aus Eisen, und selbst
Ihre geballten Fäuste erhoben widersprechen dem Tod.
Denn aus so vielen Leibern unsichtbares Leben
Erhebt sich. Mütter, Fahnen, Söhne!
Ein einziger Leib lebendig wie das Leben:
Ein Antlitz mit gebrochnen Augen blickt ins Dunkel
Wie ein Schwert gebläht von irdischer Hoffnung!
Werft
Eure Mäntel der Trauer fort, sammelt all

Eure Tränen, bis sie Metall werden:
Auf daß wir schlagen mögen Tag und Nacht,
Auf daß wir stoßen mögen Tag und Nacht,
Auf daß wir speien mögen Tag und Nacht,
Bis die Tore des Hasses eingerannt sind!

Ich habe euer Unglück nicht vergessen, ich kenne
Eure Söhne,
Und wenn ich stolz bin auf ihren Tod,
Bin ich auch stolz auf ihr Leben.

Ihr Lachen
Klang in den betäubenden Fabriken,
In Untergrundbahnstationen,
Tönte täglich ihr Fuß neben dem meinen, und unter
Den Orangen des Ostens, bei den Fischernetzen des
Südens, in
Der Farbe der Druckereien, auf dem Zement der Gebäude
Sah ich die Flamme ihrer Herzen aus Feuer und Kraft.

Und wie in euren Herzen, ihr Mütter,
Ist in meinem Herzen so viel Trauer und Tod,
Daß es wie ein Wald ist,
Naß vom Blut, das ihr Lächeln auslöschte,
Und über ihn fällt der tolle Nebel der Schlaflosigkeit
Mit dem Alleinsein zerreißend der Tage.
Doch
Über den Fluch der dürstenden Hyänen hin und tierisches
Röcheln,
Das von Afrika her seine schmutzigen Schreie bellt,
Über Zorn hin, Verachtung, über Tränen hin weit,
O ihr Mütter, durchbohrt von Entsetzen und Tod,
Schaut ihm, dem wiedergeborenen, dem edlen Tag ins Herz
Und wißt, daß eure Toten unter der Erde lächeln,
Über die Weizenfelder ihre geballten Fäuste erheben.

Wie Spanien immer war

Spanien war immer starr und trocken, taghafte
Trommel undurchsichtigen Klangs,
Flachland und Adlernest, Schweigen
Ausschweifenden Draußen.

Wie, bis zu Tränen, zum Innersten hin
Liebte ich deinen harten Boden, dein armes Brot,
Dein armes Volk, wie, bis zu tiefster Verborgenheit
Meines Wesens, wächst die verlorene Blüte deiner runzligen
Dörfer, unbeweglich in Zeit,
Und deine mineralischen Felder
Gebreitet in Mond und Dauer
Und verzehrt von einem leeren Gott.

Dein ganzer Bau, deine tierhafte
Vereinzelung mit Klugheit gepaart,
Von den abstrakten Steinen des Schweigens umgeben,
Dein herber Wein, dein süßer
Wein, deine betörenden
Und zarten Reben.

Sonnenstein, rein in den Gebieten
Der Welt, Spanien, durchwandert
Von Blut und Metallen, blauer und sieghafter
Proletarier aus Blättern und Kugeln, einziger
Lebend und schläfrig und tönend.

Ankunft der internationalen Brigade in Madrid

An einem Morgen eines kalten Monats,
Eines sterbenden Monats, befleckt von Schmutz und Rauch,
Eines Monats ohne Knie, eines traurigen Monats der
Belagerung und des Unglücks,
Als durch die feuchten Scheiben meines Hauses die
afrikanischen Schakale sich hören ließen,
Heulend mit ihren Gewehren und blutbesudeltem Gebiß,
Da,
Als nur noch ein Traum von Pulver als Hoffnung uns
blieb, als wir dachten,
Daß die Welt erfüllt sei von fressenden Ungeheuern und
Furien,
Da, durch den Frost von Madrids kaltem Monat brechend,
im Nebel
Der Dämmerung,
Mit diesen Augen hier, mit diesem Herz, das Ausschau hält,
Sah ich die hellen Kämpfer kommen, die Kämpfer-
Beherrscher
Der schlanken, harten, reifen, glühenden Brigade aus Stein.

Es war die traurige Zeit, da die Frauen
Abwesenheit trugen wie eine schrecklich glühende Kohle,
Und der spanische Tod, bittrer und schärfer als andere Tode,
Über den Feldern webte bis dahin vom Brote geehrt.
Die Straßen entlang vermischte zerbrochenes Blut der
Menschen sich
Mit Wasser schießend aus dem zerschmetterten Herzen
der Häuser;
Gebein zerfetzter Kinder, das herzerschütternde
Schweigen im Trauern der Mütter, die Augen
Der Verteidigungslosen, für immer geschlossen,
Waren wie Trauer, Verlust, waren wie ein bespiener Garten,
Waren Glaube und Blume ermordet für immer.

Kameraden,
Da
Sah ich euch,
Und meine Augen sind heut noch von Stolz erfüllt,
Weil ich euch sah durch den nebligen Morgen aufsteigen
zur reinen Stirn hin Kastiliens,
Schweigend und stark,
Glocken gleich vor der Dämmerung,
Voller Feierlichkeit und mit blauen Augen von weit her
kommend,
Aus eurer Ferne, aus euern ganz verlorenen Ländern, aus
euern Träumen,
Voll von verbrannter Süße und Geschützen,
Um die spanische Stadt zu beschirmen, in der die
belagerte Freiheit
Fallen könnte und sterben von Bestien zerrissen.

Brüder, von nun an
Mög eure Reinheit und Stärke, eure erhabne Geschichte
Kind und Mann bekannt sein, Frauen und Alten,
Möge sie alle Hoffnungslosen erreichen, hinab die
Schächte von schwefligem Hauch verpestet,
Aufwärts die unmenschlichen Stufen des Sklaven,
Daß die Gestirne, daß alle Ähren Kastiliens der Welt
Euern Namen hinschreiben mögen und euern bitteren
Kampf
Und euern Sieg machtvoll und erdhaft gleich einer roten
Ulme.

Denn durch euer Opfer wurde wiedergeboren
Der verlorene Glaube, die Seele abwesend, irdische
Zuversicht,
Und durch eure Fülle, durch euern Adel, durch eure Toten
Wie durch ein Tal von Blutgestein widerstehend
Fließt ein unendlicher Strom mit Tauben aus Stahl und
Hoffnung.

Die Schlacht am Jarama

Zwischen Erde und ertränktem Platin
Von Olivenhainen und toten Spaniern,
Jarama, harter Dolch, hast du widerstanden
Der Woge der Grausamen.

Von Madrid kamen Männer
Mit Herzen von Pulver vergoldet
Wie ein Brot aus Asche und Widerstand.
So sind sie gekommen.

Jarama, du lagst zwischen Eisen und Rauch
Wie ein Zweig aus gefallenem Kristall,
Wie eine lange Reihe von Orden
Für die Sieger.

Weder Zäume glühender Masse
Noch wütender Flug der Geschosse
Noch Artillerien aus trübem Dunkel
Beherrschten dein Wasser.

Deine Wasser tranken, die dürsteten
Nach Blut, Wasser, das mit dem Gesicht nach oben
sie tranken:
Spanisches Wasser und Olivenfelder
Erfüllten sie mit Vergessen.

Für eine Sekunde von Wasser und Zeit der Strom
Des Blutes von Marokkanern und Verrätern
Schimmerte in deinem Licht wie Fische
In einem bitteren Teich.

Das rohe Mehl deines Volkes
Sträubte sich mit Metall und Gebeinen
Ungeheuer und weizentragend wie das edle
Land, für das sie fochten.

Jarama, von deinen Gebieten zu reden
Des Glanzes und der Herrschaft, genügt
Mein Mund nicht, und meine Hand ist schwach:
    Doch deine Toten bleiben.

Es bleibt dein schmerzlicher Himmel,
Dein steinhafter Friede, dein Sternenstrom,
Und die ewigen Augen deines Volkes
    Wachen an deinem Gestade.

Almeria

Ein Gericht für den Bischof, ein zerdrücktes und bittres
Gericht,
Ein Gericht aus Schrott, aus Asche, aus Tränen,
Ein Gericht, gewürzt mit Seufzern und gestürzten Mauern,
Ein Gericht für den Bischof, eine Schüssel Blut aus Almeria.

Ein Gericht für den Bankier, ein Gericht aus Wangen
Der Kinder aus dem sonnigen Süden, ein Gericht
Aus Detonationen, irren Gewässern, Ruinen und Furcht,
Ein Gericht aus gebrochenen Achsen und zertrampelten
Köpfen,
Ein schwarzes Gericht, eine Schüssel Blut aus Almeria.

Jeden Morgen, jeden trüben Morgen eures Lebens
Sollt ihr sie dampfend und brodelnd auf eurem Tisch
haben:
Ihr werdet sie ein wenig beiseite schieben mit euren
weichen Händen,
Um sie nicht sehen, um sie nicht so oft auslöffeln zu
müssen:
Ihr werdet sie ein wenig beiseite schieben zwischen Brot
und Früchte,
Diese Schüssel schweigenden Blutes,
Die jeden Morgen dasein wird, jeden
Morgen.
Ein Gericht für den Oberst und für des Obersten Weib,
Beim Fest in der Garnison, bei jedem Fest,
Über den Fluchenden, Speienden, mit dem Weinlicht der
Morgenröte,
Daß man es schauernd sehen möge und kalt über der Welt.

Beleidigtes Land

Gelände, begraben
In endlosem Martyrium von unendlichem
Schweigen, Puls
Der Biene und vertilgter Fels,
Land, das mehr als Korn und Klee
Zeichen getrockneten Bluts vorweist und Verbrechen:
Reiches Galicien, rein wie Regen,
Salzig für ewig von Tränen:
Estremadura, an deren erhabnem Gestade
Von Himmel und Aluminium, schwarz wie Kugellöcher,
Verraten und wundenbedeckt und verwüstet
Badajoz liegt erinnerungslos unter seinen toten Söhnen,
Mit dem Blick, der sich entsinnt, auf dem Himmel:
Malaga, vom Tode durchpflügt
Und verfolgt zwischen Abgründen hin,
Bis die wahnsinnigen Mütter
Ihre Neugeborenen an den Felsen zerschmetterten.
Wut, Flucht in Trauer
Und Tod und Zorn,
Bis Tränen und Weh vereint,
Bis Worte und Angst und Entsetzen
Nur noch ein Haufen Gebeine sind auf einer Straße
Und ein Stein im Staube begraben.
So viele Gräber, so viele Leiden, so schallend
Das Hinrasen von Bestien auf dem Gestirn!
Nichts, nicht einmal der Sieg
Wird die schreckliche Leere des Blutes füllen:
Nichts, nicht das Meer noch die Schritte
Des Sandes und der Zeit
Noch die Geranie brennend
Über dem Grab.

Ode an Federico García Lorca

Könnte ich weinen vor Angst in einem einsamen Haus,
Könnte ich meine Augen ausreißen und sie verschlingen,
Ich täte es, um deiner Stimme eines trauernden Orangenbaums willen
Und um deiner Dichtung willen, die auftritt mit Schreien.

Weil man um deinetwillen die Hospitäler blau malt
Und Schulen und maritime Vorstädte wachsen
Und verwundete Engel sich mit Federn schmücken
Und hochzeitlich Fische sich in Schuppen hüllen
Und Seeigel himmelwärts fliegen:
Die Schneiderläden mit ihren schwarzen Membranen
Füllen sich um deinetwillen mit Löffeln und Blut
Und schlucken zerbrochene Bänder und töten sich mit Küssen
Und kleiden sich in Weiß.

Wenn du fliegst, gekleidet in Pfirsich,
Wenn du lachst ein Lachen wie Reis im Sturm,
Wenn zum Singen Arterien und Zähne,
Kehle und Finger du schüttelst,
Könnt ich sterben für die Süße, die du bist,
Könnt ich sterben bei den roten Seen,
Wo du zur Mitte des Herbstes lebst
Mit einem gestürzten Roß und einem blutigen Gott,
Sterben könnte ich bei den Friedhöfen,
Die wie äscherne Flüsse fließen
Mit Wasser und Gräbern
Nachts zwischen ertrunkenen Glocken:
Flüsse voll wie Schlafsäle
Von kranken Soldaten, fließend
Todwärts mit marmornen Nummern
Und fauligen Kronen und Totenöl:
Sterben könnt ich, um dich nachts zu sehen
Im Anschaun der Drift überfluteter Kreuze,
Stehend und weinend,

Denn am Flusse des Todes weinst du
Verlassen, verwundet,
Weinst du weinend, mit Augen erfüllt von
Tränen, Tränen, Tränen.

Könnte ich nachts, verloren, allein,
Mit einem schwarzen Schornstein
Schatten und Rauch und Vergessen
Über Züge und Schiffe häufen
Asche beißend,
Ich täte es für den Baum, an dem du wächst,
Für die Nester goldener Wasser, die du sammelst,
Und für den Wein, der sich um dein Gebein rankt,
Dir sagt das Geheimnis der Nacht.

Städte mit dem Geruch feuchter Zwiebeln
Warten deiner, daß du heiser singend vorbeiziehst,
Und grüne Schwalben nisten in deinem Haar,
Und lautlose Schiffe des Samens folgen dir,
Und sonst gehen Schnecken und Wochen,
Gerollte Masten und Kirschen
Endgültig um, wenn dein fahles Haupt
Auftaucht mit fünfzehn Augen
Und dem Mund, von Blut überschwemmt.

Könnt ich die Rathäuser mit Ruß füllen
Und schluchzend die Uhren herunterreißen,
Ich tät's, um zu sehn wie zu deinem Haus
Kommt Sommer mit zerbrochenen Lippen,
Kommen viele Leute in Sterbegewändern,
Kommen Gegenden traurigen Glanzes,
Kommen tote Pflüge und Mohn,
Kommen Totengräber und Reiter,
Kommen Planeten und Landkarten mit Blut,
Kommen Taucher, bedeckt mit Asche,
Kommen Masken, die Mädchen schleppen,
Durchbohrt von langen Messern,
Kommen Wurzeln, Adern, Hospitäler,

Brunnen, Ameisen,
Kommt Nacht mit dem Bett, darauf
Ein einsamer Husar zwischen Spinnen stirbt,
Kommt eine Rose aus Haß und Nadeln,
Kommt ein gelbliches Schiff,
Kommt ein windiger Tag mit einem Kind,
Komme ich mit Oliverio, Norah,
Vicente Aleixandre, Delia,
Maruca, Malva Marina, Maria Luisa und Larco,
La Rubia, Rafael Ugarte,
Cotapos, Rafael Alberti,
Carlos, Bebé, Manolo Altolaguirre,
Molinari,
Rosales, Concha Mendez
Und anderen, die ich vergaß.

Laß mich dich krönen, Jüngling,
Voller Gesundheit und Schmetterlinge. Jüngling, rein
Wie der schwarze Strich eines Blitzes frei ohne Ende,
Und wenn wir miteinander reden
Nun, da niemand mehr zwischen den Felsen zurückblieb,
Laß unsere Worte einfach sein, wie du bist und ich bin:
Wofür sind Dichtungen gut, wenn nicht für den Tau?
Wofür sind Dichtungen gut, wenn nicht für die Nacht,
Da uns ein bitterer Dolch trifft, für jenen Tag,
Das Zwielicht, *jene* verfallene Ecke,
Da das Herz des Menschen bang sich zum Tode bereitet?

Über allem nachts,
Nachts gibt es viele Sterne,
Alle in einem Strom,
Wie ein Band an den Fenstern
Der Häuser, voll von armen Leuten.

Jemand ist gestorben, vielleicht
Haben sie ihre Stellung verloren in den Büros,
In den Hospitälern, in den Fahrstühlen,
In den Gruben,

Menschenwesen leiden brutal verletzt,
Und böse Absicht und Weinen ist überall,
Während die Sterne in unendlichem Strom hinfließen,
Ist viel Weinen in den Fenstern,
Die Schwellen sind abgenützt vom Weinen,
Die Zimmer sind feucht vom Weinen,
Das wellenhaft kommt und sich auf den Teppichen bricht.

Federico,
Du siehst die Welt, die Straßen,
Den Essig,
Die Abschiede in den Bahnhöfen,
Wenn der Rauch seine Räder der Entscheidung hebt
Dahin, wo es nur
Steine gibt, Schienen, Trennungen.
So viele Leute stellen Fragen
Überall.
Da ist der blutbespritzte Blinde, und der Zornige, und der
Entmutigte,
Und der Unglückliche, der benagelte Baum,
Der Bandit mit Neid auf dem Rücken.

So ist das Leben, Federico –
Das ist alles,
Was die Freundschaft eines melancholischen männlichen
Mannes dir bieten kann.
Du hast schon vieles selber erfahren,
Und anderes wirst du nach und nach begreifen, mit der
Zeit.

Kurzes Oratorium auf den Tod von Silvestre Revueltas

Wenn ein Mann wie Silvestre Revueltas
Engültig zur Erde zurückkehrt,
Entsteht ein Getöse, eine Welle
Von Stimmen und Weinen, die seinem Fortgang vortönt und ihn verkündet.
Die Wurzeln sagen den Halmen: »Silvestre ist tot«,
Und der Weizen rauscht seinen Namen an die Flanke der Hügel,
Und so erfährt es das Brot.
Nun wissen es alle Bäume Amerikas.
Und auch unsre gefrorenen arktischen Blumen.
Die Wasserbläschen tragen es weiter,
Die unbezähmbaren Ströme Araukaniens wissen es bereits.
Von Schneegestöber zu See, von See zu Pflanze,
Von Pflanze zu Feuer, von Feuer zu Rauch:
Alles was brennt, singt, blüht, tanzt und erneuert,
Alles Ständige, Erhabene und Tiefe in unserem Amerika empfängt ihn.
Pianos und Vögel, Träume und Getön, das pochende Netz,
Das in den Lüften all unsre Klimata vereint,
Vibriert und gibt den Grabgesang weiter.
Silvestre ist tot, Silvestre ist eingetreten in seine totale Musik,
Sein tönendes Schweigen.
Sohn der Erde, Kind der Erde, von heute an gehst du in die Zeit ein,
Von heute an wird dein Name voller Musik auffliegen, wenn man an dein Land rührt,
Wie von einer Glocke,
Mit nie gehörtem Ton, mit einem Ton wie das, was du warst, Bruder.
Dein Kathedralenherz umgibt uns nun wie das Firmament mit einem Dom,
Und dein großer und herrlicher Sang, deine vulkanische Zärtlichkeit

Erfüllt alle Höhen gleich einer brennenden Statue.
Warum vertatst du dein Leben? Warum
Gossest du
Dein Blut in jegliches Glas? Warum
Suchtest du
Wie ein blinder Engel, der sich an dunklen Türen stößt?
Ach, doch aus deinem Namen strömt Musik,
Und aus deiner Musik, wie von einem Marktplatz her,
Fließen Girlanden wohlriechenden Lorbeers
Und süßduftender Äpfel und Ebenmaßes.

An diesem feierlichen Urlaubstag bist du's, der geht,
Aber du kannst jetzt nicht mehr hören,
Deine edle Stirn hoch erhoben, und es ist, als fehle ein
großer Baum
Von der Mitte des Hauses des Menschen.

Doch das Licht, das wir von diesem Tag an sehen, ist ein
andres Licht,
Die Straße, in die wir biegen, eine neue Straße,
Die Hand, die wir berühren, hat von diesem Tag an
deine
Stärke,
Alle Dinge ziehen Kraft aus deinem Ausruhn,
Und deine Reinheit wird von den Steinen auffahren,
Um uns den Glanz der Hoffnung zu zeigen.

Ruhe aus, Bruder, dein Tag ist zu Ende,
Mit deiner süßen und machtvollen Seele fülltest du ihn,
Mit Licht, erhabener als das Licht des Tages,
Und mit Getön, blauer als die Stimme des Himmels.

Dein Bruder und deine Freunde baten mich,
Deinen Namen in die Luft Amerikas zu sprechen,
Auf daß der Schnee und der Pampabulle ihn kennen,
Daß die See ihn aufnehme, der Wind ihn umstreite.

Nun sind die Sterne Amerikas dein Land,
Und von diesem Tag an dein Haus ohne Türen die Erde.

Gesang für Stalingrad

Nachts schläft der Bauer, erwacht und senkt
Seine Hand ins Dunkel und fragt die Dämmerung:
Dämmerung, Morgenrot, Licht des kommenden Tags,
Sag mir, ob die reinsten Hände des Menschen
Noch die Burg der Ehre verteidigen, sag mir,
Dämmerung,
Ob die Macht des Stahls an deiner Stirn bricht,
Ob der Mensch, ob der Donner an seinem Platz ist,
Sag mir, sagt der Bauer, ob die Erde nicht hört,
Wie das Blut stürzt geröteter
Helden im Unendlichen irdischer Nacht,
Sag mir, ob über dem Baum der Himmel noch dämmert,
Sag mir, ob Pulver noch tönt in Stalingrad.

Und der Matrose auf schrecklicher See prüft,
Die dunstigen Sternbilder suchend,
Einen, den roten Stern der flammenden Stadt,
Und findet in seinem Herzen den brennenden Stern,
Den Stern des Stolzes, an den seine Hände rühren wollen,
Den Stern des Weinens, den seine Augen erbauen.

Stadt, roter Stern, sagen See und Mensch,
Stadt, schließ deinen Glanz zu und deine festen Tore,
Schließe, Stadt, deinen gerühmten blutigen Lorbeer ein
Und laß die Nacht erbeben vor dem dunklen Leuchten
Deiner Augen hinter einem Planeten von Schwertern.

Und der Spanier entsinnt sich Madrids und sagt:
Schwester,
Widerstehe, Hauptstadt des Ruhms, widerstehe:
Aus dem Boden sprudelt all das vergossene Blut
Spaniens, und für Spanien erhebt es sich wieder;
Und der Spanier vor den Erschießungskommandos
Fragt, ob Stalingrad lebt,
Und eine Kette von dunklen Augen im Zuchthaus
Bohrt deinen Namen in die Mauern,

Und Spanien wird von deinem Blut und deinen Toten
erschüttert,
Weil du ihm, Stalingrad, deine Seele liehest,
Als es Helden trug gleich den deinen.
Spanien kennt die Einsamkeit, Stalingrad,
So wie du heute die Einsamkeit kennst.
Spanien riß die Erde mit den Nägeln auf,
Als Paris reizender war als je zuvor.
Spanien blutete seinen riesigen Blutbaum leer,
Als London, wie Pedro Garfias uns sagt,
Seine Wiesen fegte und Schwanenteiche.

Heute weißt du es selbst, mächtige Jungfrau.
Heute kennst du, Rußland, selbst Kälte und Einsamkeit.
Während Tausende von Granaten dein Herz zerfetzen,
Da Skorpione mit Verbrechen und Gift
Sich nahn, um in deinen Geweiden zu fressen, Stalingrad,
Tanzt New York, denkt London nach, und ich sage dir:
Schlag zu!
Denn mein Herz kann's nicht ertragen, und unsere
Herzen
Können es nicht, können es nicht aushalten
In einer Welt, die ihre Helden allein sterben läßt.
Laßt ihr sie allein? Sie werden auch euch holen!
Laßt ihr sie allein?

Wollt ihr, daß Leben
Ins Grab flieht und das Lächeln der Menschen
Ausgelöscht sei von Latrinen und Leiden?
Warum antwortet ihr nicht?

Wollt ihr mehr Tote an der Ostfront,
Bis sie euren Himmel ganz erfüllen?

Doch dann wird die Hölle nur noch für euch dasein.
Die Welt ist trivialer Heldentaten müde,
Wenn die Generäle in Madagaskar
Heroisch fünfundfünfzig Affen umbringen.

Die Welt ist der Herbstkonferenzen müde,
Immer noch präsidiert von einem Regenschirm.
Stadt, Stalingrad, wir können nicht
Deine Mauern erreichen, wir sind weit fort.
Wir sind die Mexikaner, wir sind die Araukaner,
Wir sind die Patagonier, wir sind die Guaranis,
Wir sind die Uruguayer, wir sind die Chilenen,
Wir sind Millionen Menschen.

Glücklicherweise haben wir noch Verwandte in der Familie,
Aber wir sind noch nicht dazu gekommen, dich zu
verteidigen, Mutter.
Stadt, Stadt des Feuers, widerstehe, bis eines Tages
Wir kommen, schiffbrüchige Indianer, an deine
Mauern zu rühren
Mit dem Kuß von Söhnen, die die Heimkehr erhofften.

Stalingrad, noch immer gibt es keine Zweite Front,
Aber du wirst nicht fallen, wenn auch Eisen und Feuer
Tag und Nacht an dir nagen.

Selbst wenn du stirbst, wirst du nicht sterben!

Denn nun haben Menschen keinen Tod mehr,
Sondern müssen weiterkämpfen, wo immer sie fallen,
Bis der Sieg in deinen Händen ist,
Seien sie auch müde, geehrt und tot,
Denn andere rote Hände, wenn die deinen sinken,
Werden die Gebeine deiner Helden hinsäen über die Welt,
Daß deine Saat die Erde erfülle.

Chilenische Meere

An fernen Orten
Begoß ich deine schaumigen Füße, dein weites Gestade
Mit irren und ausgestoßenen Tränen.
Heute komm ich zu deinem Mund, heut zu deiner Stirn.
Nicht der blutigen Koralle, nicht dem Stern, verbrannt,
Nicht den bezwungenen Wassern in Weißglut
Sagte ich das heilige Geheimnis oder die Silbe.
Ich bewahrte deine wilde Stimme, ein Korn
Schützenden Sandes
Unter Möbeln und alten Kleidern.
Glockenstaub, eine feuchte Rose.
Und oft war es das Wasser selbst
Von Arauco, das harte Wasser:
Doch ich bewahrte meinen versunkenen Stein
Und in ihm den bebenden Laut deines Schattens,
O Meer von Chile, o Gewässer,
Erhaben und fest wie scharfes Freudenfeuer,
Druck und Donner und saphirene Nägel,
O Beben aus Salz und Löwen!
Hand, Ursprung, Küste des
Planeten, deine Lider
Stehn offen nach dem Süden des Landes,
Angreifend das Blau der Sterne!
Salz und Bewegung, von dir ausgeschüttet,
Verteilen den Ozean in die Grotten des Menschen,
Bis jenseits der Inseln dein Gewicht
Auseinanderfällt in einen Schwarm totaler Substanzen.
See des verlassenen Nordens, See, die Kupfer schlägt
Und Salz der Hand
Des einsamen armen Bewohners entgegenwirft,
Ganz Pelikan und Gestein aus kalter Sonne und Dung,
Küste verbrannt von einer unmenschlichen Dämmerung.
Meer von Valparaiso, Woge
Einsamen Lichts und nächtigen
Ozeans, Fenster,
Aus dem meiner Heimat Standbild

Blickt mit noch blinden Augen,
See des Südens, ozeanisches Meer,
Meer, Mond voll Geheimnis,
Schrecklich mit Eichen bei Imperial,
Blutverkettet bei Chiloé,
Und von Magellan bis ans Ende des Festlands ist
Alles schrillendes Salz, alles wahnsinniger Mond
Und das stellarisch ausgebrochene Roß des Eises.

Unbesiedelte Zonen

Verlaßnes Ende. Irre Linie,
Da Feuer und wütende Disteln
Lagen formen von elektrischem Blau.
        Steine, gefegt von
Kupfernadeln, Wege
Stofflichen Schweigens, Äste versunken
Im Salz des Gesteins.
        Hier bin ich, hier bin ich,
Menschlicher Mund ausgeliefert dem bleichen Schritt
Einer Zeit, wie Gefäß oder Hüfte gefaßt,
Mittlerer Kerker von Wassern ohne Abfluß,
Baum gefallener fleischlicher Blüte,
Einzigartig verändert und jählings umsonst.
        Du mein Land, irdisch und blind wie
Mücken, im Sande geboren, für dich all
Die innersten Gründe der Seele, der ewige Lidschlag
Meines Blutes für dich, für dich, bei meiner Rückkehr,
Meine Speise aus Mohn.
        Dein trocknes Gestein tönt.
Das verstümmelte Alter der Hügel, die schweigende
Unendlichkeit deines Dornengebüschs.
        Gib mir des Nachts, in der Mitte der irdischen
                Pflanzen die
Scheue Rose des Taus, die deine Fahne schwenkt,
Deinen Mond gib mir oder irdisches Brot, benetzt
Von deinem furchtbaren dunklen Blut:
        Unter deinem sandigen Licht
Sind keine Toten, doch weite Zyklen des Salzes, blaue
Äste lebendgen Metalls voller Geheimnis.

Atacama

Unerträgliche Stimme! Ausgestreutes
Salz, stellvertretend
Asche, schwarzer Zweig,
An dessen Juwelenspitze der blinde
Mond aufsteigt durch trauernde Korridore aus Kupfer.
Welcher Stoff, welch hohler Schwan
Senkt seine schmerzliche Nacktheit in den Sand
Und härtet sein langsames, flüssiges Licht?
Welch fester Strahl zerbricht seinen Smaragd
Zwischen den unbezähmbaren Steinen, daß
Verlorenes Salz er gerinnen macht?
Land, Land
Über der See, über der Luft, über der hinjagenden
Amazone, behängt mit Korallen,
Volles Lagerhaus, da Weizen
Schläft in der bebenden Wurzel der Glocke:
O Mutter des Ozeans, Schöpferin
Goldener Kiesel und blinden Jaspis':
Über deiner reinen Haut aus Brot, fern von den Hainen,
Ist nichts als deines Geheimnisses Linie,
Nichts als deine sandige Stirn,
Nichts als die Nächte und Tage des Menschen,
Doch nah der durstigen Distel, da,
Wo ein versunknes, vergeßnes Papier ruht, zeigt
Ein Stein an die tiefen Wiegen von Schwert und Gefäß,
Den schlafenden Fuß des Kalks.

Ich möchte nach dem Süden zurückkehren

Krank in Veracruz, entsinn ich mich eines Tages
Im Süden, in meiner Heimat, eines Tages silbrig
Wie ein eiliger Fisch im Gewässer des Himmels,
Loncoche, Lonquimay, Carahue, von
Oben gesandt, umgeben von Schweigen und Wurzeln,
Sitzend auf ihrem Thron von Häuten und Hölzern.
Der Süden ist ein versunkenes Roß,
Von langsamen Bäumen gekrönt und Tau;
Hebt es die grünen Nüstern, stürzen die Tropfen,
Der Schatten seines Schweifs feuchtet den Archipel,
Und in seinen Eingeweiden wächst heilige Kohle.
Nie mehr, sag, Schatten, nie mehr, sag an, Hand,
Niemals wieder, sag, Fuß, Tür, Bein, Kampf,
Wirst du Wald und Straßen stören, die Ähre,
Nebel, Kälte, was blau dich leitet bei jedem
Deiner unaufhörlich verzehrten Schritte?
Himmel, laß mich ziehn eines Tags von Stern zu Stern
Wandelnd auf Licht und Pulver, zerstörend mein Blut,
Bis ich zum Nest des Regens komme!

Ich möchte gehn
Hinter den Wäldern am duftenden Flusse
Toltén entlang, ich möchte aus Sägewerken
Kommen zu Kneipen mit nassen Füßen, möchte
Wandern, vom Licht des elektrischen Haselnußstrauches
geleitet,
Mich hinstrecken neben den Kuhdung,
Sterben und Körner kauend neu leben.
Ozean, bring mir
Einen südlichen Tag, einen Tag deinen Wogen verhaftet,
Einen Tag feuchten Geästs, führ einen blauen
Polarwind her zu meiner kalten Fahne!

Winterliche Ode
an den Mapocho-Fluß

O ja, undeutlicher Schnee,
O ja, erzitternd in voller Blüte des Schnees,
Nördliches Lid, kleiner gefrorener Blitz,
Wer, wer rief dich ins äscherne Tal,
Wer, wer schleppte dich aus dem Schnabel des Adlers
Hinab, dorthin, wo deine klaren Gewässer rühren
An die schrecklichen Fetzen meines Heimatlands?
Strom, warum führst du
Kalt und geheime Wasser,
Wasser, die die harte steinige Dämmerung
Unerreichbar in ihrem Dom bewahrt,
Hinab zu den wunden Füßen meiner Heimatstadt?
Kehre zurück, kehre zurück in deine Schneequelle, bitterer
Strom,
Kehre zurück, kehre zurück zu deinem Becher geräumiger
Fröste,
Treib deine silbrige Wurzel in deinen geheimen Ursprung
Oder zerstreu dich in ein anderes Meer, frei von Tränen!
Mapocho-Strom, wenn die Nacht kommt
Und wie eine gestürzte schwarze Statue
Unter deinen Brücken schläft mit einem schwarzen Bündel
Von Köpfen, geschlagen von Kälte und Hunger
Wie von zwei mächtigen Adlern, o Strom,
O harter Strom, geboren aus Schnee,
Warum stehst du nicht auf als ein Riesengespenst
Oder ein neues Sternenkreuz für die Vergessenen?
Doch nein, deine harsche Asche fließt weiter
Neben dem zerrissenen Ärmel, den der gehärtete Wind
Unterm eisernen Laube zittern macht,
Mapocho-Fluß, wohin denn führst du
Federn aus Eis, für immer verwundet,
Wird ewig an deinem fahlen Gestade
Die wilde Blume entstehn, von Läusen zerfressen,
Und deine Zunge aus Kälte die Wangen schaben

Meines entblößten Landes?
        O möge es nicht sein,
O möge es nicht sein, möge ein Tropfen deines schwarzen
        Schaums
Aus dem Schlamm zur Blume des Feuers aufsteigen
Und die Saat des Menschen aufschießen lassen.

Hymne und Wiederkehr

Vaterland, mein Vaterland, dir wendet sich mein Blut zu,
Ach, ich sehne mich nach dir wie ein Kind nach der Mutter,
Tränenvoll.
Nimm diese blinde Gitarrre auf
Und diese verlorene Stirn.

Ich ging in die Welt, um deine Kinder zu finden,
Ich ging, die Gestürzten zu trösten mit deinem Namen aus
Schnee,
Ich ging, ein Haus aus deinem reinen Holz aufzurichten,
Ich ging, deinen Stern wunden Helden zu bringen.

Nun möchte ich schlafen in deiner Substanz.
Gib mir deine helle Nacht durchdringender Saiten,
Deine Nacht der Schiffe, deine Sternengestalt.

Heimatland du: ich will meinen Schatten wechseln.
Heimatland du: ich will meine Rose tauschen.
Ich will meinen Arm um deine schlanke Hüfte legen
Und sitzen auf deinen Steinen, vom Meer verbrannt,
Daß ich halten möge das Korn und sein Innres erforsche.
Ich werde die zarte Flora des Salpeters erwählen,
Ich werde das eisige Garn der Glocken spinnen
Und, hinschauend auf deinen glorreichen, einsamen Schaum,
Werde ich eine Gestadeschärpe weben für deine Schönheit.
Heimatland, mein Heimatland,
Ganz umgeben von widerstehendem Wasser
Und sprödem Schnee,
In dir einen Adler und Schwefel sich,
Und in deiner antarktischen Hand aus Hermelin und Saphir
Schimmert ein Tropfen reinen menschlichen Lichts
Und rötet den feindlichen Himmel.

Wahre dein Licht, o Heimat, halte erhoben
Deine harte Ähre der Hoffnung inmitten der
Blinden, schrecklichen Luft.

Auf deine Weite ist all dies schwierige Licht gestürzt,
Diese Bestimmung der Menschen,
Mit der du eine einzige Blume verteidigst voller Geheimnis
In dem riesigen Raume des Schläfers Amerika.

Vereinigung unter neuen Bannern

Wer log? Der Lilie Fuß
Gebrochen, dunkel, unergründlich,
Ganz voll von Wunden und dunklem Glanz!
Alles, das Maß von Woge zu Woge und Woge,
Das ungenaue Grab des Bernsteins
Und die rauhen Tropfen der Ähre!
In sie lehnte ich meine Brust, ich lauschte all
Dem finstern Salz, nachts
Ging ich und schlug Wurzeln:
Ich ergründete die Bitterkeit der Erde,
Alles war für mich Nacht oder Blitz:
Geheimes Wachs füllte mein Haupt
Und streute Asche in meine Spuren.

Und für wen suchte ich diesen kalten Puls,
Wenn nicht für einen Tod?
Und welches Werkzeug verlor ich dort im vergeßnen
Dunkel, in dem niemand mich hört?
Nein,
        es war Zeit nun, flieht,
Schatten des Blutes,
Sterneneis, weiche zurück beim Nahen menschlicher Schritte
Und nimm den schwarzen Schatten von meinem Fuß!

Ich unter den Menschen hatte die gleiche verwundete Hand,
Ich halte das gleiche rote Gefäß
Und gleiches wildes Erstaunen:
        und eines Tages,
Bebend von menschlichem
Traum, kam ein wildes
Roß in meine
Fressende Nacht,
Daß ich vereine meine Wolfsschritte
Den Schritten des Menschen.

Und so, neu vereinigt,
Stark in meine Mitte gestellt, such ich nicht Zuflucht
In den Gewölben des Weinens: ich weise
Auf das Haus der Biene: leuchtendes Brot
Für die Sonne des Menschen: im Geheimnis bereitet das
Blau sich
Zu erschauen ein Korn, dem das Blut endlich fremd ward.

Wo ist dein Sitz der Rose?
Worin ruht dein Sternenlid?
Vergaßest du jene Finger süßen Wahnsinns,
Um an den Sand zu rühren?
Friede mit dir, düstre Sonne,
Friede mit dir, blinde Stirn.
Es gibt einen flammenden Platz für dich auf den Straßen,
Steine gibt es ohne Geheimnis, die auf dich schauen,
Kerkerschweigen mit einem wahnsinnigen Stern,
Flüchtig, entblößt, überliefert der Hölle.

Gemeinsam gegen das Schluchzen!
In dieser hohen Stunde
Von Erde und Duft sieh dieses Antlitz,
Eben schrecklichem Salz enttaucht,
Sieh auf diesen bitteren Mund hin, der lächelt,
Sieh dieses neue Herz, das dich grüßt
Mit seiner überströmenden Blüte, entschlossen und golden.

Gesang für Bolivar

Vater unser, der du bist in Erden,
Im Wasser, in der Luft
All unserer weiten schweigenden Breite,
Alles trägt deinen Namen, Vater, in unserm Gebiet:
Deinen Namen bringt das Zuckerrohr zur Süße,
Bolivarzinn strahlt wie Bolivar,
Bolivarvogel über Bolivarvulkan,
Kartoffel, Salpeter, besondere Schatten,
Strömungen, Adern phosphorischen Gesteins,
Alles, was unser, entstammt deinem erloschenen Leben:
Ströme, Ebenen, Glockentürme waren dein Nachlaß,
Unser Erbe ist unser täglich Brot, Vater.

Dein kleiner tapferer Hauptmannsleib
Hat ins Unendliche hin seine metallische Form
gebreitet:
Plötzlich kommen deine Finger aus dem Schnee hervor,
Und der südliche Fischer bringt jäh ans Licht
Dein Lächeln, deine Stimme pochend in den Netzen.

Welche Farbe soll die Rose haben, die wir nahe deiner
Seele pflanzen wollen!
Rot soll die Rose sein, die an deinen Schritt gemahnt.
Wie sollen die Hände sein, die an deine Asche rühren?
Rot sollen die Hände sein, in deiner Asche geboren.
Und wie die Saat deines toten Herzens?
Rot die Saat deines lebendigen Herzens.

Und so umgibt dich heute ein Kreis von Händen.
Neben meiner Hand ist eine andere, und eine andere
daneben,
Und immer mehr andere, hinunter in die Tiefen des
dunklen Kontinents.

Und eine andere dir unbekannte Hand
Streckt sich auch aus, Bolivar, der deinen entgegen.

Von Teruel, aus Madrid, vom Jarama, vom Ebro,
Aus den Zuchthäusern, aus der Luft, aus dem Tod Spaniens
Kommt dicsc rotc Hand, dic cin Kind ist dcr dcincn.

Hauptmann, Kämpfer, wo immer eine Stimme
Freiheit ruft, wo immer ein Ohr lauscht,
Wo immer ein roter Soldat eine braune Stirn zerschmettert,
Wo immer Lorbeer der Freien grünt, wo immer ein neues
Banner sich mit dem Blut unsrer ruhmreichen Dämmerung schmückt,
Bolivar, Hauptmann — dort kann man dein Antlitz erraten,
In Pulver und Rauch wird dein Schwert wiedergeboren,
Wieder ist dein Banner mit Blut bestickt.
Schurken fallen über deine Saat her von neuem:
An ein anderes Kreuz wird der Sohn des Menschen geschlagen.

Doch hin zur Hoffnung führt dein Schatten uns:
Der Lorbeer und das Licht deines roten Heeres
Sieht durch die Nacht Amerikas mit deinem Blick.
Deine Augen, die wachsam sind über den Meeren,
Über den unterdrückten und verletzten Nationen,
Über den dunklen Städten in Flammen,
Deine Stimme, deine Hand sind wiedergeboren:
Dein Heer verteidigt die heiligen Banner:
Und das schreckliche Geräusch des Schmerzes zieht voran
Der Dämmerung vom Blut des Menschen gerötet.

Befreier, eine Welt des Friedens ward in deinen Waffen geboren,
Frieden, Brot, Korn sprossen aus deinem Blut:
Aus unserem jungen Blut, stammend aus deinem Blut,
Wird Frieden, Brot, Korn kommen für die Welt, die wir bauen werden.

Ich traf Bolivar eines langen Morgens
In Madrid im Stab des Fünften Regiments.
»Vater«, sprach ich zu ihm, »bist du's oder bist du's nicht oder wer bist du überhaupt?«
Und hinüberschauend nach Cuartel de la Montaña sagte er:
»Ich erwache alle hundert Jahre, wenn das Volk erwacht.«

Nazım Hikmet

Angina Pectoris

Wenn die Hälfte meines Herzens hier ist, Doktor —
Die andere Hälfte ist in China
Mit der Armee, die hinabzieht, dem Gelben Fluß zu,
Und an jedem Morgen, Doktor,
An jedem Morgen, wenn es dämmert,
Wird mein Herz in Griechenland erschossen.

Und wenn die Gefangenen einschlafen,
Die letzten Schritte im Krankenbau verstummen,
Geht mein Herz fort, Doktor,
Geht es fort, einem kleinen Holzhaus zu in Istanbul.
Auch habe ich seit zehn Jahren, Doktor,
Nichts in den Händen gehabt, was ich meinen Leuten
hätte geben können,
Nichts als einen Apfel,
Einen roten Apfel — mein Herz.

Ich schaue die Nacht durch die Gitter,
Und trotz all dieser Wände, schwer lastend mir auf der
Brust,
Schlägt mein Herz mit dem fernsten Gestirn.
All diese Dinge, Doktor,
Und nicht etwa Arteriosklerose
Oder Nikotin oder das Zuchthaus,
Sind die Ursachen meiner Angina Pectoris.

Traurige Freiheit

Du verkaufst, was dein Blick umsorgte, deine Hand
sichtbar machte,
Du knetest den Teig aller irdischen Güter,
Ohne je etwas davon zu genießen.
Mit deiner großen Freiheit, für andere zu schuften,
Mit der Freiheit, den zum Krösus zu machen,
Der deine Mutter weinen macht,
Bist du frei.

Vom Augenblick deiner Geburt an steigen sie dir auf den
Kopf,
Ihre Lügenmühlen mahlen endlos durch dein Leben.
Mit deiner großen Freiheit, die Hände an den Schläfen,
denkst du nach.
Mit der Freiheit des Bewußtseins
Bist du frei.

Dein Kopf hängt, er scheint vom Nacken sich trennen zu
wollen,
Deine Arme baumeln herab,
Mit deiner großen Freiheit stromerst du umher.
Mit der Freiheit der Arbeitslosen
Bist du frei.

Du liebst dein Land wie deinen nächsten Freund,
Eines Tages verkaufen sie's, vielleicht an Amerika,
Und dich dazu mit deiner großen Freiheit.
Mit der Freiheit, ein Luftwaffenstützpunkt zu werden,
Bist du frei.

Wallstreet greift nach deiner Kehle (verflucht sei diese
Hand!),
Eines Tags schicken sie dich vielleicht nach Korea.
Mitsamt deiner großen Freiheit füllst du ein Grab ...
Mit der Freiheit, zum Unbekannten Soldaten zu werden,
Bist du frei.

Ich will leben, nicht einfach als Werkzeug, Nummer,
    Mittel,
Ich will, sagst du, als Mensch leben.
Mit deiner großen Freiheit schließen sie deine
    Handschellen.
Mit der Freiheit, verhöhnt, eingekerkert, selbst gehängt
    zu werden,
        Bist du frei.

Keinen Eisernen, keinen Hölzernen, keinen Seidenen
    Vorhang gibt's für dich,
Du brauchst nicht die Freiheit zu wählen.
        Du bist frei.

Eine traurige Sache unter dem Himmel ist diese Freiheit.

Das seltsamste Geschöpf

Wie der Skorpion, Bruder,
Du bist wie der Skorpion
In einer Schreckensnacht.
Wie der Sperling, Bruder,
Du bist wie der Sperling
Mit seinen kleinen Sorgen.
Wie die Muschel, Bruder,
Du bist wie die Muschel
Verschlossen und still.
Du flößest Furcht ein, Bruder,
Wie der Krater des erloschnen Vulkans.
Du bist nicht nur einer, leider!,
Nicht fünf,
Du bist Millionen.
Den Schafen gleichst du, Bruder,
Wenn der Viehhändler, mit deinem Fell angetan, den Stock hebt,
Stößt du sogleich zur Herde,
Beinahe stolz läufst du der Schlachtbank zu.
So bist du denn das seltsamste Geschöpf,
Seltsamer noch als der Fisch,
Der im Meere lebt und das Meer doch nicht kennt.
Und wenn soviel Tyrannei auf Erden ist,
So deinetwegen, Bruder.
Wenn wir ausgehungert sind, verbraucht,
Nur Haut und Knochen,
Ausgepreßt wie Trauben, unseren Wein zu geben —
Ich kann nicht sagen, daß die Schuld nur bei dir liegt,
Aber, Bruder, zum großen Teil.

Über den Tod

Setzt euch doch, Freunde,
Seid willkommen,
Ich weiß, während ich schlief,
Kamt ihr durchs Fenster in meine Zelle.
Ihr warft nicht die langhalsige Medizinflasche zu Boden
Noch die rote Pillenschachtel.
Vor meinem Bett stehend,
Sternenlicht auf den Gesichtern,
Haltet ihr euch an den Händen.
Seid willkommen, Freunde!

Ist es nicht merkwürdig …
Ich dachte, ihr wäret tot.
Und da ich weder
An Himmel noch Hölle glaube, noch an Gott,
Dachte ich: »Schade,
Ich kann nicht einmal
Meinen Freunden eine Zigarette anbieten.«

Ist es nicht merkwürdig …
Ich dachte, ihr wäret tot.
Ihr kamt durchs Fenster in meine Zelle.
Setzt euch doch, Freunde!
Seid willkommen!

Warum legst du die Stirn in Falten,
Hashim, Sohn Osmans?
Ist es nicht merkwürdig …
Warst du nicht tot, Bruder?
Stürztest du nicht im Hafen von Istanbul
Beim Kohlenladen auf einem ausländischen Frachter
In den Laderaum
Mit deinem Kohlenkorb?
Die Winde holte deinen Körper herauf,
Und ehe du starbst,
Wusch rotes Blut
Deinen schwarzen Kopf.

Wer weiß denn, was du leiden mußtest ...
Bleib nicht stehen, bitte, setz dich doch.
Ich dachte, du wärest tot.
Du kamst durchs Fenster in meine Zelle,
Sternenlicht auf dem Gesicht.
Seid willkommen, Freunde!

Guten Tag, Yakub aus dem Bergdorf,
Starbst du nicht auch
Und hinterließest deinen Kindern
Deine Malaria und deinen Hunger
Und wurdest du nicht an einem heißen Sommertag
Auf dem kahlen Friedhof begraben?
So — du bist also nicht gestorben ...

Und du,
Achmed Jemil, der Schreiber!
Ich sah doch mit eigenen Augen,
Wie sie deinen Sarg in die Grube senkten.
Mir schien sogar
Der Sarg ein wenig kurz zu sein.
Stell die Flasche hin, Achmed Jemil!
Du hast also deine schlechten Angewohnheiten nicht abgelegt.
Das ist Medizin und keine Raki-Flasche.
Um fünfzig Cents am Tag zu verdienen
Und die Einsamkeit dieser Welt zu vergessen,
Wieviel du doch zu trinken pflegtest!
Ich dachte, du wärest tot.
Da steht ihr an meinem Bett
Und haltet euch an den Händen.
Setzt euch doch, Freunde!
Seid willkommen!

Ein alter persischer Dichter sagt,
Der Tod ist gerecht.
Er schlägt mit gleicher Majestät
Den Schah und den Armen.

Hashim, was blickst du so verwundert?
Bruder, hörtest du nie
Von einem Schah, der einen Kohlenkorb schleppte
Und im Laderaum eines Frachters umkam?

Ein alter persischer Dichter sagt,
Der Tod ist gerecht.
Yakub, du mein Augapfel,
Du lächelst ja übers ganze Gesicht.
So lächeltest du nie,
Solange du am Leben warst.
Aber laß mich zu Ende kommen.

Ein alter persischer Dichter sagt,
Der Tod ist gerecht …
Laß die Flasche, Achmed Jemil,
Du ärgerst dich ganz umsonst.
Ich weiß, wenn der Tod gerecht ist,
Meinst du, sollte das Leben auch gerecht sein.
Ein alter persischer Dichter …
Freunde, warum seid ihr so böse?
        Warum laßt ihr mich allein?
        Freunde, wohin? …

Das ist hier die Frage

Aller Reichtum der Erde kann ihren Durst nicht stillen.
Sie wollen eine Masse Geld machen.
Du hast für sie zu töten, du hast für sie zu sterben,
Damit sie eine Masse Geld machen können.

Natürlich geben sie es nicht öffentlich zu.
Sie hängen bunte Lampions ins dürre Geäst.
Sie schicken glitzernde Lügen über die Straßen,
Am Rockschoß hängt ihnen Flitter und Rauschgold.

Auf den Märkten schlagen sie die Trommel.
Unterm Zeltdach Tigermensch, Seejungfrau, Mann ohne
Kopf,
Akrobaten in rosa Höschen auf dem Draht —
Alle Gesichter sind stark geschminkt.

Betrogen oder nicht betrogen werden —
Das ist hier die Frage.
Läßt du dich nicht hereinlegen — bleibst du am Leben.
Wenn aber doch — dann nicht …

Die Feinde

Sie sind die Feinde des Tuchwebers Rejep aus Bursa,
Die Feinde des Monteurs Hassan in den Karabuk-Werken.
Sie sind die Feinde der armen Bäuerin Matcheh,
Die Feinde des Landarbeiters Suleiman.
Sie sind deine Feinde, meine Feinde,
Die Feinde jedes denkenden Menschen.
Unser Vaterland, die Heimat all dieser Menschen –
Sie sind, Liebste, die Feinde unseres Vaterlands.

Sie sind die Feinde der Hoffnung, Liebste,
Die Feinde des rinnenden Wassers,
Des fruchttragenden Baums,
Eines wachsenden, schöneren Lebens.
Denn der Tod hat ihre Gesichter gezeichnet –
Bröckelnde Zähne, faulendes Fleisch –
Sie werden niederbrechen und vergehen,
Um nie wiederzukehren.
Und gewiß, Liebste, ganz gewiß
Wird in diesem schönen Land
Die Freiheit frei umgehen
Schreitend in herrlichstem Kleid –
Im Kleid des Arbeiters.

Brief aus Istanbul

Lieber, hier
diesen Brief schreib ich dir
im Bett. Wie müd ich bin!
Im Spiegel sah ich mich heut: ich war beinahe grün …
Kalt ist es. Wird der Sommer gar nicht mehr kommen?
Und
das Holz für eine Woche kostet jetzt dreißig Pfund.
Was soll man machen …
Vor ein paar Tagen arbeitete ich im Flur,
Ich mußte mir eine Decke über die Schultern legen,
längst sind die Scheiben aus den Fenstern gefallen.
Die Türen wollen nicht mehr schließen.
Wir werden ausziehen müssen,
sonst wird noch das Haus über uns zusammenbrechen.
Aber wer kann noch diese Mieten zahlen …
Warum schreib ich dir eigentlich das alles,
was dir doch weh tun wird,
Aber mit wem soll ich über mein Elend sprechen?
Verzeih, Liebster.
Sag, wann wird es endlich schön?
Vor allem nachts will es gar nicht mehr gehn.
Immer vor Kälte zittern … Im Traume sah
ich mich schon manchmal in Afrika.
Einmal war es Algerien!
So warm war es dort!
Eine Kugel hatte meine Stirn durchbohrt.
Mein Blut strömte, aber ich war nicht tot.
Und alt bin ich geworden, so alt,
dabei weiß du, daß ich noch nicht vierzig bin,
ich bin gealtert
und weiß es und sag es halt.
Dann tun die Leute, als müßten sie mir die Leviten lesen.
Lassen wir das …
Übrigens hat man die »Grille« verfilmt,
offenbar ist sie in Paris ein großer Erfolg gewesen.
Ist nun das Unrecht ganz auf seiten der armen Frau? Was

denkst du? Mir gefällt der Arzt, aber ich
bin zugleich wütend auf diesen Dummkopf.
Aber wer ist am unglücklichsten eigentlich
und durch wessen Schuld? Wer weiß ...
Ich höre am Radio Lieder aus Paraguay,
man schrieb sie auf ein dornendurchbohrtes Blatt
mit Liebe zum Licht und Menschenschweiß.
Sie sind wie ein bitterer Hoffnungsschrei:
Ich liebe so sehr die Lieder aus Paraguay.
Adrigé hat mir einen Brief geschrieben,
sie habe nie aufgehört, an mich zu denken und mich zu
    lieben.
Ich weiß nicht, was ich dazu sagen soll.
Seit langem, seit du das Land verlassen hast,
war sie nicht einmal bei mir zu Gast.
Sie hat nichts von mir wissen wollen.
Und als sie mich auf der Straße traf
an einem Sonntagmorgen,
ging sie vorbei und sah nicht zu mir hin.
Wir waren die engsten Freundinnen.
Doch mit der Freundschaft ist es wie mit Bäumen!
Einmal verdorrt, wollen sie nicht mehr blühn.
Ich antwortete nicht.
Wozu auch?
Käme sie, nach mir zu fragen,
ich hätte ihr nichts zu sagen.
Ich hasse sie nicht, nein:
Möge sie glücklich sein.
Man sagt, sie habe einen reichen, kranken Mann geheiratet,
einen Halbverrückten.
Und Adrigé, die voller Leben war, schade ...
Ich ging gerade unseren Sohn beobachten.
Rosig und blond schläft er mit geballten Fäusten.
Ich habe die Decke, aus der er sich losgestrampelt hatte,
    wieder über ihn gelegt.
Eine schlechte Nachricht war's, die sie
heute abend im Rundfunk brachten.
Irène Joliot-Curie ist tot.

Nicht wahr, sie war noch jung?
Ich habe noch die Erinnerung
an ein Buch über ihre Mutter,
die Mutter der Toten.
Es handelte auch von zwei Mädchen.
Ich weiß noch die Seite. Man verglich sie wohl
mit zwei blonden griechischen Statuen.
Und nun ist eines von den Mädchen tot.
Ich weiß nicht, wie ich es ausdrücken soll.
Natürlich, eine berühmte Gelehrte war sie,
aber wer da gerade starb an Leukämie,
war auch die kleine Blonde, die
ich meine: Heute abend weine ich über Irène Joliot-Curie.
Merkwürdig. Irène,
hätte man ihr gesagt: Irène, deinen
Tod wird eine Frau in einem fremden Land,
in Istanbul, die du gar nicht gekannt,
sehr beweinen,
sie hätte es kaum geglaubt.
Ich dachte plötzlich an ihren Mann.
Ich fragte mich: Ob ich ihm schreiben kann?
Aber ich kannte nicht seine Adresse.
Frédéric Joliot-Curie, Paris —
kommt das an?
Auch ein französischer Schriftsteller starb.
Ich laß es in der Zeitung und bin gewiß,
Du kennst seinen Namen nicht. Er war schon lange alt,
ein Zyniker und Egoist,
ein verächtlicher Mensch.
Sein ganzes Leben lang verspottete er alles.
Er liebte nichts und niemanden
außer Hunden und Katzen und
nicht einmal:
Höchstens seine Katze und seinen Hund.
Vor dem Sterben, in einem Interview, teilte er mit, er gestatte
sich, den Tod ergötzlich zu finden.
Dabei sah man, daß er furchtbare Angst hatte.

Sein Photo erschien. Er ähnelte unserer Großmutter;
stell sie dir als Mann vor und setz ihr
eine Nachtmütze auf.
Da hast du ihn.
Ein Greis, in eine schreckliche Einsamkeit eingemauert,
auch um ihn habe ich getrauert.
Aber es war nicht der gleiche Schmerz.
Irène Joliot-Curie,
Du denkst an ihre Kinder, ihren Mann, doch wie nie
zuvor hast du Mitleid mit der Welt:
Ein großer Mensch ging fort. Mich schauert.
Nun hab ich für dich eine Überraschung.
Dein kleiner Faulpelz beginnt zu lesen.
Er weiß schon viele Wörter, der kleine Wicht,
Zum Beispiel »Stunde«, »Buch«, »Stift«, »Mappe«.
Wunderbar, nicht?
Jeden Buchstaben, den er entdeckt, vergleicht er mit etwas.
»A« ist ein Hut, eine Kappe.
»B« ist ein dicker Herr,
»T« eine Hacke.
Wenn er nur nicht so faul wär.
Wär er ein Mädchen,
würd man vielleicht besser fahren,
eine Frau weiß in jedem Alter ihre Hände zu
gebrauchen,
aber ein Junge von fünf Jahren?
Ach, wär's nur nicht mehr kalt, würd es endlich
schön werden …
Aber es wird schon noch schön werden.
Mein Brief ist zu lang.
Gib auf dich acht.
Gib bald Bericht.
Vergiß mich nicht.
Gib bald Bericht.
Sag dir nicht, daß Minnever
eine kluge und tapfere Frau sei,
und sie würde jeder Schwierigkeit Herr.
Ohne dich seh ich kein Licht.

Vergiß mich nicht.
Gib auf dich acht.
Ich küß deine Augen sacht.
Gute Nacht.
Gib auf dich acht,
gib bald Bericht.
Denk nicht an das, was ich klagte.
Vergiß, was ich sagte.
Mich vergiß nicht.

Attila József

Der Hunger

Die Dreschmaschine steht. Der Staub treibt weg
Wie Nebel, die im Herbst sich lang verspäten,
Senkt auf die krummen Rücken, die verdrehten
Hälse sich. Und sie essen. Starr von Dreck

Wird kalt das Hemd am Leib. Der Schweiß klebt's fest.
Her mit dem Brot, den Gurken! Mittagsstunde.
Kein Brocken geh verlorn, keine Sekunde!
Nach jedem Biß befiehlt der Hunger: Eßt!

Was sonst geschieht, das haben sie vergessen.
Und Biß trifft Biß. Es kann kein Biß mehr warten.
Doch kaun sie gut an jedem Stück, dem harten.

Und essend füllen sie, wie blind und taub,
Die Bauernlungen sich mit schwarzem Staub.
Sie essen, essen. Reden nicht. Sie essen.

Meine Mutter

Sie faßte mit den beiden Händen
Das Töpfchen gegen Sonntagabend.
Sie lächelte still vor sich hin
Und saß ein Weilchen in der Dämmrung.

In einem Teller bracht sie Essen
Nach Haus von Ihren Exzellenzen.
Im Bett dachte ich drüber nach,
Daß die wohl einen Topf voll essen.

Die Mutter ist zu früh gestorben,
Denn kurz leben die Wäscherinnen.
Es zittern ihnen leicht die Beine,
Und Kopfweh kriegen sie vom Bügeln.

Gebirge heißt für sie: Schmutzwäsche.
Nervenberuhigend soll Dampf sein.
Dachböden bieten Möglichkeiten
Für sie zur Luftveränderung.

Sie blieb bei ihrem Bügeleisen.
Die Arbeit beugte ihre zarte
Gestalt. Sie wurde immer schmäler. –
Denkt daran, denkt daran, Proleten!

Sie wurde langsam krumm vom Waschen.
Ich wußte nicht, daß sie noch jung war.
Im Traume trug sie saubre Schürzen.
Der Briefträger grüßte sie manchmal.

An der Donau

I

Auf Steinen saß ich an des Flußdamms Saum,
sah, wie stromab Melonenschalen schwimmen.
Dacht an mein Leben und gewahrte kaum
der Tiefe Schweigen und der Fläche Stimmen.
Als ob sie grade quer durch mich hinfloß,
trüb war die Donau. Trüb, weise und groß.

Gleich schweren Muskeln, die der Arbeit schwellen,
ob man nun schmiedet, knetet oder gräbt,
spannte, entspannte sich jede der Wellen,
hat in geringster Regung noch gebebt.
Wie Mutter wiegt' die Donau mich. Sie hat
manches erzählt und wusch dabei die Stadt.

Ein kleiner Regen kam für kurze Zeit.
Als sei's ihm gleich, versiegte er und schwand.
Und doch sah ich wie aus Geborgenheit
etwas wie langen Regen fern im Land:
Vergangenheit fiel wie ein Regen, bar
der Farben, die einst voller Farben war.

Die Donau strömte. Wie im Schoße schön
der schwangern Mutter (sie gibt nicht drauf acht)
das Kind spielt, konnt ich Wellen spielen sehn,
und manchmal haben sie mir zugelacht,
Grabsteinen gleichend, auf dem Strom der Zeit
erzitternd, stürzend in Vergänglichkeit.

2

So bin ich nun. Seit hunderttausend Jahren
seh ich, was jäh mir in den Blick eintritt.
Eine Sekunde — und die Zeit erfahren.
Und hunderttausend Ahnen schauen mit.

Ich seh, was sie nicht sehen konnten. Graben,
umarmen, töten, säen hieß ihr Bann.
Und dennoch müssen sie gesehen haben
im Kern des Stoffs, was ich nicht sehen kann.
Einander kennend wie Freuden und Leiden,
hab ich das Einst, das Jetzt gibt ihnen sich.
Wir schreiben gleichen Stiftes diese Seiten.
Ich fühle sie, und ich erinnre mich.

3

Sie war Kumanin. Er aus Székler Grunde
halb oder ganz Rumäne; ungewiß.
Schön war die Wahrheit aus des Vaters Munde,
aus Mutters Munde war die Speise süß.
Reg ich mich: sie sind's, die zusammenlagen,
manchmal streift eine Trauer dann ihr Kind.
Vergehn, aus dem ich bin. Ich hör sie sagen:
»Du wirst schon sehen, wenn wir nicht mehr sind ...«

Sie sagen's – denn an ihre Stelle mählich
trat ich. Aus Schwäche brach sich Stärke Bahn.
Ich weiß mich aus Erinnerung unzählig,
von der Urzelle her bin ich der Ahn.
Als Vorfahr, der sich teilt, um sich zu mehren,
wandle ich glücklich in die Eltern mich.
Und sie auch wollen nicht der Teilung wehren.
Vervielfacht werd lebendige Einheit ich.

Die Welt bin ich mit alten, neuen Zügen.
Was da auch immer aufeinanderstieß:
Mit mir müssen die Sieger weiter siegen,
und der Besiegten Qual ist mir gewiß.
Árpád, Zalán, Werbőczi, Dózsa wollen
dies Herz. Die Völker brechen in mich ein.
Ich habe dem Vergangnen schulden sollen
die süße Zukunft – Ungar heut zu sein.

Arbeiten will ich. Denn ich muß bestehen
Vergangenheit. In Donauwellen sah
ich Heutiges, Einstiges, Künftiges vergehen.
Hinwogend war es miteinander da.
Die Schlacht, der Alten ruhelose Klinge
wird stiller, seit Erinnerung sie auffing.
Ordnen wir doch nun endlich unsre Dinge.
So unser Auftrag. Er ist nicht gering.

Flora

1

Hexameter

Schnee sinkt breiig zusammen, die Blechtraufe tröpfelt
schon fleißig,
Eis in schmutzigen Haufen schmilzt schmählich weg
und verschwindet,
Schmelzwasser sprudelt, es fließt hin zur Rinne
geschwätzig,
flüchtige Heiterkeit macht beben die himmlischen Höhen,
und ihr rötliches Hemd wirft auf die Frühe die Sehnsucht.

Flora, wie voller Angst, nachdenklich ich dich doch liebe!
Bei diesem raunenden Tauen nahmst du von meinem
Herzen
Trauer wie einen Verband. Sieh, und ich lebe nun wieder!
Deines ewigen Namens Fluten tönen. Ein Licht ist.
Und mich schaudert's, wenn ich fühl, daß ich ohne dich
lebte.

2

Geheimnisse

Vor Geheimnissen will ich,
daß sie still sein, Posten stehn.
Panzertest mich, ließest mich
ganz in schwerer Treue gehn.

Lüftchen weht und Wasser geht.
Du wirst rot – es ist kein Wahn,
Auge späht und Herz erfleht:
Alles hier hält um dich an.

Und das, was ich singe hier,
heißt, falls dich mein Lied erreicht:
Wenn ich dich schon lieb, mach mir
diese schwere Treue leicht.

3

Gut zwei Milliarden …

Gut zwei Milliarden schlugen mich in Ketten,
als ihren Wachhund hätten sie mich gern,
aus ihrer Welt möchten sich südwärts retten
Güte und Zartheit, ach, sie sind schon fern.
Die Welt da kann ich nicht ans Licht mehr halten
wie Stoffe, die im Reagenzglas walten.
Besiegt bin ich. Mitleid! Und muß erkalten,
wirst du nicht, Liebe, Rettung mir und Stern.

Ich brauch dich, wie der Bauer Boden braucht,
Regen und Sonne. Ja, ich brauche dich
so wie die Pflanze Licht, in das sie taucht,
daß ihr dann Blätter wachsen grün und frisch.
Ich brauch dich wie die arbeitenden Massen,
trotzig sich hinquälend im Kampf der Klassen,
weil neue Tage sich nicht sehen lassen,
Mut brauchen, Freiheit, den gedeckten Tisch.

Ich brauch dich, Flora, wie das flache Land
Licht, Brunnen, Schulen braucht, Häuser aus Stein,
wie Kinder Spielzeug, eine sanfte Hand,
der Arbeiter das Wissen, Mensch zu sein.
Wie man ein Vorbild bracht, in diesen Zeiten
die Armen Würde, Weise, die uns leiten,
den Einschlag im Geweb der Eigenheiten,
Vernunft, aus Finsternissen großen Schein.

März 1937

1

Wenn der laue Regen den jungen
Flaum des Korns beschlägt,
und nach dem ersten Storch sitzt
krumm der Winter versteckt,
begleiten grüne Explosionen
den Weg des Frühlings grell.
Die Budike, zur Sonne weit offen,
riecht nach Hoffnung und Sägemehl.

Spanien, steht in der Zeitung,
wird von Söldnern verheert und verbrannt,
in China raubt ein Idiot von
General den Armen ihr Land.
Woran man die Stiefel sich abwischt,
das wäscht in Blut man rein.
Überall hüllen große Worte
das Elend der Armen ein.

Wie ein Kind bin ich glücklich.
Flora liebt mich. Nackte, schöne Liebe du ...
Auf uns alle, auf uns beide
treibt der Krieg seinen Abschaum zu.
Mit dem Panzerwagen wetteifert
schrecklich das Seitengewehr.
In uns beiden find ich die Kraft, die
ich brauch, denn ich fürchte mich sehr.

2

Mann oder Frau, alle sind käuflich,
verschlossen, wenn sie eins haben, ihr Herz.
Herzen, von Haß befleckte,
um euch fühl ich diesen Schmerz.

Ich wach über mein Leben auf Erden,
denn in ihm gewinnt jedes Leben Gestalt.
Solang unsre Liebe uns Licht gibt,
Flora, wird es in der Welt nicht kalt.

Es sei klug und schön unser Mädchen,
lebhaft und kühn unser Sohn,
mögen beide etwas bewahren
von unsrer Konstellation.
Sollte die Sonne verbleichen,
wird das Geschlecht unsrer Welt
das Unermeßne erobern,
neue Sphären gesellt.

Thomas Mann zum Gruß

Dem Kinde gleich, das sich nach Ruhe sehnt
Und sich schon müde in den Kissen dehnt
Und bettelt: Ach, erzähl mir was, bleib da ...
(Dann ist das böse Dunkel nicht zu nah),
Und das — sein kleines Herz schlägt hart und heiß —,
Was es sich eigentlich da wünscht, nicht weiß:
Das Märchen, oder daß du bei ihm bist —
So bitten wir: Bleib eine kurze Frist!
Erzähl uns was, selbst wenn wir es schon kennen!
Sag, daß wir uns mit Recht die Deinen nennen!
Daß wir, mit dir vereint, deine Gemeinde,
Des Menschen wert sind und des Menschen Freunde.
Du weißt selbst, daß die Dichter niemals lügen.
So laß dic Wahrheit, nicht die Fakten siegen,
Die Helle, die dem Herzen du gebracht —
Denn unsre Einsamkeit, das ist die Nacht.
Laßt heut uns, Freunde, uns durchschaun! So sah
Hans Castorp einst den Leib der Frau Chauchat.
Kein Lärm, der durch des Wortes Vorhang dringt ...
Erzähl, was schön ist und was Tränen bringt.
Laß, nach der Trauer, endlich Hoffnung haben
Uns, die wir Kosztolányi grad begraben ...
Ihn fraß der Krebs nur. An der Menschheit Saat
Frißt tödlich schrecklicher der Dschungel-Staat.
Was hält die Zukunft noch in ihrem Schoß?
Wann bricht das Wolfsgeschmeiß gegen uns los?
Kocht schon das neue Gift, das uns entzweit?
Wie lang noch steht ein Saal für dich bereit?
Das ist's: wenn du sprichst, brennt noch unser Licht,
Es leisten auf ihr Mannsein nicht Verzicht
Die Männer, Frauen lächeln wunderbar,
Noch gibt es Menschen (doch sie wurden rar ...)
Setz dich! Fang an! Laß uns dein Märchen hören!
Und manche — doch sie werden dich nicht stören —
Schaun dich nur an. Sie wollten zu dir gehn,
Den Europäer unter Weißen sehn ...

Grabschrift
für einen spanischen Bauern

Der General Franco hat mich einberufen als —
verflucht! — Soldat.
Ich desertierte nicht, ich hatte Angst, seht ihr, sie
hätten mich erschossen.
Ich hatte Angst. Drum kämpft ich gegen Recht und
Freiheit in dem Heer
unter den Mauern von Irun. Und dort hab sterbend ich
mein Blut vergossen.

Die künftigen Menschen

Sie werden Kraft und Zartheit sein.
Sie werden die eiserne Maske der Wissenschaft zerbrechen,
Um die Seele auf dem Antlitz des Wissens sichtbar zu machen.
Sie werden Brot und Milch küssen
Und mit der Hand, die das Haupt ihres Kindes streichelt,
Aus dem Gestein Metalle und Eisen schürfen.
Mit den Gebirgen werden sie Städte errichten.
Ohne Hast werden ihre riesigen Lungen
Gewitter und Stürme atmen,
Und die Ozeane werden ruhen.
Immer erwarten sie den unerwarteten Gast
Und haben für ihn gedeckt
Den Tisch und auch ihr Herz.
Möget ihr ihnen ähnlich sein,
Daß eure Kinder mit Lilienfüßen
Unschuldig das Blutmeer durchschreiten,
Das zwischen uns liegt und ihnen.

Ballade vom Profit

Ob du den Teig in deiner Mulde rührst,
Ob du den Ziegel brennst, in Gläser bläst,
Ob deine Haut platzt, wenn du pflügst und mähst,
Ob Schweiß, Blut oder Bauch zu Markt du führst,
Kalt ist's, doch hast du keinen Mantel mit,
Ob du im Stollen liegend Stempel pflanzt,
Ob du ein Handwerk oder keines kannst:
Da stehst du — doch bequem sitzt der Profit.

Du, der sich bis in tiefste Tiefen wühlt,
Dem Lichte nach die hohe See befährt,
Vom Bett zur Bude und dann umgekehrt
Den Weg nimmt und nicht Arbeitsliebe fühlt,
Von Nässe krank, von Feuern ausgeglüht,
Ob auf der Lok dich Eis und Hitze quält,
Ob du sehr weit fährst, bis dein Anker fällt:
Da stehst du — doch bequem sitzt der Profit.

Ob du Gedichte voller Galle baust,
Ob du Prophet bist oder Löwenbändiger,
Ob du im Hauptbuch fälschst oder, noch wendiger,
Einem, der's hat, ganz schnell die Börse klaust,
Ob mal das Glück an deiner Seite schritt,
Ob du in Fetzen gehst, Mitleiderreger,
Ob Hirnmensch, Händler oder Straßenfeger:
Da stehst du — doch bequem sitzt der Profit.

Zueignung

Noch mehr gäb's, Attila … Schluß mit dem Lied!
Dein Bauch klingt hohl. Die Zeit ist nicht geheuer.
Knallt's, holst du die Kastanien aus dem Feuer.
Da stehst du — doch bequem sitzt der Profit.

Die Solidarität

Man schlug uns im Verhör schon bis aufs Blut.
Genosse, der du schreitest hoch im Licht,
Gedenke dessen, der im Finstern ruht,
Auf Mauern blickend, die kein Strahl durchbricht.
Weich ist der Leib, das Lager aber nicht.
Wir speien aus den harten Kanten Brot;
Ein kranker Magen bringt uns noch den Tod.
Wer nicht gleich stirbt, den töten die Infamen.
Noch kämpfen wir, doch sind wir sehr bedroht.
Hilf, Bruder, denen, die zu Falle kamen.

Der Herd zu Haus zeigt Risse und ist kalt,
Das Essen wird im kalten Topf gemacht,
Ein bißchen Abfall, Krautzeug — was man halt
Vom feuchten Marktpflaster so heimgebracht.
Der Frau wird's vor den Augen schwarz wie Nacht.
Die Nachbarin krakeelt im Gang: zum besten
Hielten wir sie. Es ist wegen den Resten
Von Lampenöl, das wir von ihr annahmen.
Der Winter kommt. Er gleißt mit Eis und Frösten.
Hilf, Bruder, denen, die zu Falle kamen.

Denkt an den Kübel, den verfluchten Stank,
Die Kränke qualmt aus ihm in unser Loch.
Schickt Seife, Pferdefleisch. Es sei euch Dank,
Habt ihr für uns auch was zum Anziehn noch.
Schickt Bücher, sei'n sie noch so dumm, weil doch
die rattenweiche Nacht voll Wahnsinn ist,
Weil uns die Sehnsucht nach der Frau zerfrißt —
Ihr, die ihr in Betrieben steht zusammen,
Du, der du unsre Rote Hilfe bist,
Hilf, Bruder, denen, die zu Falle kamen.

Wir kämpften treu für die Revolution.
Nicht sterben dürfen wir, wir müssen leben.
Das Flugblatt wartet auf uns, Hungerlohn,

Die Bourgeois, die vor uns wütend beben,
Partei, Familie, Arbeit warten eben ...
Es wartet unser eine ganze Welt,
Es blitzt die Sichel, und der Hammer fällt.
Die Kerkertüren brechen aus den Rahmen.
Und unser Schlachtruf »Hoch die Räte!« gellt —
Hilf, Bruder, denen, die zu Falle kamen.

Vielleicht werde ich plötzlich verschwinden

Vielleicht, wie eine Tierspur in den Wäldern,
werd ich auf einmal gänzlich verschwinden.
Eines Tages muß ich Rechenschaft ablegen.
Was ich besaß, verging mit den Winden.

Der Kinderleib, der einer Knospe glich,
ward in bittrem Rauch gedörrt und ist verwittert.
Wenn ich zurückschau auf das, was mein Leben war,
fühl ich, wie der Verstand mich verläßt und das Herz
mir erzittert.

Die Gier hat ihren Reißzahn in mein Fleisch geschlagen.
Zu früh spürte ich sie in meinem Mark brennen.
Dann kam die Reue, und ich sagte mir:
Warum hast du nicht zehn Jahre warten können?

Meine Mutter redete mir zu, und ich wollte
sie grad nicht verstehn und gab auf sie nicht acht,
dann war ich Waise, schlecht oder gar nicht geliebt,
und hab mich auch über meine Lehrer lustig gemacht.

Du, meine Jugend, bist wie ein grüner Wald gewesen,
endlos schienst du zu sein und ewig zu dauern.
Jetzt hör ich weinend auf den Wind und hör ihn im
trocknen Geäst, aus dem jedes Blatt fiel, schauern.

Arbeitslos

Ich bin ein Vogel, dem die Schwingen fehlen.
Nun muß ich mich schon seit achtzehn Monaten quälen.

In den Tiefseegrotten der Markthallen
Schleppte ich schwer an schmierigen Körben und Ballen.

Als ich die eisigen Kabel der Donau in die Fäuste
genommen,
Hab ich davon die Hände eines Mörders bekommen.

Bücher sucht ich zu verkaufen, aber ich sah
Kein einziges Mal in Móricz, noch in Shaw, Cocteau,
Barbusse, Zola.

Magerer Händler in goldenen Hörnchen, sah ich zu,
wie man sie bricht
Und ißt. Und ich aß sie nicht.

Ich habe nicht Suppe, noch Herd. Und seither saß
Ich nachts schlafend auf Bänken, lag im Engelgras.

Attila József

Gut war er, heiter. Als verdrießlich auch bekannt,
Wenn man verlachte, was er seine Wahrheit nannt.
Er liebte gut zu essen. Was als sicher gilt:
In ihm selbst sah man manchmal Gottes Ebenbild.
Ein jüdischer Arzt ließ ihn nicht ohne Mantel gehn.
Die Seinen nannten ihn Laß-dich-nicht-wieder-sehn.
Hat in der Kirche seinen Frieden nicht gefunden.
Nur Pfaffen.
Stürze viel bedeckten ihn mit Wunden.
Sehr hat sein Bettlerlos zwar diese Welt gestört,
Doch hat die Sorge um ihn endlich aufgehört.

Milán Füst

Brief vom Entsetzen

»Auf der Brust das Kreuz des Ritterordens,
Den Mantel mit der violetten Verschnürung über der
Schulter,
Die leichte Trauer des Reiters zeigend,
Ritten wir auf Madrid zu, als Nachricht kam über den
Friedensschluß.
Die Wasser wichen zurück, wo wir vorüberzogen.
Die Leute schlossen die Tore. Am Ende der Dörfer
Schalten sie über meine wilden Hunde. Keiner wußte
natürlich Genaueres.
Warum sollten sie mich fürchten! Auch wo es hart
auf hart geht, bin ich die Freundlichkeit selber.
So war's. So wie das Wild der Wälder, wenn sich ein
Zweig rührt
Oder unter dem Fuß knackt. Ist denn die Angst hier
so groß?
Eure Nächte erblassen. Vor euern Häusern der Wächter
Stößt einen furchtbaren Schrei aus, um seine Furcht
zu verbergen.
So also? Daß du dir, Mann, noch einen Tag stiehlst,
Noch einen Kuß, einen Schluck, ein Sternlicht, und
damit fliehst wie ein Dieb?
Besser geregelt dachte ich mir dieses Sein. Jetzt
verachte ich's.
Sich beeilen, ihr Herren, zittern? Sieh den langsamen
Mond.
Herrlich ist diese Welt. Und mein. Laßt sie mich noch
beweinen.

Gestern noch war ich jung, so jung mein Herz …
Schlafenden Wassern gleich in der schweren
schläfrigen Frühe.
Jetzt herrscht Schatten und Stille. Mein Leben ging
aus den Fugen.
Ein Gesicht, das einem Jahrtausend gleicht. Wenn schon.
Es ist nichts.
Flüchten werde ich nicht.«

Auf ein ägyptisches Grabbild

Ich lebe und schreie, daß du mich hörst, doch wie
lange noch?
Und wer denn ist's, den ich rufe?
Die Späteren, werden sie wissen, daß einer hier lebte?
Und mein Aufschrei im Wald der Jahrhunderte,
Wird er nicht umirren und ersterben?
Wir er noch über den Ozean der Zeiten hinrollen,
Sei's auch so schwach nur
Wie im Sturmwind ein leichter Schaum?

Wer denn ist's, den ich rufe,
Wenn nun niemand den Schrei begreift,
Niemand begreift, was ich erfuhr,
Was ich sah und erlitt?

Warum reden statt schweigen.
Warum ein ganzes Leben seinen ewigen Schmerz
hinausschrein, schreien,
Daß ich der Ahn eurer Leiden bin.
Warum, Nachwelt, dich bitten
Um das Almosen des Blicks zurück, aus
Wäldern der Zeiten, Qualen, großer Gewitter
über Gewässer und Nebel hin.

Denk an mich einen Moment lang wie der Seemann,
gleitend
Nieder den schwarzen Abgrund im Sturm,
Sieh, ihm erscheint der Gefährte tief unten:
Auf einem Kissen aus Algen ruht ihm das müde
Haupt,
Und leicht drückt er an die erschöpfte Brust
Das, was er einzig hat: eine unendliche Nacht.

Gyula Illyés

Antäus

I

Frühe

Ein Klang. Ich kann ihn vor mir sehn,
der Turm fängt an fern zu erstehn,
er hebt sich aus Ozoras Nacht.

Ein Ferkel quiekt. Da hebt sich auch
das Haus des Bruders aus dem Rauch.

Gestalt gewinnt die Ferne sacht.

Hinlauschend in die Nacht, bin bald
ich selbst mir deutliche Gestalt,
Familie, Name, Ort sind mein,
ich wache auf: Welt stürzt in mich,
Gehör, Gefühl erinnern sich.
Verwaist muß ich nicht länger sein.

Krank, unstet kam ich gestern her.
Ich lausche, dürst nach Frieden sehr.
Zum Tagewerk ist man bereit,
für mich auch. So wie einst mit Müh
die Mutter Brot buk in der Früh.
Heiß überkommt mich Sicherheit.

Es klingt und hallt. Im Innern kann
ich's sehn: es steigt der Turm hinan.
Das Dorf, das Land, die ganze Erde
Gottes ganz ledig. Dir, Bekanntschaft,
Wend ich mich zu, Menschen-Verwandtschaft.
Du Ähnlichkeit! Sag mir dein Werde!

Ich liege. Doch der erste Wagen
dröhnt durch mein Blut. Erwachend jagen
Pfade durch meinen Leib dahin.
Ich kann als Straße mich gewahren,
auf der Hunderte Wagen fahren,
was lebt, lebt auch in meinem Sinn.

Die frühe Landschaft meiner Trauer,
kahl, wesenlos und ohne Dauer,
bevölkert sich. Landnehmerweg
wird laut vom Ruf der Hirten werden.
Aus dem Vergangnen drängen Herden.
Ein Trecker rumpelt auf dem Steg.

Wie Transfusionen mich befeuern!
Du Kraft, du süßes Sicherneuern!
Welch eine Hoffnung steht hier auf!
Will ich als Mittelpunkt mich weisen
der Welt? Mehr: Will als Rad ich kreisen
in eines Triebwerks ewigem Lauf?

2

Abend

Der Schlosser, der zehntausend Klinken
läßt in zehntausend Türen sinken,
der Maurer mit den Ziegelsteinen,
der Festes baut, das nicht zerfällt,
der Weizenbauer mit den Seinen
oder der Fuhrmann mit den Leinen —

daheim sind alle in der Welt,
sie, die das Unbekannte kennen,
es wird der Tod sie nicht abtrennen
von ihr; nichts wird sie in ihr stören.

Werd ich der Erde einst gehören:
nicht nur die Worte, die ich schreiben
mußt, nicht nur Pläne sollen bleiben.
Auch meinem Innern sei beschieden
Arom der Freuden, jener Frieden,
der heut in meinen Leib sich senkte,
als ich den grünen Garten sprengte.

Verabscheut seien sie, zerstreut
die eitlen Blätter, die ich schrieb,
wenn mich nicht der Gedanke trieb,
sie sein Erfindung vor der Zeit,
doch spätrer Zeit nützlich und lieb,
verwandeln sich in eine Kraft,
die tätig ist und Zuwachs schafft,

Fabrik, sie, die Verlust nicht kennt,
für die Verstand und Herz entbrennt.
Was schmerzhaft, froh hat brennen können,
Soll weiter bis ans Ende brennen.

Tagaus, tagein

Tagaus, tagein so durch den Garten gehn
und freudig finden, was man da gesucht:
am Ast, an dem vergilbte Blätter wehn,
sie, die nicht sterben will, die letzte Frucht.
In ihr wird ausgetilgt des Sommers Flucht.
Den Baum geschüttelt: goldne Blätter schön
im Frost den ganzen Boden übersän.
Azur vor nacktem Horizont gehißt.
Ich Adam mag mich wenden und mich drehn:
o fahles Eden, in dem du nicht bist!

Jenseits

Wär dieses Leben allzu kurz dafür,
daß, von Not, Glück, Zorn, Liebe sehr gepreßt,
mein Herz weiser gemacht, am Ende mir
nur dies sagt und es schließlich gelten läßt:
Es ist nicht mehr, nur dies, da bleibt kein Rest?
Ist's wenig? Nein. Mit dir hab ich gewußt:
Fliehn kann ich in ein andres: deine Brust,
du schönes Jenseits, das ein Leben gibt,
ein zweites mir, verdoppelt meine Lust
und das mein Ungemach zu teilen liebt.

Dichtungen amerikanischer Neger

Joseph Seamon Cotter jr.

Und was wirst du sagen?

Bruder, komm
Und laß uns vor unseren Gott treten.
Und wenn wir vor ihm stehen,
Werde ich sagen:
»Herr, ich hasse nicht,
Ich werde gehaßt.
Ich peitsche niemanden,
Ich werde gepeitscht.
Ich begehre niemandes Land,
Mein Land wird begehrt.
Ich verlache kein Volk,
Mein Volk wird verlacht.«
Und, Bruder, was wirst du sagen?

Fenton Johnson

Müde

Ich bin der Arbeit müde; ich bin müde, eines anderen Zivilisation aufzubauen.
Laß uns ein wenig ausruhen, M'Lissy Jane.

Ich will hinuntergehen in die Last Chance Bar, ein paar Liter Gin trinken, ein, zwei Würfelpartien spielen und den Rest der Nacht auf einem von Mikes Fässern verbringen.
Laß die alte Bude verrotten, die Kleider der weißen Leute zu Staub zerfallen und die baptistische Kalvarienbergskirche in den grundlosen Brunnen versinken.
Bring deine Tage so hin und vergiß, daß du mich heiratetest, und jage nachts dem warmen Gin nach, den Mike den Damen im Hinterzimmer der Last Chance Bar serviert.
Schmeiß die Kinder in den Fluß; die Zivilisation hat uns zuviel davon gegeben. Es ist besser, zu sterben als aufzuwachsen und eines Tages zu entdecken, daß man ein Farbiger ist.
Pflücke die Sterne vom Himmel ab. Die Sterne bestimmen unser Geschick. Die Sterne bestimmen mein Geschick.
Müde bin ich der Zivilisation.

Claude McKay

Amerika

Reicht sie mir auch das Brot der Bitterkeit,
Schlägt in mich tigergleich der Zähne Wucht,
Raubt mir den Atem — ich bekenn es weit:
Ich lieb die Hölle, die mich sehr versucht!
Denn ihre Kraft strömt meerhaft mir ins Blut,
Stählt gegen ihren Haß mich, ihren Hohn,
Sie überkommt mich groß wie eine Flut.
Doch dem Rebellen gleich vor Königsthron
Steh ich in ihren Mauern ängstelos,
Kein Wort des Spottes kommt aus meinem Mund.
Ich blicke dunkel in der Zukunft Schoß,
Schau ihre Macht und ihre Wunder und
Wie vor der Zeiten irrtumsloser Hand
Sie spät versinken unschätzbar im Sand.

Wenn wir denn sterben müssen …

Wenn wir denn sterben müssen, nicht gleich Schweinen,
Gehetzt, gestellt zu unrühmlichem Tod,
Umbellt von irrer Meute, die gemeinen
Hungrigen Spottes voll schmäht unsre Not.
Wenn wir denn sterben, wolln wir würdig gehn,
Es fließe nicht umsonst köstliches Blut.
Das Ungeheuer, dem wir widerstehn,
Soll ehren noch der Toten letzten Mut.
Brüder! Der Feind ist da und immer gleich,
Und wenn wir auch durch Überzahl besiegt:
Für tausend Schläge einen Todesstreich!
Wenn auch das Grab vor uns schon offen liegt …
Wie Männer trotzt dem feigen Mörderpack,
Den Rücken an der Wand, sterbend. Doch Schlag um Schlag!

Der Gelynchte

Sein Geist stieg auf im Rauch zu höherem Leben.
Nachdem den Qualenweg er gehen mußt,
Nahm ihn der Vater wieder an die Brust.
Doch blieb die Sünde furchtbar unvergeben.
Und von den Sternen, die sonst oben standen,
Hing nur ein einziger (es war vielleicht
Sein Leitstern, der ihn diesem Schicksal reicht)
Voll Mitleid ob dem schaukelnden Verbrannten.
Es dämmerte, die Menge kam zu sehn
Den Leib, der gräßlich in der Sonne schwang,
Doch da ist keine in der Weiber Drang,
In deren Stahlblaublicken Tränen stehn.
Und zukünftige Lyncher, kleine Jungen,
Sind um den Leichnam reigenfroh gesprungen.

Countee Cullen

Aus dem dunklen Turm

Nicht wolln wir säen stets, was dann Ertrag
Für andre ist, der Früchte goldner Schein,
Nicht immer dulden schweigend und gemein,
Daß der Geringere den Bruder schlag;
Nicht ewig sei in andrer Traumesnacht
Ihr Leib berauscht von unsrem Flötenton,
Nicht sein wir stets in schlaurer Bestien Fron,
Wir warn für ewige Tränen nicht gemacht.

Nacht, aus der weißer Sternglanz sich ergießt,
Ist grad so schön, wenn sie sich düster schließt,
Und Knospen gibt's, denen das Blühn versagt
Im Lichte ist: sie sterben, wenn es tagt.
So bergen wir das Herz, das ihr zerbrecht,
Im Dunkel, unser sterbendes Geschlecht.

Jean Toomer

Gesang des Sohnes

Entlaß die Seele scheidend in Gesang,
Entlaß ihn in das Holzstaubglühn der Nacht,
Hin in den samtnen Kiefernrauch der Nacht,
Daß er ertön das weite Tal entlang,
Hintöne er das weite Tal entlang.

Land, Scholle, rote Scholle, Gummibaum,
So arm an Gras, mit Föhren reich beschenkt,

Eh dieser Zeiten Sonne sich gesenkt,
Kehrt ich, dein Sohn, noch grad in deinen Raum
Zurück, kehrte zurück in deinen Raum.

Noch grad, denn wenn die Sonn auch niedergeht
Auf Sklaven sangerhellt, noch strahlt ihr Licht,
Zwar spät, o Scholle, ist's zu spät noch nicht,
Klagvollen Geist zu bannen, bald verweht,
Vergehenden Geist zu bannen, bald verweht.

O Negersklaven, Purpurpflaumennacht,
Genötigt, in den Föhrenhauch geflößt,
Der Früchte eine, eh der Baum entblößt,
Erhielt ich mir, und eine Frucht erwacht

Zu währendem Gesang, tönendem Baum,
Lobsingend sanft Seelen im Sklavenzaum,
Was sie gewesen mir und sind, zum Traum
Entführt er sanft Seelen im Sklavenzaum.

Langston Hughes

Der Neger spricht von Strömen

Für W. E. B. DuBois

Ich habe Ströme gekannt:
Ich habe Ströme gekannt alt wie die Welt und älter als der
Fluß menschlichen Blutes in menschlichen Adern.

Meine Seele ist tief geworden wie die Ströme.

Ich badete im Euphrat, als die Dämmerungen jung waren.
Ich bäute meine Hütte am Kongo, und er sang mich in Schlaf.
Ich blickte auf den Nil herab und türmte Pyramiden über ihn.
Ich lauschte dem Gesang des Mississippi, als Abe Lincoln nach New Orleans herunterkam, und ich sah, wie die schlammige Brust des Stromes im Sonnenuntergang sich golden färbte.

Ich habe Ströme gekannt,
Uralte verdunkelte Ströme.

Wie die Ströme tief ist meine Seele geworden.

Messingspucknäpfe

Säubere die Spucknäpfe, Junge!

Detroit
Chicago
Atlantic City
Palm Beach.

Säubere die Spucknäpfe!

Der Dampf in Hotelküchen
Und der Rauch in Hotelhallen
Und der Schleim in Hotelspucknäpfen:
Teil meines Lebens.

Hey, Junge!

Ein Sechser
Ein Groschen
Ein Dollar
Zwei Dollar pro Tag.

Hey, Junge!

Ein Sechser
Ein Groschen
Ein Dollar
Zwei Dollar
Heißen Schuhe für das Kleine
Fällige Miete
Gin am Samstag
Kirche am Sonntag
    Mein Gott!
Babies und Gin und Kirche
Und Frauen und Sonntag
Alles durcheinander mit Groschen und
Dollars und sauberen Spucknäpfen
Und fälliger Miete.

Hey, Junge!

Ein glänzender Messingnapf ist dem Herrn
    wohlgefällig.
Glänzend poliertes Messing wie die Zimbeln von
König Davids Tänzern,
Wie die Pokale Salomos.

Hey, Junge!

Ein sauberer Spucknapf auf dem Altar des Herrn
Ein sauberer glänzender Spucknapf auf neu
    poliert –
Zumindest kann ich ihm das darbieten.

Hiehähr, Junge!

Auch ich singe Amerika

Auch ich singe Amerika.

Ich bin der dunklere Bruder.
Sie schicken mich zum Essen in die Küche,
Wenn Besuch kommt,
Aber ich lache
Und esse gut
Und werde stark.

Morgen

Werde ich am Tisch sitzen,
Wenn Besuch kommt,
Keiner wird es wagen
Mir zu befehlen
»Iß in der Küche!«
Dann.

Übrigens
Werden sie sehen, wie schön ich bin,
Und sie werden sich schämen –

Auch ich bin Amerika.

Waring Cuney

Ohne Spiegelbild

Sie kennt nicht
Ihre Schönheit,
Sie glaubt, ihr brauner Leib
Sei ohne Herrlichkeit.

Wenn sie tanzen könnte
Nackt
Unter Palmen
Und ihr Bildnis sehen im Strom,
Würde sie wissen.

Aber es gibt keine Palmen
Auf der Straße,
Und Spülwasser gibt kein Bildnis zurück.

Frank Horne

Nigger

Kleiner schwarzer Junge
Die Straße hinuntergejagt –
»Nigger, Nigger sterben nicht,
Scherbenaug und Schwarzgesicht,
Nigger … Nigger … Nigger.«

Hannibal … Hannibal
Brach durch Gebirg und Furt,
Verdrosch die stolzen Römer,
Ging heim mit ihren Skalps am Gurt –
»Nigger … Nigger … Nigger …«

Othello … schwarzer Mann,
Schlachtgewaltig wie nur
Einer, hörte auf Jago,
Nannte sein Weib 'ne Hur –
»Nigger … Nigger … Nigger …«

Crispus … Attucks,
Kugeldurchsiebt,
Rotes Blut fließt aus ihm,
Das der Freiheit er gibt –
»Nigger … Nigger … Nigger …«

Toussaint … Toussaint …
Schlug den Franzos,
Kämpfte wie ein Dämon,
Machte sein Volk los –
»Nigger … Nigger … Nigger …«

Jesus … Jesus
Unseres Herrn Sohn –
»Spuckt ihm ins Gesicht!«
»Nagelt ihn an zum Lohn!«
»Nigger … Nigger … Nigger …«

Kleiner schwarzer Junge
Rennt die Straße hinab –
»Nigger, Nigger sterben nicht,
Scherbenaug und Schwarzgesicht,
Nigger … Nigger … Nigger …«

Sterling A. Brown

Southern Road

Schwing den Hammer – hanh –
Ruhig, Jung;
Schwing den Hammer – hanh –
Ruhig, Jung;
Hat keine Eile, Bebby,
Zeit genug.

Brenner zerriß sein — hanh —
Schwarzes Herz;
Brenner zerriß sein — hanh —
Schwarzes Herz;
Kost' mich 's Leben, Bebby,
Kein Scherz.

Mädel ist auf Fifth Street — hanh —
Junge verlorn;
Mädel ist auf Fifth Street — hanh —
Junge verlorn;
Frau im Spital, Bebby,
Kindchen ungeborn.

Mein Oller starb — hanh —
Mit 'nem Fluch auf mich;
Mein Oller starb — hanh —
Mit 'nem Fluch auf mich;
Meine Olle heult, Bebby,
Elendiglich.

Doppelfessel — hanh —
Posten dazu;
Doppelfessel — hanh —
Posten dazu;
Ketten auf allem, Bebby,
Was ich tu.

Weißer sagt mir — hanh —
Verfluchtes Schwein;
Weißer sagt mir — hanh —
Verfluchtes Schwein;
Braucht mir nicht erst, Bebby,
Gesagt zu sein.

Kettenrotte — hanh —
Jahr um Jahr;
Kettenrotte — hanh —

Jahr um Jahr;
Amer Hund, Bebby,
Immerdar ...

Old Lem

Ich sprach mit Old Lem
Und Old Lem sagte:
Sie wiegen die Baumwolle
Sie häufen das Korn
Wir sind grade gut
In der Furche zu stehn
Sie leiten den Betriebsladen
Sie führen die Bücher
Wir haben dankbar zu sein
Betrogen zu werden
Kümmerliche Schreiber
Entstellen unsere Namen
Kleine Jungen
Haben wir Mister zu nennen
Sie lassen unsere Ziffern
Purzelbaum schlagen
Wir ratlos in der Mitte
Sagen »Dankschönherr«
Sie kommen nicht einzeln
Sie kommen nicht zu zweit
Sie kommen zu zehnt.

Sie haben die Richter
Sie haben die Anwälte
Sie haben die Unterlagen
Sie haben das Gesetz
Sie kommen nicht einzeln
Sie haben die Sheriffs
Sie haben die Abgeordneten
Sie kommen nicht zu zweit

Sie haben die Flinten
Sie haben den Strick
 Wir kriegen das Urteil
 Am Ende
  Und sie kommen zu zehnt.

Ihre Fäuste bleiben geschlossen
Ihre Augen blicken geradeaus
 Unsere Hände bleiben offen
 Unsere Blicke müssen sich senken
  Sie kommen nicht einzeln
Sie haben die Männlichkeit
Sie haben den Mut
  Sie kommen nicht zu zweit
 Wir müssen kriechen
 Schwanzhängende Hunde
Sie verbrennen uns Hunde
Sie verbrennen uns Männer
  Sie kommen zu zehnt …

Ich hatte ’nen Kumpel
Sechs Fuß von einem Mann
Muskelbepackt
Mumm im Herzen
  Sie kommen nicht einzeln
Bei der Arbeit im Kampf
Kam ihm keiner gleich nicht mal zwei
  Sie kommen nicht zu zweit
Er sprach und war nicht an der Reihe
Im Betriebsladen
Sie gaben ihm einen Tag
Um die Gegend zu verlassen
Er nahm es nicht an
Er sagte »Kommt und kriegt mich«
Sie kamen und kriegten ihn
  Und sie kamen zu zehnt
Er blieb in der Gegend —
Er liegt dort tot.

Sie kommen nicht einzeln
Sie kommen nicht zu zweit
Aber sie kommen zu zehnt.

Starke Männer

Die starken Männer sind im Anmarsch.
Sandburg

Sie zerrten euch weg von daheim,
Sie warfen euch in Ketten,
Sie quetschten euch wie Sardinen in dreckige Laderäume,
Sie verkauften euch, um ein paar Gentlemen das Leben
zu erleichtern.

Sie brachen euch nieder wie Ochsen,
Sie peitschten euch aus,
Sie brannten ihr Zeichen in eure Haut,
Sie machten eure Weiber trächtig,
Sie vermehrten eure Zahl durch Bastarde …
Sie lehrten euch die Religion, die sie schändeten.

Ihr sanget:
Kriech du nur weiter
Wie 'n kleener winziger Wurm …

Ihr sanget:
Nach un nach
Wer ich diese schwere Last niederlegen …

Ihr sanget:
Bleibt zusamm, Kinner,
Wert nich müde …
Die starken Männer sind im Anmarsch,
Die starken Männer werden stärker.

Sie zeigen stolz auf die Straßen, die ihr für sie bautet,
Sie fahren bequem über die Schienen, die ihr für sie
legtet.
Sie legten Hämmer in eure Hände
Und sagten: Bis dahin vor Sonnenuntergang!

Ihr sanget:
's gibt keen Hammer
In diesem Land,
Der wie meiner haut, Baby,
Wie meiner haut.

Sie sperrten euch in ihre Küchen ein,
Sie nagelten euch in ihren Fabriken fest,
Sie gaben euch die Arbeit, für die sie zu gut waren,
Sie versuchten, ihr eigenes Glück sicherzustellen,
Indem sie Elend und Dreck auf euch abluden.

Ihr sanget:
Ich un mein Baby wern strahlen, strahlen,
Ich un mein Baby wern strahlen.
Die starken Männer sind im Anmarsch,
Die starken Männer werden stärker.

Sie kauften ein paar von euren Führern,
Ihr stolpertet, wie Blinde tun …
Sie lockten euch ungewohnt sanftstimmig …
Ihr folgtet ein Stück
Und lachtet wie gewöhnlich.
Sie hörten das Lachen und wunderten sich
Unbehaglich,
Sie wollten ihr Entsetzen sich nicht eingestehen.
Die starken Männer sind im Anmarsch,
Werden stärker …

Was denn — aus den Mietskasernen,
In die sie euch einschlossen,
Was — aus den winzigen Hütten,

Von denen sie euch nicht fernhalten konnten –
Was erreicht sie von dort,
Macht sie unstet, flößt ihnen Furcht ein?
Heute schreien sie euch Verbote entgegen:
»Dies dürft ihr nicht.«
»Das dürft ihr nicht.«
»Nur für Weiße.«
Ihr lacht.

Eines können sie nicht verbieten –
Die starken Männer sind im Anmarsch,
Die starken Männer werden stärker.
Starke ...
Stärker ...

Frank Marshall Davis

Momentaufnahmen aus dem Baumwollsüden

Hört ihr Zeichner
Ich wünsche das Bild eines hungernden Schwarzen
Ich wünsche das Bild eines hungernden Weißen
Zeigt wie sie wütend einander da unten auf dunkler Scholle bekämpfen
Laßt ihre Gesichter von Haß leuchten
Über ihnen soll stehen
Der reiche Plantagenbesitzer, Eigentümer des Landes
Eine Peitsche in der roten Faust
Zeigt wie seine Taschen ausgebeult sind von Dollarscheinen
Die aus den zerfetzten Hosen der kämpfenden Männer fielen

Und ich werde es benennen:
»Porträt des Baumwollsüdens«.

Maiskuchen, Gemüserouladen, Fleisch,
Zähem Sorghum und fetten Yams
Ist es gleich wer sie ißt.
Die platzenden Kapseln der Baumwolle
Weißer als das Snobgesicht
Der Plantagenbesitzersfrau
Fahren nicht angeekelt zurück
Bei der Berührung schwarzer Pflückerhände.
Und wenn die Rüsselkäfer auf dem Marsch sind
Senden sie keine Vorausabteilung
Um in Türen und Fenster zu blicken
Und zu berichten
»Hier ist privilegiertes Gebiet
Wir werden es umgehen
Wir wollen nur Niggerbaumwolle.«

Der Tod
Hinrasend im Stromlinienrennwagen
Oder auf alten Krücken humpelnd
Spuckt auf die Farbe
Hunger, Entbehrung, Krankheit, Unglück
Stören gleichermaßen die gesellschaftliche Tradition
Weil sie blind ihre Opfer wählen
Statt schwarze Leute
Nach hinten zu stellen –
Aber im übrigen
Verläuft das Leben offiziell
In getrennten Bahnen.

Bilde dir Gott nach deiner eigenen Idee.
Laß ihn blond sein wie ein Wikingerkönig
Ein himmlischer Zar der Rassentrennung
Der eine Bande von Negerfressern
In den tiefen Vorstädten des Himmels abführt
Dicht neben den platinenen Eisenbahnschienen

Da für die Ewigkeit
Gute Schwarze leben werden minderwertigkeitsbewußt
Ihrer Brüder und Schwestern
In der bischöflichen Methodistengemeinde Abteilung Süd
Oder
Laß ihn Rächer sein
Im heißen Höllenfeuer strafen
Lyncher, schnellschießende Sheriffs,
Augenschließende Großgrundbesitzer, sklaventreibende
Aufseher
Während die schwarzen Christen von heute
Auf ihre endlose Qual niederblicken
Und dann die goldenen Pfade des Paradieses
beschreiten
Hin zu den größten Villen
In den besten Vierteln
Und sich dort vollschlagen
Mit Milch und Honig
Wie die Priester
In den kleinen Negerkirchen sagen.
Natürlich
Gibt es keinen gesellschaftlichen Verkehr
Zwischen den Rassen
Das ist absolut undenkbar
Na und ob wo denken Sie hin
Immerhin
Geht in regelmäßigen Abständen
Die Frau des Bürgermeisters von Mobtown
Zu einem Spezialisten in Atlanta
Wegen der Syphilis die sie sich von ihrem Mann zuzog
Der sie von ihrer jungen Mulattenköchin bekam
Die vom Polizeipräsidenten angesteckt wurde
Der sie von seiner Waschfrau kriegte
Die durch den ungeschickten Sohn
Des reichsten Pflanzers der Gegend krank wurde
Eine Nacht bevor
Er die Bande anführte die
Den schwarzen Bastard hängte der

In das Schlafzimmer einer Bauersfrau einbrach —
Aber
Wie gesagt:
Es gibt keinen gesellschaftlichen Verkehr ...
Hier hält sich kein Sozialist noch Kommunist auf.
Die Gewerkschaft der Pächter der Südstaaten
Ist offiziell eine ernste Gefahr
Hier haben wir die Demokratie in voller Blüte
Mitten unter »geborenen Amerikanern«
»Fels der Nation«
Unberührt von »fremden Elementen«
Besitzen sie »urwüchsigen Individualismus«
»Jeder kann Präsident werden«
»Gleicher Start für alle«
Was übersetzt heißt
Daß die Reichen reicher werden
Die großen Pflanzer größer
Und das Land und die Städte beherrschen
Und ihre Marionettenbeamten
Sie geben für weiße Pflücker und Pächter
Bankette des Rassenhasses für die Seele
Spärliche Krumen für ihre mageren Leiber
Weil sie begreifen
Daß der Überfluß an Feindschaft
Ihre Sinne stumpf machen wird
Für die Erkenntnis ihrer eigenen Lage.
So leben die hungernden armen Weißen
Voller Verachtung für ihre schwarzen Nachbarn
Erfüllt von bleicher Überlegenheit
In verfallenden Hütten
Mit Lehmfußböden und voller Schmutz
Frohen Jagdgründen des Ungeziefers
Überlaufen von grindigen Kindern
Mit der Armut die auf dem Vorplatz schläft
Gekettet auf Inseln zertretenen Lehms
In der Sklaverei pflanzerhöriger Beamter
Sie sterben und werden in die grinsenden Gräber
geschüttet

Ihre wurmzerfressenen Knochen liegen in Ruhe
Auf einem weißen Begräbnisplatz
Von den andern getrennt noch im Tode
Wie es ihre Väter gewesen waren.

Wie hoch auch immer die Steuern sind
Geopfert von armseligen Pflückern
Nicht vermißt von geldschaufelnden Grundbesitzern –
Es muß besondere Bequemlichkeiten
Und öffentliche Einrichtungen
Für jede Rasse geben.
Ärmliche weiße Schulen
Fluten über
Von Antinegerpropaganda
Während in den verfallenen Gebäuden
Für schwarze Kinder
Handarbeitsunterricht abgehalten wird
Schreiben und ein bißchen Rechnen
Zwischen dem Baumwollpflücken und Säen
Und natürlich
Müssen die Beamten
Darauf achten
Die Gefängnisse nicht zu stark zu bauen
Um es den hungrigen Lynchern
Nicht zu schwer zu machen.
Nun
Sagen manche
Daß die stimmrechtlosen Schwarzen nie
Ein entsprechendes Wiedereinkommen für die bezahlten
Steuern erhalten.
Aber da so viele
Im Kittchen landen
Auf verlagsrechtlich gesicherte Anklagen hin
Und die Kreisregierung ihren Unterhalt
Hinter den Palisaden und in der Kettenrotte bezahlt
Verbrauchen sie tatsächlich ihren Anteil
An den öffentlichen Geldern –
Aufstellung und Logik
Sind nicht zu bestreiten.

Bei Sonnenaufgang
Gehen sie auf die weiten Felder –
Pflücker, Pächter, Tagelöhner
Schwarze und weiße –
Lassen hinter sich
Buden aus Balken und rohen Brettern
Strecken ihre krummen Rücken
Langsam wie lange mißhandelte Katzen
Würgen die lebendige Baumwolle ab
Pressen sie, tot und grauweiß,
In die gähnenden Säcke
Tragbare Gräber
Für den weichen Leib
Der Hauptindustrie des Südens –
Während in der Nähe
Aufseher stehen
Die lebendigen Seelen
Der gebrochenen Arbeiter abwürgen
Ihren Geist ersticken
Bis
Verbraucht und nutzlos
Sie in die wartende Erde gestopft werden –
Eine weitere Industrie
Des Baumwollsüdens.

Nun ihr Umformer Amerikas
Ihr Apostel der gesellschaftlichen Veränderung
Hier ist fruchtbarer Boden
Hier liegen die Wurzeln der Nation.
Aber die Ernte die aus ihnen emporwächst heißt Haß
und Armut.
Sie selber werden nichts ändern
Die Schwarzen haben keinen Mumm
Die armen Weißen haben nicht genug Verstand dazu
Und die Großgrundbesitzer wollen daß alles so bleibt.
Ihr Schüler des Fortschritts
Des Marschierenden Vorwärts
Kommunisten, Sozialisten, Demokraten, Republikaner

Betrachtet das Bild der Gegenwart –
Es ist nicht schön anzusehen.
Inzwischen schwappen die Farbtöpfe über
Neue Leinwand ist für die Nachfrage da.
Werdet ihr sagen
»Aber das geht mich nichts an«
Oder werdet ihr diesen Teil ändern
Auf daß sein Bild sich einfügen möge
In die sonnenerhellte Halle
Des idealen Amerika?

Melvin B. Tolson

Dunkle Symphonie

I

ALLEGRO MODERATO

Der Neger Crispus lehrte uns
        Den Tod im Krieg,
Eh aus des weißen Patrick Henrys Brust in Not
Wie steiler Hörnerruf
        Der Schrei aufstieg:
»Ja, gebt mir Freiheit, Freiheit oder Tod.«

Von diesem Tag bis heut
        Für Recht, Demokratie
Standen sie ein, die schwarzen Kämpfer, voller Kraft,
Glaubend, daß Recht
        Unrecht zerbricht und sie,
Die Zeit, herführt die große Brüderschaft.

Kein Banquo kann erstehn,
Des Leben wir geraubt,
Anklagend, wir zerstampften Brüder mit Tyrannentritt,
Drückten die Dornenkron
Dem Arbeitsvolk aufs Haupt,
Verheerten Länder, führten Beute mit.

2

LENTO GRAVE

Das jahrhundertalte Leid in unseren Stimmen
Verdunkelt die große weiße Welt,
Und die Magie unserer dämmernden Rhythmen
Beschwört Schatten und Formen vergangener Zeiten:
Schwarze Sklaven singen »One More River to Cross«
In den Folterhöhlen der Sklavenschiffe,
Schwarze Sklaven singen »Steal Away to Jesus«
In Dschungelsümpfen,
Schwarze Sklaven singen »The Crucifixion«
In Sklavenbaracken um Mitternacht,
Schwarze Sklaven singen »Swing Low, Sweet Chariot«
In den Hütten des Todes,
Schwarze Sklaven singen »Go Down, Moses«
Im Röhricht der südlichen Pharaonen.

3

ANDANTE SOSTENUTO

Sie sagen uns: Vergiß
Nach Golgatha die Reis ...
Uns die der Haß zerspliß
Auf unser Haupt ein Preis
Der uns in Fesseln schlug
Sagt: Ihr sollt Sänger sein
Der uns zerrüttete
Verlangt von uns Verzeihn.

Demokratie … Vergeßt
Daß sie gebaut auf Sand
Sie sagen uns: Vergeßt
Die Bill of Rights verbrannt
Dreihundert Jahr ihr Sklav
Und heut in gleicher Not:
Wenn Fleisch und Bein aufstehn –
Vergeßt! heißt ihr Gebot.

Vergessen – können wir's
Da unser Recht man stahl?
Vergessen – können wir's?
Die Männlichkeit am Pfahl
Wo Fluch der Bitte folgt
Wo Recht geschändet ist
Das Freiheitstor verrammt:
Gibt's keinen der vergißt!

4

Tempo Primo

Der Neue Neger geht über den Kontinent
Mit Siebenmeilenstiefeln …
Der Neue Neger,
Der aus den kraftstrotzenden Lenden
Des Nat Turner hervorging, des Galgenmärtyrers der Freiheit,
Des Joseph Cinquez, des schwarzen Moses des Amistadaufstands,
Des Frederick Douglass, des Orakels des katholischen Mannes,
Des Sojourner Truth, der Auge und Ohr war der Legionen Lincolns,
Des Harriet Tubmann, des Heiligen Bernhard der Underground Railroad.

5

Larghetto

Keiner im Land kann sagen
Zu uns in diesen Tagen:
Ihr schickt Traktoren auf die Straßen blutbefleckt,
Ihr seid's, die für des »Zornes Früchte« Oakies weckt,
In euren Slums liegt heut ein »Native Son« im Bann
Auf Boden, den der Pilgerväter Schweiß gewann.

Keiner im Land kann sagen
Zu uns in diesen Tagen:
Mit Lügenmärchen macht die Armen ihr zu Tröpfen.
Beschenkt die Arbeiter mit leeren Mittagstöpfen,
Wahlurnen füllt ihr, und der Ehrlichste wird schwach,
Ihr macht ihn stumm mit eurem Demagogenkrach.

Keiner im Land kann sagen
Zu uns in diesen Tagen:
Münzblitzkrieg schmettert Börsen hin in euren Zonen,
Versuchskaninchen sind für euch hundert Millionen,
Ein Zerrbild habt ihr aus dem Christentum gemacht,
Durch eure Schuld wird heut Demokratie verlacht.

Keiner im Land kann sagen
Zu uns in diesen Tagen:
Ihr streicht umher, wenn Bürger fest im Schlafe liegen,
Ihr laßt, Fünfte Kolonne, Fundamente fliegen,
Zerstört den Staat und prägt die Heimat schrecklich fahl
Zu einer Wüstenei mit dem Faschistenmal.

Keiner im Land kann sagen
Zu uns in diesen Tagen:
Ihr schickt uns Panzer, flammend, die wie Fliegen
wimmeln,
Schmeißt Höllen auf uns hin aus dynamitnen Himmeln,
Ihr füllt durchsiebte Städte hoch mit faulem Tod –
Ein Niemandsland, da Kinder hungernd schrein nach Brot.

6

TEMPO DI MARCIA

Hervor aus Abgründen der Unwissenheit,
Durch Labyrinthe von Lügen hin,
Quer durch das Ödland der Krankheit ...
Wir marschieren!

Aus den Sackgassen der Armut,
Durch die Dschungel des Aberglaubens,
Über die Barrikaden der Rassenhetze ...
Wir marschieren!

Mit den Völkern der Welt ...
Wir marschieren!

Robert E. Hayden

Prophezeiung

Und am Ende weinte er wie ein Kind.
Da waren keine Trommeln. Da waren keine Banner.
Der Morgen war endgültig und anonym.
An diesem Morgen konnten sie sie nicht fernhalten von
dem großen Schloß
Mit seinen Wachen und seinen Toren,
Seinen geheimen Zimmern und verborgenen Treppen.
Die Blätter waren gelb an den verkrümmten Bäumen,
Nebel rollte heisere Elegien über die Ruinen
Der geplünderten Stadt im Tal da unten.
Sie führten ihn in die sterbenden Gärten,
Und er weinte wie ein Kind. Die Gewehre schrien

Götterdämmerung. Er stürzte mit dem Gesicht voran
Schmetternd auf die kalte Erde
Und lag da, endlich ungefährlich
Unter fallenden Blättern und Nebel ...

Sie kehrten in die zerstörte Stadt zurück
Und begannen sie neu zu erbauen.

Gabriel

Gehängt als Führer eines Sklavenaufstandes

Schwarzer Gabriel, der du
Zum Galgen mußt gehn,
In dieser letzten Stund,
Was kannst du sehn?

Ich sehe tausend,
Tausend Sklaven,
Sie stehn auf. Sie haben
In vergeßnen Gräbern geschlafen.
Und aus ihren Wunden tropft Feuer
Auf den Boden der Sklaverei.
Ihre Ketten erschüttern Dixie
Wie Donnerschrei.

Gabriel, Gabriel,
Das Ende ist nah,
Was ist dein Wunsch,
Eh der Tod ist da?

Daß Aufstand an der Sklavenmutter
Brüsten saug
Und der schwarze Mann nimmer,
Nimmer schließe das Aug,
Bis der Sklaverei Säule

Im Staube liegt
Und Sklavenketten
Vom Rost besiegt.

Gabriel, Gabriel,
Das ist der Tod!
Deine wütende Seele
Beschwichtige Gott.

Der Schlag, den ich führt,
War umsonst nicht getan,
Den Schlag wird führen
Ein anderer Mann.

Gabriel hängt
Schwarzgolden in der Sonn,
Flammenhaupt der
Rebellion.

Die schwarzen Leute weinen,
Die weißen Leute starren blind,
Gabriel ist
Ein Schwert im Wind.

Sein Geist geht beflügelt
Über das Land,
Mit Gesang in seinem Mund,
Einem Schwert in der Hand.

Rede

Hört mich, weiße Brüder,
Schwarze Brüder, hört mich!

Ich habe die Hand gesehen,
Die die Brandfackel

An den schwarzen, furchtverkrümmten Leib hielt;
Ich habe die Hand gesehen,
Die das Zeichen zur Eröffnung des Feuers
Auf die weißen Streikposten gab;
Und es war die gleiche Hand,
Brüder, hört mich:
Es war die gleiche Hand.

Hört mich, schwarze Brüder,
Weiße Brüder, hört mich!

Ich habe die Worte gehört,
Die sie wie Stacheldrahtverhaue aufstellen,
Um euch voneinander zu trennen,
Ich habe die Worte gehört:
»Dreckiger Nigger, weißer Abfall« —
Und die gleiche Stimme sprach sie;
Brüder, hört gut zu:
Die gleiche Stimme sprach sie!

Margaret Walker

Für mein Volk

Für mein Volk überall, das immer wieder seine Sklavenlieder singt: seine Grabgesänge und Liedchen und Blues und Jubilees, das nächtlich seine Gebete einem unbekannten Gott darbringt und vor einer unsichtbaren Macht demütig das Knie beugt;

Für mein Volk, das den Jahren seine Stärke leiht: den vergangenen Jahren und den Nun-Jahren und den Magsein-Jahren, das wäscht, bügelt, kocht, scheuert, näht, stopft, hackt, pflügt, gräbt, pflanzt, schneidet, flickt, sich dahinschleppt und nie Gewinn hat, niemals erntet, niemals wissend ist und nie versteht;

Für meine Spielgefährten im Lehm und Staub und Sand der Hinterhöfe in Alabama, die Taufen und Predigen spielen und Doktor und Gefängnis und Soldat und Schule und Mama und Kochen und Theater und Konzert und Warenhaus und Miss Choomby und Haar und Gesellschaft;

Für die verkrampften, verwirrten Jahre, da wir zur Schule gingen, um die Gründe zu lernen warum und die Antworten auf und die Namen der Leute die und der Plätze wo und der Tage als, zum Andenken an die bitteren Stunden, da wir entdeckten, daß wir schwarz waren und arm und klein und anders und niemand sich wunderte und niemand verstand;

Für die Jungen und Mädchen, die all dem zum Trotz aufwuchsen, um Mann und Frau zu sein, zu lachen und zu tanzen und zu singen und zu spielen und zu trinken: ihren Wein und ihre Religion und ihren Erfolg, um ihre Spielgefährten zu heiraten und Kinder auszutragen und dann an Schwindsucht, Blutarmut und am Lynchen zu sterben;

Für mein Volk, das 47th Street in Chikago bevölkert und Lenox Avenue in New York und Rampart Street in New Orleans, verloren, enterbt, beraubt, und doch ein GLÜCKLICHES Volk ist, das Kabaretts und Tavernen und anderer Leute Taschen füllt und Brot braucht und Schuhe und Milch und Land und Geld und etwas — etwas, das uns ganz gehört;

Für mein Volk, blind dahingehend, Freude verbreitend, Zeit verlierend, weil träge, schlafend, wenn es hungert, schreiend, wenn beladen, trinkend, wenn ohne Hoffnung, gebunden und in Ketten und verwirrt gemacht von den unsichtbaren Geschöpfen in unserer Mitte, die wie Türme allwissend sich über uns erheben und unser lachen;

Für mein Volk, irrend und tastend und sich mühend im Dunkel von Kirchen und Schulen und Klubs und Gesell-

schaften, Vereinen und Räten und Komitees und Verbänden, elend und verstört und betrogen und aufgefressen von geldhungrigen, ruhmsüchtigen Vampiren, Beute stets bereiter Staatsmacht, von Liebhaberei und Mode, falschen Propheten und Gläubigen;
Für mein Volk, stehend, starrend, suchend, einen besseren Weg zu bauen weg von Verwirrung, von Heuchelei und Mißverständnis, suchend, eine Welt zu bauen, die für alle Völker dasein wird, für alle Gesichter, alle Adams, alle Evas und ihre zahllosen Generationen;
Laßt eine neue Erde entstehen! Laßt eine andere Welt geboren werden! Möge ein blutiger Friede an den Himmel geschrieben sein! Laßt ein neues Geschlecht voller Mut emporwachsen, laßt ein freiheitliebendes Volk hervorkommen, laßt heilkräftige Schönheit und zerschmetternde Stärke in unserem Geist und Blut pulsieren. Laßt die Kriegsgesänge geschrieben sein, laßt die Grabgesänge verstummen. Laßt ein Geschlecht von Menschen endlich hervorgehen und die Macht übernehmen!

Folklore

Er sagte nicht das kleinste Wort

Ach, sie peitschten ihn den Berg hinauf, Berg hinauf, Berg hinauf,
Ach, sie peitschten ihn den Berg hinauf, und er sagte nicht das kleinste Wort,
Ach, sie peitschten ihn den Berg hinauf, und er sagte nicht das kleinste Wort,
Nur den Kopf ließ er hängen und weinte.

Ach, sie krönten ihn mit 'ner Dornenkron, Dornenkron, Dornenkron,
Ach, sie krönten ihn mit 'ner Dornenkron, und er sagte nicht das kleinste Wort,
Ach, sie krönten ihn mit 'ner Dornenkron, und er sagte nicht das kleinste Wort,
Nur den Kopf ließ er hängen und weinte.

Na, dann schlugen sie ihn an das Kreuz, an das Kreuz, an das Kreuz,
Na, dann schlugen sie ihn an das Kreuz, und er sagte nicht das kleinste Wort,
Na, dann schlugen sie ihn an das Kreuz, und er sagte nicht das kleinste Wort,
Nur den Kopf ließ er hängen und weinte.

Na, dann stachen sie ihn durch die Hüfte rot, Hüfte rot, Hüfte rot,
Na, dann stachen sie ihn durch die Hüfte rot, und das Blut tropfte herab,
Na, dann stachen sie ihn durch die Hüfte rot, und das Blut tropfte herab.
Dann ließ er den Kopf hängen und war tot.

Ach Mary, weine nur nicht ...

Ach Mary, weine nur nicht, klage nur nicht,
Ach Mary, weine nur nicht, klage nur nicht.
Pharaos Heer ertrank,
Ach Mary, weine nur nicht.

Bald eines Morgens voll Glanz und Duft
Nehm ich meine Schwingen und teile die Luft,
Pharaos Heer ertrank,
Ach Mary, weine nur nicht.

Bald eines Morgens, gegen fünf wird's sein,
Wird diese olle Welt taumeln und fallen ein.
Pharaos Heer ertrank,
Ach Mary, weine nur nicht.

Weiß nicht, warum meine Mutter gern hier bleiben tut,
Diese olle Welt war zu ihr gar nicht gut,
Pharaos Heer ertrank,
Ach Mary, weine nur nicht.

Ach Mary, weine nur nicht, klage nur nicht,
Ach Mary, weine nur nicht, klage nur nicht.
Pharaos Herr ertrank,
Ach Mary, weine nur nicht.

Wenn es nach mir ginge

Wenn es nach mir ginge,
Wenn es nach mir ginge, Kinderchen,
Wenn es nach mir ginge,
Ich risse dieses Haus ein.
Großer Gott, dann, wenn es nach mir ginge,
Wenn es nach mir ginge, Kinderchen,
Wenn es nach mir ginge,
Ich risse dieses Haus ein.

Du kannst in der Bibel lesen und wirst schon verstehn,
Simson war der stärkste Mann, den man je gesehn,
Und Gott mit Windesflügeln angetan
Sah den alten Simson, und er rief ihn an,
Flüsterte Simson ins Ohr leise und sacht,
Sagte: »Befrei meine Kinder aus der Philister Macht.«

Ja, wenn es nach mir ginge,
Wenn es nach mir ginge, Kinderchen,
Wenn es nach mir ginge,
Ich risse das Haus ein.

Großer Gott, dann zog Simson hinab in eiligem Lauf,
Woher er so stark war, sie kamen nicht drauf.
Weiter unten in Kapitel neun wird man uns sagen,
Daß er dreitausend Philister erschlagen,
Dann saß Simsons Weib auf seinem Schoß,
Sagte: »Bitte, Simson, wo liegt deine Stärke bloß?«
Simsons Weib schwatzte so wunderbar,
Er sagte ihr, sie solle abschneiden sein Haar,
Sagte: »Rasier nur meinen Kopf so glatt wie deine Hand,
Dann bin ich so stark wie 'n gewöhnlicher Mann.«

Er sagte: »Wenn es nach mir ginge,
Wenn es nach mir ginge, Kinderchen,
Wenn es nach mir ginge,
Ich risse das Haus ein.«

Du lieber Gott, sie schabten seinen Kopf so glatt wie die
Hand,
Sie führten ihn hinab in ein fremdes Land,
Sie führten ihn hinab zum Kreisgericht,
Blendeten ihn und ketteten ihn dicht,
Aber er rief zu seinem Gott, und er rief ihn bang,
Man erzählt, sein Haar wurde da wieder lang,
Dann rief er so einen Kleinen ungefähr drei Fuß hoch
Und sagte: »Jetzt leg mir die Hände an die Mauer
noch«;
Dann legten sie seine Hände an die Wand,
Und er riß das Haus ein.

Großer Gott, damals ging es nach Simson,
Es ging nach Simson, Kinderchen,
Es ging nach Simson,
Er riß das Haus ein.

Lied

1853

Wir pflanzen den Weizen,
Sie geben uns Mais;
Wir backen das Brot,
Sie geben uns die Krusten;
Wir sieben das Mehl,
Sie lassen den Staub zum Pusten;
Wir schneiden das Fleisch,
Die Haut ist uns zugedacht;
So legen sie uns rein,
So wird's mit uns gemacht;
Wir rahmen für sie ab,
Was bleibt im Krug,
Geben sie uns und sagen:
»Das ist für Nigger genug.«

Lied

1859

Kommt, all ihr Brüder, und laßt uns ruhn,
Wenn der Mond scheint hell und schön,
Der Herr starb, endlich verließ er uns nun
Und muß vor dem Richterstuhl stehn!
Der Herr ist tot und liegt im Grab,
Wir bluten nicht länger mehr.
Nicht mehr liegt auf unsrem Nacken sein Stab,
Wohin die Herrn hingehn, ging auch der Herr!
Weg mit Haue und Spaten!
Mir ist's gleich, ob die Felder geraten!
Der Herr ist hin, wo die Sklavenhalter ruhn,
Er ist hin, wo sie alle solln braten!

Ich und mein Captain

Wir kommen nicht zusammen, mein Captain und ich,
Aber er weiß es nicht, denn er hat keine Frage an mich;
Er weiß nicht, er sieht nicht in mich rein,
Wenn er mich lachen sieht,
Einfach lachen, damit ich nicht wein.

Na, was hat nun wieder die Uhr geschlagen,
Ich und mein Captain, wir können uns nicht vertragen;
Er weiß nicht, er sieht nicht in mich rein,
Wenn er mich lachen sieht,
Einfach lachen, damit ich nicht wein.

Er macht mich runter, ich lach ihm nur ins Gesicht,
Er tritt mir in den Hintern, und dabei bleibt's nicht;
Er weiß nicht, er sieht nicht in mich rein,
Wenn er mich lachen sieht,
Einfach lachen, damit ich nicht wein.

Hab ein Gesicht für die weißen Leute zu sehn,
Ein andres, das ich als meines kenn;
Er weiß nicht, er sieht nicht in mich rein,
Wenn er mich lachen sieht,
Einfach lachen, damit ich nicht wein.

Silikose Blues

Na, Silikose, du machtest aus mir ein Wrack von einem Mann,
Silikose, jawoll, du machtest aus mir ein Wrack von einem Mann,
Stahlst mir mein Recht aufs Leben, und ich bin traurig, wie man nur traurig sein kann.

Jetzt grab ich in dem Tunnel, mach am Tag nur 'nen dreiviertel Meter, ein Dreck,

Ich grabe in dem Tunnel, mach am Tag nur 'nen dreiviertel
Meter, ein Dreck,
Wußte nicht, daß ich mein Grab schaufle, Silikose frißt mir
die Lungen weg.

Mama, Mama, Mama, mein Kopf fiebert, mach ihn kühl,
Hör, Mama, Mama, Mama, mein Kopf fiebert, mach ihn
kühl,
Nun werd ich mein Jesus sehen, o Gott, bald bin ich still.

Wenn du meine Kumpels triffst und alle meine Freunde,
Wenn du meine Kumpels triffst, sag ihnen, sie solln nicht
um mich weinen,
Denn ich geh ja da rauf, bitte, weint nicht um mich.

Mohamed Kamal

Salah

Zwischen Gestein und Ketten, Winden und Tuberkulose,
Zwischen Soldaten und Mauern töteten sie einen von uns.

Sie glaubten, er würde nachgeben, wenn sein Ende käme.
Sie fanden einen Freien, der bis zum letzten Herzschlag
kämpfte.

Drum lebe Salahs Andenken, eines Kampfes, einer
Hoffnung Sinnbild,
Wir werden weiterkämpfen, ohne zu ermüden.

Er rief den Richtern ins Gesicht: Schluß mit der Komödie!
Nehmt mir doch das Leben! Richtet den Galgen auf!

Ich verteidige mich nicht, ich werde kein Wort sagen.
Aber wissen möcht ich: wie wurdet ihr nur zu einem
Gerichtshof ...?

Sie schickten ihn zu seinen Schmerzen ins Zuchthaus.
Sie ermordeten ihn im Morgenrot seiner Jugend.

Er war krank, er war mager, er war bleich, doch er glich
einem Riesen.
Von seinen Lippen sangen Worte wie Brand, seine Fäuste
riefen zum Kampf, nicht nach dem Arzt ...

Dann entschlief sein Auge zwischen Gestein und Soldaten.
Sie töteten ihn, doch sein Blut wird den Weg ins Leben
erhellen.

Sie kerkerten ihn ein, sie machten ihn krank, sie richteten ihn hin;
Dann fanden sie, daß er wieder überall war ...

In den Liedern, in den Tränen, im Norden, im Süden,
Im Erbeben der Völker, in den Losungen der Massen,

In den Lagern, in den Zuchthäusern, auf den Feldern, im Wind ...
Weil er sterbend aufschrie: Es lebe unser Kampf!

Meinetwegen

Meinetwegen! Schweige du nur: deine Augen verraten, was du verbirgst.
Eine Ungewißheit bewohnt sie, Qual des Vergangenen, bittere Schatten des Gestern.
Senke du nur die Lider, über den tollen Blick –
Ich will auf dein freies, aufsässiges Haar schauen, das wie die Sehnsucht fliegt.
Sollte ein Band dein Haar umschlingen und ihm seine Freiheit rauben –
Meinetwegen! denn mein Gedicht wird losbrechen und verschwiegener Mund mit ihm singen,
Bis zum Tode wirst du mein Gedicht beleben, doch besitzest du nicht, was du gibst.
Mit einem Lied trittst du dem Leben entgegen und weinst Tränen, die du vor der Welt verbirgst.
Du rufst uns zum Kampf, unsre Blöße zu rächen und unsere Wunde.
Doch wenn dann das Schweigen sich auf dich senkt, auf deine Augen, dein Haar, deine Lippen –
Meinetwegen! – denn mein verzücktes Herz wird das Schweigen durchbrechen.
Du bist wie die Woge, wenn sie ein Wrack zerschmettert.
Du bist wie ein mächtig tönendes Lied, das die Schwäche tötet.

Du bist ein Aufstand von Schönheit und Dichtung gegen dieses verfluchte Leben.
Ich liebe dich um der Schönheit und Dichtung willen und um der Welt willen, die du ersehnst,
Ich liebe dich, und Liebe entflammt unser Fühlen und belebt das Begrabene.
Komm! mein Herz begann wieder zu leben, es spottet der unbeweglichen Mauern. Willst du es allein lassen?
Mein Weg ist schwer, voll von Gestein wie von gefletschten Zähnen, die Furcht verbreiten.
Wenn ich vorwärtsgehe, klingt mein Schritt wie das Echo von Weinen.
Komm mit mir! die Reptilien auf dem Weg werden fliehn und die wilden Tiere still sein.
Komm mit mir! und wir werden unsre Welt finden mit allem, was wir ersehnen.
Doch wenn du hartherzig bist und meinem Liede nicht lauschst —
Meinetwegen! denn meine Tränen werden die Nacht erhellen, und ihre Stille soll mich nicht ängsten.
Einem Ziele werde ich zuwandern, das ich niemals vergesse, und die Herzen der Städte werden neben mir ziehn.

Geburtstag

Was ist mein Leben wert, wenn ich's verschwende, ohne etwas für morgen zu bauen? —
Wenn ich unter meinem bedrückten, erschöpften Volk lebe, ohne die Hand auszustrecken,
Einzutreten in den Kampf gegen die Unterdrücker, die Ausbeuter, die Angreifer,
Bin ich kein Mench mit einem Geburtstag — bin ich ungeboren.
Der Geburtstag, von dem ich weiß, ist der Tag, da ich in den Kampf trat und ihn lieben lernte,
Der Tag, da Aufstand durch meine Adern stürmte und die Reste der Ungerechtigkeit in den Wind streute,

Der Tag, da, in Ketten, ich meine Wunden berührte, ohne vor ihnen zu schaudern.
Ein Jahr ging vorbei, und noch eines. Und je älter ich ward, desto jünger wurde ich.
Jeder Tag erfüllt mich mit laut aufsingender Jugend,
Jeder Tag führt mit sich eine freie, geliebte, furchtbare Hoffnung.
Mein Geburtstag ist aus Schatten gemacht und Gesichtern und Worten und Augen und Lippen,
Dem Gesicht meiner Mutter, das ich seit Jahren nicht sah, und meiner Sehnsucht nach ihm,
Und ihren kindlich wirren Worten, als sie mir den Sinn des Lebens erklären wollte,
Und den blutigen Tränen, die sie vergoß, als die Gewalt der Unterdrücker über sie kam;
Dem Gesicht eines Künstlers, meines Bruders (sein Lächeln jagt den Herzen derer Furcht ein, die ihn jagten),
Eines jüngeren Bruders auch, den sie gefangensetzten, als er gegen die Herren aufstand,
Eines Genossen, den sie wieder und wieder quälten, als er nicht reden wollte,
Und dem von Salah, dunkler als sein Blut war, und aus dem Aufstand des Volks gegen seine Mörder.
Mein Geburtstag ist aus Schatten gemacht und Millionen Gesichtern.
Und aus Lippen, die ich oft zärtlich küßte und die mich küßten,
Und Augen, die mir Ruhe gaben, wann immer ich bang in sie blickte.
Dein Antlitz leuchtet vor allen, sein Lächeln berührt meine Lippen,
Der Zelleneinsamkeit spottend und Leben weckend in allen Winkeln,
Und die Wände reden von Vergangenem und sind bedeckt von den Gesichten meiner Erinnerungen,
Und deine Stimme bebt vor Verachtung: »Sie glauben, unsere Vergangenheit sei tot!«
Diese Mauern können uns nicht ersticken, denn unsre Vergangenheit hat eine Zukunft,

Und morgen wird in meiner Hand eine Fackel aufstehen, und
morgen wird in meinem Herzen ein Feuer flammen,
Und morgen werden wir in einem freien Land leben, in dem
keine Zuflucht mehr da sein wird für die Herren.
Mein Geburtstag – das sind die Gesichter von Freien und ein
lebendiges Feuer auf meinem Lager,
Ich weiß, mein Geburtstag ist jener Tag, da ich in den Kampf
eintrat und ihn lieben lernte.
Der Tag, da, in Ketten, ich meine Wunden berührte, ohne vor
ihnen zu schaudern.

Die Fragen des Dichters

Warum lächelt dein Auge, da in meinem nur Auflehnung
schwelt?
Warum gibt sich dein Herz zufrieden, da das meine nach
Licht schreit und Raum?
Warum quält meine Seele den Leib, daß die Leute meinen,
ich sei krank!
Warum sehen die meinesgleichen, daß die Nächte finster
sind, während sie für deinesgleichen leuchten?
Warum herrscht Tollheit in meinen Gedichten, aber vielleicht
hältst du sie nicht für Gedichte …
Du beschäftigst dich mit Sternen und Blumen und singenden
Vögeln.
Die Göttin des Weins segnete dich, und so brach, Glas um
Glas, Ungereimtheit aus deinen Liedern.
Falte doch deine Schwingen im Himmel der Einbildung,
komm herab in unsre Mitte, sei einer von uns!
Laß die Schönheit des Ausgedachten, tritt ein in die Höhlen
der Millionen und erzähle unsre Geschichte!
Kunst ist Träne und Flamme. Dein Dünkel, dein Erdachtes ist
keine wirkliche Kunst.
Schau um dich!: Siehst du denn etwas außer Unwissenheit,
Krankheit und rotem Schluchzen,
Augen, geschlossen, und Weihrauch, losgelassen, um sein Gift
zu verbreiten,

Heeren von Lügen, von verborgenen Händen einem bestimmten Ziel zugelenkt ...

Laß die Schönheit des Ausgedachten, tritt ein in die Höhlen der Millionen und erzähle unsre Geschichte der ganzen Welt!

Kunst ist Träne und Flamme. Dein Dünkel, dein Erdachtes ist keine wirkliche Kunst.

Anhang

Anmerkungen

Gedichte

Ballade von den Städteverteidigern. Zuerst in der illegalen, von Paul Eluard herausgegebenen »Eternelle Revue« in französischer Übersetzung von Jean Tardieu erschienen.

Ballade von einem Städtebewohner. »Und Percy, Friedrich, Wolfgang ...« Percy B. Shelley 1792—1822; Friedrich Hölderlin 1770—1843; Wolfgang Amadeus Mozart 1756—1791.

Ballade für die guten Leute. Das Gedicht wurde von der Bewegung Freies Deutschland im Frühjahr 1945 in Süddeutschland als Flugblatt verbreitet.

Ballade von den alten und den neuen Worten. »André oder Lechleiter ...« Edgar André, hingerichtet 1936; Georg Lechleiter, hingerichtet 1944.

Die Zeit der Wunder. »Wenn wir die Zeit der Kirschen singen ...« (Quand nous chanterons le temps des cerises), Frankreichs berühmtestes, schönstes Volkslied, Frankreichs Melancholie ... »Zweitausendmal begann das Alphabet mit V«. V = Victoire (Sieg) — die Losung der Widerstandsbewegung. Das Morsezeichen für V ... — entspricht einem berühmten Beethovenschen Thema; es wurde im Krieg gegen den Faschismus zum Pausenzeichen des Londoner Rundfunks. Sic transit ... »Ich weiß noch, wie im Strom das Boot der Liebe sank« — den Vers nahm ich mir von Majakowski. Er stammt aus seinem Abschiedsbrief.

Der Granit von Leningrad. Tanja: Tanja Sawitschewa war während der Belagerung von Leningrad im Jahre 1942 zehn Jahre alt. Ich sah ihr Tagebuch in einer Vitrine des Leningrader Verteidigungsmuseums. Darin zeichnete sie nacheinander auf, wie ihre Familie dahinstarb.

Zuletzt heißt es: »Ich bin ganz allein.« Sie starb als letzte am Hunger.

Epon. Epon ist der Name der Jugendvereinigung des kämpfenden Griechenland. Menelaos Monedas, ein junger Mechaniker, Held des griechischen Widerstands, wurde von den deutschen Faschisten zum Tode verurteilt. Das Urteil wurde von ihren amerikanisch-griechischen Nachfolgern vollstreckt. Maria Stefanidu, achtzehnjährige Partisanin, wurde in heißem Öl gesotten.

Der Kongreß der Völker. Ich schrieb dieses Gedicht auf Vorschlag von Ilja Ehrenburg in der Zeit der Vorbereitung des Wiener Völkerkongresses, der im Dezember 1952 stattfand. Ich wählte dazu ein Wort von Ehrenburg selbst. Das Gedicht wurde während der Kongreß-Kampagne in verschiedenen Sprachen verbreitet.

Sonett nach Michael Drayton. Michael Drayton (1563—1631), englischer Lyriker, Freund Shakespeares.

Epitaph für einen deutschen Soldaten. »Land zweier Lieder …« Frankreich ist das Land der »Marseillaise« und der »Internationale«. In Ronceval blies Roland, der Sage nach, sein Horn für die Freiheit, bis ihm die Adern sprangen.

Nachdichtungen

Paul Eluard (1895—1952). Geboren in Saint-Denis. Einer der größten Dichter Frankreichs in unserem Jahrhundert. Veröffentlichte erste Gedichte illegal während des ersten Weltkriegs, aus dem er mit einer Gasvergiftung heimkehrte. Begründete mit Aragon und André Breton den Surrealismus. Freundschaft und gemeinsame Arbeit mit den großen Malern der Epoche, vor allem mit Picasso und Max Ernst. Näherte sich in den dreißiger Jahren, vor allem unter dem Einfluß des Krieges in Spanien, der Arbeiterbewegung. Seine Dichtung erreichte ihren Gipfelpunkt nach 1940, in Frankreichs tiefster Not; sie griff in den Widerstandskampf ein. Eluard schloß sich 1942 der illegalen Kommunistischen Partei an.
Die nachfolgenden Bemerkungen zu den hier veröffentlichten Gedichten stammen von Eluard selbst, sofern sie nicht anders gekennzeichnet sind.

November 1936. Der Sieg von Guernica. Die Sieger von gestern werden untergehen. Drei Gedichte, die zwischen 1936 und 1938 während des spanischen Krieges geschrieben wurden. Im November 1936 schlug Madrid den entscheidenden Angriff der Faschisten zurück. Die kleine baskische Stadt Guernica wurde im Frühjahr 1937 das erste Opfer des totalen Luftkrieges: mehr als die Hälfte der Bewohner kam in den Trümmern um. Die Erfinder der Methode waren deutsche Piloten. (Anm. d. Übers.)

Bekanntmachung. Im deutsch besetzten Frankreich starrten die Mauern von Anschlägen in den beiden Sprachen: Listen erschossener Geiseln, Zwangsaushebungen zur Deportation etc. Das Gedicht wurde für eine illegale Zeitung geschrieben, die nicht erscheinen konnte. (Anm. d. Übers.)

Mut. Der harte Winter 1940/41. Einen Monat lang öffneten wir der Kälte wegen nicht die Fenster. In den Schlangen vor den Läden, in der Untergrundbahn fielen alte Frauen und Jugendliche in Ohnmacht. Wieviel schöne traurige Blicke!

Jeder Baum hat seinen Platz in der Luft
Jeder Fels sein Gewicht auf Erden
Jeder Bach sein lebendiges Wasser
Nur wir haben kein Feuer

(Dignes de vivre)

Die sieben Liebesgedichte im Krieg. Zuerst im Jahre 1943 illegal in der »Bibliothèque française« in Saint-Flour veröffentlicht. Neu aufgelegt in Cahors durch die Organisation der F.T.P. (frz. Partisanen) im Département Lot. (Anm. d. Übers.)

Die Waffen des Schmerzes. Auf die eine oder andere Art wird die Dichtung immer von der Wahrheit gestützt. Ich möchte im folgenden einige dramatische Ereignisse vermerken, die mir dieses Gedicht eingaben:

Im April 1942 wurde ein siebzehnjähriger Schüler der Ecole alsacienne, Lucien Legros, nach einer Kundgebung im Lycée Buffon verhaftet. Im Juni des gleichen Jahres stand er vor dem Gericht des französischen Staates und wurde zu lebenslänglicher Zwangsarbeit verurteilt, dann aber der Gestapo übergeben. Während der ganzen Zeit seiner Haft anerkannten die Deutschen seine Klugheit, seine Bildung

und seine unbestreitbare Begabung als Musiker und Maler, bis zu dem Augenblick, da sie ihn zum Tode verurteilten. Inzwischen waren sein Vater und sein älterer Bruder verhaftet und direkt ins Fort von Romainville gebracht worden, wo sie im Laufe des Tages mit etwa hundert Geiseln erschossen werden sollten. Sie dankten ihre wunderbare Errettung nur der sofortigen Intervention eines Beamten, der mit dem Vater befreundet war.
Anders aber ging es meinem jungen Freund: der hatte vor dem deutschen Gericht, als er seinen Fall verloren sah, sich laut zu seiner Überzeugung und zu seiner Liebe zu Frankreich bekannt und alles eingestanden, was er unseren Feinden hätte zufügen können ... Und als ob Deutschland großzügig sei, begnadigte Göring ihn ... Und da Deutschland kein Mitleid kennt, ließ ihn der gleiche Göring einige Tage darauf als Geisel hinrichten. Man mußte, beim Versuch, die Namen seiner Mittäter zu erfahren, ihn durch die furchtbare Folter abwechselnder Hoffnung und Verzweiflung jagen. Man folterte ihn körperlich und moralisch. Er wurde in Ivry mit vier seiner Kameraden beigesetzt: Jean Artus, Pierre Benoit, Pierre Grelau, Jacques Baudry. Sie hatten das gleiche Alter wie er.

Aus einem einzelnen Gedicht zwischen Leben und Tod. Für einen Helden: Jacques Grou-Radenez, Drucker. Die Vollendung des Menschen. In Einzelhaft, gefoltert, zum Tode verurteilt, deportiert. Wir haben so sehr gehofft, ihn wiederzusehen!

Denkt. Eluard schrieb dieses Gedicht im Juni 1944, als er bei dem Dichter Jean Tardieu versteckt lebte. Das große Gefängnis de la Santé liegt nebem dem Haus. (Anm. d. Übers.)

Mitten im Monat August. Geschrieben unmittelbar nach dem siegreichen Aufstand vom 21. August 1944, der Paris befreite. (Anm. d. Übers.)

Gabriel Péri. Kommunistischer Kammerabgeordneter. Einer der besten Journalisten, über die Frankreich verfügte. 1942 von den Deutschen erschossen. (Anm. d. Übers.)

Nach dem Maß des Menschen. Mit siebzehn Jahren Freiwilliger in den Internationalen Brigaden, kämpft Fabien bis zum Augenblick, da er eine schwere Bauchverletzung erhält, in Spanien. Er wird darauf Sekretär des Kommunistischen Jugendverbandes des Pariser Bezirks. Von den ersten Monaten der Besetzung an, nimmt Fabien seinen Po-

sten eines Kämpfers wieder ein. Überall gibt er das Zeichen zum Aufstand. Bis zum Ende des Jahres 1941 organisiert er achtzig Prozent aller Widerstandsaktionen. Als Stabschef der Kampfgruppen wird er von einer Kugel getroffen, die ihm den Kopf völlig durchschlägt. Kaum geheilt, wird er verhaftet und furchtbar gefoltert. Er bricht aus. Während des Aufstands vernichtet er mit acht Panzern das Widerstandsnest im Luxembourg. Später geht er nach den Ardennen, wo er einen Frontabschnitt von zwölf Kilometer Länge zu verteidigen hat. Dort fällt er.
1942 wurde Fabiens Vater erschossen, seine Frau nach Auschwitz deportiert. Er hinterläßt fünf Waisen.

Enterrar y callar. Der spanische Titel einer Zeichnung von Goya aus dessen Werk »Die Schrecken des Krieges«. Deutsche Bedeutung: Begraben und Schweigen. (Anm. d. Übers.)

Kritik der Dichtung. Federico García Lorca, der größte spanische Dichter der Neuzeit, wurde von Franco 1936 erschossen. Saint-Pol-Roux, der fast achtzigjährige Volksdichter der Bretagne, wurde nach furchtbaren Foltern von Angehörigen der SS in seinem Hause ermordet, nachdem man ihn gezwungen hatte, der Vergewaltigung seiner Tochter beizuwohnen. Jacques Decour, einer der glänzendsten jungen Germanisten Frankreichs, veröffentlichte Arbeiten über Goethe, Hölderlin und Kleist und übersetzte Hans Carossa ins Französische. Er wurde im Jahre 1942 erschossen. (Anm. d. Übers.)

Ewigkeit derer die ich nicht wiedersah.
Robert Desnos, Dichter. Deportiert, starb wenige Tage nach seiner Befreiung.
Gabriel Péri, Journalist, Mitglied des Zentralkomitees der Kommunistischen Partei Frankreichs. Erschossen.
Benjamin Crémieux, Schriftsteller. In der Deportation gestorben.
Benjamin Fondane, Dichter und Philosoph. Flüchtete aus der Kriegsgefangenschaft, später deportiert. Ist nicht zurückgekehrt.
Pierre Unik, Dichter, Kriegsgefangener. Ist nicht zurückgekehrt.
Sylvain Itkine, Schriftsteller und Schauspieler. Erschossen.
Jean Jausion, Dichter. Kriegsberichterstatter, gefallen im Jahre 1944. Seine Braut war ein Jahr vorher deportiert worden.
Jacques Grou-Radenez, Schriftsteller und Drucker. Zum Tode verurteilt, deportiert. Ist nicht zurückgekehrt.
Lucien Legros, Dichter und Maler. Erschossen.
Georges Politzer, Philosoph. Erschossen.

Jacques Decour, Schriftsteller. Erschossen.
Robert Blache, Journalist, ehemaliger Generalsekretär der Roten Hilfe. Eingekerkert, gefoltert, 1940 von der Regierung Daladier zum Tode verurteilt, geflüchtet. Von den Deutschen erschossen.
Serge Meyer, Dichter. 1944 gefallen.
Mathias Luebeck, Dichter. Erschossen.
Maurice Bourdet, Schriftsteller. Erschossen.
Jean Fraysse, Schriftsteller. Vermißt.
Dominique Corticchiato, Schriftsteller. Deportiert. Ist nicht zurückgekehrt.
Max Jacob, Dichter. Wenige Tage nach seiner Verhaftung gestorben.
Saint-Pol-Roux, Dichter. Ermordet.

Vencer juntos (span.) = Vereint siegen.

Louis Aragon (1897—1982). Geboren in Paris. Lyriker und Romancier. Aus bürgerlicher Familie. Studium der Medizin und Biologie. 1927 Eintritt in die KP. Im besetzten Frankreich Widerstandskämpfer der ersten Stunde, der seine Kunst bewußt für die Mobilisierung des antifaschistischen Kampfes und die Verteidigung der französischen Kultur einsetzte. Auch nach dem Krieg vielseitiger Einsatz im politischen Kampf der KPF, deren Zentralkomitee er seit 1950 angehörte. Aragons umfangreiches und vielfältiges Werk zählt zu den bedeutendsten Leistungen der zeitgenössischen französischen Literatur.

Guillaume Apollinaire (1880—1918). Französischer Dichter. Unehelicher Sohn einer adligen Polin und eines italienischen Offiziers, besuchte nach einer abenteuerlichen Kindheit französischsprachige Gymnasien, schrieb als Schüler erste Gedichte und Erzählungen. Konnte wegen materieller Schwierigkeiten seine Schulbildung nicht abschließen. Bankangestellter, Gründer einer Zeitschrift, verkehrte mit Schriftstellern und Malern der Bohème. In Artikeln und Vorträgen machte er sich zum Fürsprecher des Kubismus und anderer moderner Richtungen der Malerei. Sein Drama »Les Mamelles de Tirésias« (1917) gilt als erstes surrealistisches Theaterstück. Appolinaires Schaffen liegt in einer Traditionslinie, die von Baudelaire über Rimbaud bis zu Eluard und Aragon führt. Unverkennbar in seiner Dichtung sind der Glaube an den Menschen und dessen Fähigkeit, die Welt zu verändern.

Pablo Neruda (1904—1973). Geboren in d Parral (Chile), der größte zeitgenössische Dichter Lateinamerikas. Lange Zeit als Diplomat in mehreren europäischen Ländern, in Indien und Mexiko. Schloß sich nach dem Krieg der Kommunistischen Partei an und wurde Abgeordneter. Da er den Diktator Videla öffentlich anklagte, mußte er flüchten und mehrere Jahre außer Landes leben. 1952 Rückkehr nach Chile. Dort aktiv für die Kommunistische Partei tätig und 1969 als deren Präsidentschaftskandidat aufgestellt. Nobelpreis 1971.

Nazım Hikmet (1902—1963). Bedeutender türkischer Dichter. Kommt 1920 zum erstenmal nach Moskau, wo er Majakowski kennenlernt. Wird als Verfasser revolutionärer Gedichte mehrmals vor Gericht gestellt. Seit 1938 dreizehn Jahre hindurch im Kerker, aus dem er durch eine weltweite Kampagne befreit wird.

Attila József (1905—1937). Sohn eines Budapester Arbeiters und einer Waschfrau. In seiner Jugend Schweinehirt. Besucht später ein Lehrerseminar. Nach einem vergeblichen Versuch, in Paris Fuß zu fassen, kehrt er nach Ungarn zurück, wo er in enger Verbindung zur illegalen Kommunistischen Partei arbeitet. Von Hunger und Krankheit zermürbt, nimmt er sich als Zweiunddreißigjähriger das Leben. Seine geniale Dichtung, von plebejischer Revolte erfüllt, stellt sicherlich Ungarns wichtigsten Beitrag zur Weltliteratur im 20. Jahrhundert dar.
Das Gedicht für Thomas Mann wurde anläßlich eines Vortragsabends des großen deutschen Schriftstellers in Budapest im Jahre 1937 geschrieben. Die Horthy-Polizei verbot die Publizierung des Gedichts.

Milán Füst (1899—1967). Roman- und Bühnenautor. Ästhetiker; führte als einer der ersten die freien Rhythmen in der ungarischen Dichtkunst ein. Der junge Lehrer an einer Handelsschule wurde nach dem Sturz der Räterepublik pensioniert, 1947 erhielt er eine Dozentur für Ästhetik an der Budapester Universität. Bei Füst, dem Dichter der düsteren Unzufriedenheit, der unfaßbaren Trauer und seelischen Bedrängnis, kommt der Aufruhr, den zeitgenössische Dichter in konkreten gesellschaftlichen Begriffen formulieren, immer nur transponiert und abstrahiert zum Ausdruck. In der zuweilen archaisch-stilisierten Dichtung schuf er eine bizarre, visionäre Welt; seine freien Rhythmen zeigen mehr Verwandtschaft mit den Oden Pindars und des späten Hölderlin als mit den völlig ungebundenen Versen der verschiedenen Ismen nach der Jahrhundertwende. In seinen Romanen und Dramen erweist sich Füst als ein Meister, seelische Leiden nachzuempfinden.

Gyula Illyés (geb. 1902). Profilierter ungarischer Lyriker der auf Ady und Babits folgenden Generation, auch bedeutender Prosaschriftsteller und Dramatiker. Er wurde als Sohn eines Maschinisten auf einem Pußtagehöft geboren und verbrachte dort seine Kindheit. Zur Zeit der Räterepublik Soldat der Roten Armee, emigrierte er 1920 für einige Jahre nach Paris, besuchte dort die Sorbonne und nahm aktiv an der Arbeiterbewegung teil. Als Lyriker begann er in Paris mit surrealistischen Versen, wandte sich aber nach seiner Heimkehr der realistischen, gegenständlich-beschreibenden Lyrik mit stark gedanklich-meditativem Hintergrund zu. Sein literarisches Anliegen ist mit dem Schicksal der Bauernschaft und der ganzen Nation verbunden, in ihm wacht das Verantwortungsbewußtsein des aus den Reihen des Volkes hervorgegangenen Dichters. In seinen neuesten Bänden wurde das Gedankliche zum vorherrschenden Merkmal seiner Lyrik. Seine Romane, Soziographien, Essays und Dramen zeichnen sich vor allem durch eine hohe Stilkunst aus.

Joseph Seamon Cotter jr. (1895—1919). Geboren in Louisville, Kentucky. Ein frühes Opfer der Tuberkulose, hinterließ Cotter nur ein schmales Bändchen Gedichte, das für ein bedeutendes Talent Zeugnis ablegte.

Fenton Johnson (1888—1958). Wurde in Chicago geboren, wo er später die Universität absolvierte und wo auch mehrere seiner Stücke aufgeführt wurden. Zwischen 1914 und 1916 erschienen erste Gedichtbände. Nach dem ersten Weltkrieg kamen seine »Geschichten aus dem dunkelsten Amerika« heraus.

Claude McKay (1890—1949). Kam in Clarendon auf Jamaika zur Welt, wo er von seinem Bruder, der Lehrer und Freidenker war, den ersten Unterricht erhielt. Er besuchte die Handelsschule, war Handwerker und Polizist. 1911 erschien sein erstes Buch »Songs of Jamaica«. Kurz darauf siedelte er in die Vereinigten Staaten über. Arbeitete in den verschiedensten Berufen und schrieb ständig, war auch für einige Zeit in England tätig. Redakteur bei der Zeitschrift »Liberator«, 1922 wurden seine »Harlem Shadows« veröffentlicht, denen epochale Bedeutung zukommt. Er besuchte die Sowjetunion, lebte in Deutschland und Frankreich und später wieder in Amerika.
1925 wurde er mit einem Preis ausgezeichnet. Seine späteren Veröffentlichungen wiesen ihn als ein bedeutendes Formtalent aus und

stellten ihn in die erste Reihe der zeitgenössischen amerikanischen Lyriker.

Jean Toomer (1894—1967). Mitarbeiter der bekanntesten avantgardistischen Zeitschriften der Vereinigten Staaten. Veröffentlichte einen Gedichtband »Cane«.

Langston Hughes (1902—1967). Wurde in Joplin, Missouri, geboren. Ging nach Beendigung der höheren Schule nach Mexiko, wo er sein erstes veröffentlichtes Gedicht schrieb. Studierte an der Columbia-Universität. Als Seemann auf Frachtdampfern nach Europa und Westafrika. Türsteher und Koch in Frankreich und Italien. Später, als Hotelangestellter in Amerika, wird er von dem Lyriker Vachel Lindsay entdeckt. Bis 1935 gewann er verschiedene literarische Auszeichnungen. Er bereiste die Sowjetunion und das republikanische Spanien. Eine Reihe seiner Werke wurde in andere Sprachen übersetzt.

Waring Cuney (geb. 1906). Geboren in Washington. Studierte in Howard, widmete sich später dem Musikstudium in Boston und Rom. 1926 gewann er den lyrischen Wettbewerb der Zeitschrift »Opportunity«. Veröffentlichte in Zeitschriften und Anthologien. Einige seiner Protestlieder, von Joshua White gesungen, wurden auf Schallplatten aufgenommen und als Album unter dem Titel »Southern Exposure« herausgegeben.

Frank Horne (1899—1973). Kam in New York zur Welt. Studierte an der dortigen Universität und später in Columbia und in Südkalifornien. Schrieb Beiträge für verschiedene Zeitschriften.
Crispus Attucks, ein Neger, nahm führend am Aufstand gegen die Engländer in Boston (5. März 1770) teil und fiel kämpfend.
François Dominique Toussaint (1743—1803), Führer des Sklavenaufstands in Haiti. Entwickelte so hohe militärische Fähigkeiten, daß die Französische Republik ihn zum Divisionsgeneral beförderte. Napoleon fürchtete seine freiheitliche Gesinnung, lockte ihn feige in einen Hinterhalt und ließ ihn im Gefängnis sterben.

Sterling A. Brown (1901—1982). In Washington geboren. Studierte in Harvard, später Dozent in Lincoln und New York. Essayist, Kritiker, Lyriker.
»Southern Road« ist ein typischer »worksong«, wie ihn die schwer schuftenden Negersträflinge in den »chain gangs«, den »Kettenrotten«, zum Dröhnen der Hämmer singen.

Frank Marshall Davis (geb. 1905). Geboren in Arkansas City. Studierte in Kansas, später Journalist in Chicago. Erhielt mehrere Auszeichnungen. Veröffentlichte seit 1935 einige Lyrikbände.

Melvin B. Tolson (geb. 1908). Geboren in Moberly, Missouri. Studierte in Lincoln und Columbia. Schrieb zwei Schauspiele sowie Lyrik. Er gewann eine Anzahl Literaturpreise. Das hier wiedergegebene Gedicht »Dark Symphony« gewann den nationalen Literaturpreis der Negro American Exposition in Chicago.
»Oakies« und »Native Son« bezieht sich auf zwei Werke zeitgenössischer amerikanischer Schriftsteller. — Oaky ist der Name einer Figur aus dem Roman »Die Früchte des Zorns« (»The Grapes of Wrath«) von John Steinbeck, »Native Son« lautet der Titel eines Buches des Negerdichters Richard Wright.

Robert E. Hayden (geb. 1913). Geboren in Detroit. Absolvierte die Wayne-Universität. Schrieb Hörspiele, Theaterstücke und erwies sich mit einem Gedichtband (»Heart-Shape in the Dust«, 1940) als ein starkes lyrisches Talent.

Margaret Walker (geb. 1915). Kam in Birmingham, Alabama, zur Welt. Absolvierte die Northwestern University und die University of Iowa. Arbeitete als Fürsorgerin in Chicago und New Orleans.

Folklore
Wenn es nach mir ginge (If I Had My Way) wurde auf Schallplatten aufgenommen. (Golden Gate Quartet auf Bluebird B-8306).

Lied (1853) stammt aus der in jenem Jahr erschienenen Sammlung von Frederick Douglass »My Bondage and My Freedom«.

Lied (1859) wurde von Martin R. Delany im »Anglo-African Magazine« im Juni 1859 veröffentlicht.

Ich und mein Captain gehört zu einer von Lawrence Gellert unter dem gleichen Titel herausgegebenen Anthologie von Arbeitsliedern (Erscheinungsjahr 1939).

Silicosis Blues stammt aus dem Repertoire des großen Negersängers Joshua White.

Mohamed Kamal (geb. 1927), revolutionärer ägyptischer Dichter, unter dem alten Regime lange eingekerkert.

Zu dieser Ausgabe

Aus Anlaß des 75. Geburtstages von Stephan Hermlin beginnt der Aufbau-Verlag mit der Herausgabe einer Edition, die erstmals die wichtigsten Arbeiten zusammenfaßt: »Gedichte und Nachdichtungen«, »Erzählende Prosa« und eine umfangreiche Auswahl aus dem essayistischen und publizistischen Werk. Die Bände erscheinen einzeln.

Die Auswahl der Texte entspricht dem Wunsch Stephan Hermlins. Als Druckvorlagen dienen jeweils die letzten Fassungen.

Inhalt

Gedichte

I

II

III

IV

Nachdichtungen

Paul Eluard

Louis Aragon

Guillaume Apollinaire

Pablo Neruda

Nazım Hikmet

Attila József

Milán Füst

Gyula Illyés

Dichtungen amerikanischer Neger

Anhang

ISBN 3-351-01613-1

1. Auflage 1990

Einbandgestaltung Gabriele Bleifuß
Typographie Kristina Niklaus
Karl-Marx-Werk, Graphischer Großbetrieb,
Pößneck V 15/30
Printed in the German Democratic Republic
Lizenznummer 301. 120
Bestellnummer 614 163 4
01280